LA TERMINOLOGIE : PRINCIPES ET TECHNIQUES

paramètres ◁

MARIE-CLAUDE L'HOMME

LA TERMINOLOGIE :
PRINCIPES ET TECHNIQUES

Les Presses de l'Université de Montréal

Données de catalogage avant publication (Canada)

L'Homme, Marie-Claude
La terminologie : principes et techniques
(Paramètres)

Comprend des réf. bibliogr. et un index.
ISBN 978-2-7606-1949-4
1. Terminologie. I. Titre. II. Collection.
P305.L46 2004   401'.4   C2004-940869-0

Dépôt légal : 3ᵉ trimestre 2004
Bibliothèque nationale du Québec
© Les Presses de l'Université de Montréal, 2004

Les Presses de l'Université de Montréal remercient de leur soutien financier le ministère du Patrimoine canadien, le Conseil des Arts du Canada et la Société de développement des entreprises culturelles du Québec (SODEC).

RÉMPRIMÉ AU CANADA EN NOVEMBRE 2011

TABLE DES MATIÈRES

À Camille et Denis,

C'est sans doute à vous que je dois cette propension
à me lancer dans des entreprises un peu folles.

REMERCIEMENTS

Je remercie en tout premier lieu les personnes qui ont accepté de donner leur avis de manière tout à fait désintéressée sur une version ou l'autre de ce travail, à savoir Patrick Drouin, Francis Grossmann, Igor Mel'čuk, Alain Polguère, Jean Quirion et Juan C. Sager. J'ai tenté d'intégrer l'ensemble de leurs suggestions. Les oublis, omissions ou distractions ne sont imputables qu'à moi-même.

Ma conception de la terminologie s'est considérablement modifiée au cours des années et il serait impossible de citer toutes les personnes qui y ont contribué. J'ai une pensée particulièrement chaleureuse pour tous ceux (chercheurs, professeurs, terminologues praticiens, étudiants, linguistes et informaticiens) qui, en posant une question ou en formulant une critique, m'ont amenée à remettre en question certains présupposés. Ceux que je n'aurai pas cités sauront certainement trouver des traces de nos discussions dans les pages du manuel.

J'adresse des remerciements particuliers aux membres du groupe Observatoire de linguistique Sens-Texte (OLST). L'influence de la Théorie Sens-Texte sur mes travaux et, en particulier de son volet lexicologique – la lexicologie explicative et combinatoire –, dépasse largement les quelques références explicites apparaissant dans ce manuel.

J'aimerais également remercier des collègues européens avec qui j'ai eu l'occasion de travailler sur des thématiques liées à la terminologie. Je pense aux collègues de la Maison de la recherche de Toulouse-le-Mirail, de l'Université de Nantes et de l'Institut universitaire de linguistique appliquée (IULA) de Barcelone.

Enfin, ma participation à la rédaction de la revue *Terminology* et les discussions avec ses auteurs et les membres de ses comités éditorial et scientifique me rappellent constamment l'étendue et l'intérêt des problèmes relevant de la terminologie et les applications extrêmement nombreuses de ce domaine.

Liste des abréviations et des symboles

ADJ	adjectif
ADJAC	adjacent : opérateur indiquant une relation de contiguïté entre les conditions
ADV	adverbe
ART	article
CARD	cardinal
CONJ	conjonction
CONJUG	conjugué (dans *verbe conjugué*)
COORD	coordination (dans *conjonction de coordination*)
DÉT	déterminant
ET	opérateur combinant deux conditions nécessaires
FÉM	féminin
fréq.	fréquence
HTML	Hypertext Markup Language
IM	information mutuelle
IND	indicatif
INF	infinitif
MASC	masculin
n	nombre indéfini
NC	nom commun
OU	opérateur combinant deux conditions dont l'une ou l'autre peut être remplie
P	probabilité
PART	participe
PASSÉ	passé
PERS	personne
PONCT	ponctuation
POSS	possessif
PLUR	pluriel
PRÉP	préposition
PRÉS	présent
PRON	pronom
SAUF	opérateur excluant la condition qui lui succède
SGBD	système de gestion de bases de données
SGML	Standard Generalized Markup Language
SING	singulier
SUB	subordination (dans *conjonction de subordination*)
Syn.	synonyme
VERBE	verbe
XML	eXtensible Markup Language

Conventions typographiques

mot	forme linguistique
« mot »	sens ou concept
MOT	terme ou unité lexicale, c'est-à-dire forme linguistique assortie d'un sens spécifique ; la particularité du terme est que son sens est envisagé par rapport à un domaine de spécialité
MOT_1, MOT_2	distinction des sens pour une même forme linguistique lorsque le contexte l'exige
mot$_{/étiquette}$	mot assorti d'une étiquette morphosyntaxique
mo* ou *ot	mot tronqué
*phrase	phrase inacceptable
? phrase	phrase dont l'acceptabilité peut être mise en doute
<...>	balise ouvrante (utilisée dans les documents structurés)
</...>	balise fermante (utilisée dans les documents structurés)
[domaine]	domaine de connaissance auquel est associé le sens d'un terme
{champ}	champ dans une base de données
[...]	citation ou contexte tronqué

Lorsqu'une notion importante est expliquée dans le texte, elle est mise en évidence au moyen d'italiques et de caractères gras : *terminologie, sens, terme.* Les notions importantes font l'objet d'une entrée dans l'index à la fin du manuel.

Un certain nombre de passages sont détachés du texte central et présentés de la manière suivante :

Terminotique

Le terme *Terminotique* a été créé pour faire référence à l'ensemble des activités liées à la description des termes dans lesquelles intervient une application informatique. Comme on le verra au chapitre 1, l'informatique est présente à presque toutes les étapes : de la collecte de termes et d'information sur ces termes à l'encodage des descriptions.

Il s'agit d'explications supplémentaires sur des notions introduites dans le texte central.

INTRODUCTION

Toute activité – technique, manuelle ou conceptuelle – se dote de termes spécifiques, des mots empruntés au langage commun ou construits de toutes pièces. En maths aussi. Cela est nécessaire dès que l'on veut être précis, efficace, opératoire. Un cours de maths est un cours de langue ! (Entrevue de Denis Guedj accordée à *L'Actualité*, 15 mai 2001.)

Un manuel de terminologie ou de terminographie ?

Dans les années 1970, Alain Rey a proposé de faire le départ entre les volets appliqué et théorique de la terminologie et de les étiqueter respectivement *terminographie* et *terminologie*. La terminographie regroupe les diverses activités d'acquisition, de compilation et de gestion des termes. La terminologie se penche sur les questions fondamentales que soulève l'étude des termes et propose un cadre conceptuel pour les appréhender. Rey reproduisait ainsi la distinction entre lexicographie et lexicologie.

Bien entendu, en terminologie comme ailleurs, la théorie et la pratique sont loin d'être mutuellement exclusives. La pratique fait souvent évoluer une théorie dans une direction qu'elle n'avait pas empruntée jusque-là. Les modèles théoriques, quant à eux, permettent aux praticiens d'examiner un objet sous un éclairage particulier.

Cependant, en terminologie peut-être davantage qu'ailleurs, on éprouve plus de difficulté à scinder théorie et pratique. Jusqu'à présent, la première a surtout servi à expliquer la seconde. Autrement dit, la terminologie fournit des repères fondamentaux aux différentes activités qui relèvent de la terminographie. Il est possible de concevoir une lexicologie sans lexicographie. La terminologie, en revanche, se définit surtout par rapport à des applications relevant de la terminographie.

Ainsi, ce manuel portera principalement sur la terminographie, c'est-à-dire sur un ensemble de pratiques dont l'objet commun est de décrire des termes. Bien entendu, ces pratiques gagnent à être soutenues par des modèles théoriques adéquats, donc par la terminologie. Mais nous tiendrons pour acquis qu'une théorie valable est le résultat de l'observation et de la description d'une masse importante de données terminologiques et qu'elle a tout avantage à s'appuyer sur des descriptions concrètes de termes.

Le chapitre 1 balisera avec plus de précision les domaines respectifs de la terminographie et de la terminologie. Il montrera également que les termes apparaissent sous un jour différent en fonction du modèle théorique choisi.

Un manuel de terminographie ou de terminotique ?

La terminographie accueille des applications informatiques de plus en plus nombreuses. Une information extrêmement riche désormais accessible en format électronique ainsi que différents traitements automatiques (ou pilotés par l'humain) viennent faciliter la collecte et l'analyse des termes.

Déjà, en 1991, Auger *et al.* faisaient un parallèle entre les méthodes qualifiées de *classiques* et de nouvelles techniques intégrant des outils informatiques. Sager (1990) et Cabré (1992) accordaient eux aussi une grande importance aux nouvelles technologies[1]. De nombreux chapitres font référence à l'avènement des corpus en format électronique ; aux mérites des outils qui arrivent à s'y frayer un chemin pour débusquer un terme ou un contexte ; et, enfin, à la richesse d'une organisation de données terminologiques réalisée sur support électronique. Le concept de « terminotique » commençait à prendre forme.

---

1. Signe des temps, la dernière édition du *Manuel pratique de terminologie* (Dubuc 2002) comporte un chapitre additionnel consacré à l'informatique.

Terminotique

Le terme ***terminotique*** a été créé pour faire référence à l'ensemble des activités liées à la description des termes dans lesquelles intervient une application informatique. Comme on le verra au chapitre 1, l'informatique est présente à presque toutes les étapes : de la collecte de termes et d'information sur ces termes à l'encodage des descriptions.

Aujourd'hui, la situation a évolué considérablement. Les applications informatiques se sont diversifiées et, surtout, elles sont devenues accessibles au plus grand nombre. Actuellement, toute recherche portant sur des termes fait appel à une forme ou une autre de traitement informatique, si bien que la distinction entre terminotique et terminographie ne se justifie que dans un contexte pédagogique. Ainsi, ce manuel mettra un accent particulier sur les activités terminographiques réalisées ou réalisables à l'aide de l'ordinateur. Nous verrons au chapitre 1 de quelle manière la terminographie peut tirer profit des outils informatiques.

Terminotique ou terminologie computationnelle ?

Aujourd'hui, ***terminologie computationnelle*** (sur le modèle de l'anglais *computational terminology*) côtoie souvent *terminotique* dans la littérature spécialisée. Toutefois, les deux expressions ne recouvrent pas tout à fait les mêmes réalités, telles que nous les envisageons. La terminologie computationnelle constitue un domaine de recherche du traitement automatique de la langue dont les acteurs – informaticiens, spécialistes des sciences de l'information, linguistes et, bien entendu, terminologues – mettent au point divers traitements automatiques appliqués aux textes spécialisés.

La terminologie computationnelle et la terminotique ont donc des objectifs différents. La première se penche sur les traitements automatiques qui auront vraisemblablement une utilité en terminographie, mais ils ne sont pas conçus exclusivement pour cette fin. La seconde veut intégrer des outils informatiques dans la confection de dictionnaires spécialisés. Cet objectif pourra l'amener à mettre au point des formes de traitements automatiques, mais cela ne constitue pas sa raison d'être principale.

Bien que leurs objectifs divergent, chaque discipline profite des avancées de l'autre. Ainsi, bien que ce manuel accorde une grande place à la terminotique, il fera souvent référence à des travaux de terminologie computationnelle.

Revisiter la terminologie et la terminographie

La terminologie et la terminographie ont beaucoup changé au fil des ans et le rythme de ce changement s'est accéléré récemment. Cette situation s'explique, entre autres, par le recours systématique à de grands corpus de textes et par l'utilisation de traitements informatiques qui modifient en profondeur le travail du terminographe.

D'abord, l'exploration automatisée des corpus révèle certaines dimensions qui échappaient plus facilement à l'observation. Les outils de traitement automatique permettent de localiser les données rapidement et, surtout, de les ordonner de différentes manières. C'est un peu comme si l'utilisation d'un appareil de mesure plus perfectionné mettait en évidence ce que l'appareillage précédent occultait.

Produire des descriptions plus riches

Le recensement des cooccurrents dans les dictionnaires spécialisés (BOURSE 1986, COOC INTERNET 2000) est attribuable en grande partie à la possibilité de retrouver rapidement les unités lexicales apparaissant dans l'environnement du terme. Cette recherche est désormais facilitée par le concordancier.

Par ailleurs, un dictionnaire comme le *Dictionnaire d'apprentissage du français des affaires* (DAFA 2000), qui rend compte de la polysémie et qui dresse des listes de dérivés morphologiques et de collocations, n'aurait jamais été envisageable sans le recours à des outils d'interrogation de corpus en format électronique.

Enfin, l'émergence du concept de « base de connaissances terminologique » (Meyer *et al.* 1992), à savoir une base terminologique dans laquelle les relations entre les termes sont explicitées de façon systématique, doit beaucoup à la possibilité d'implanter ces liens dans les bases de données actuelles et d'en garder la trace.

De plus, l'utilisation d'outils informatiques apporte des éclairages différents sur les termes et leur environnement linguistique. En effet, la plupart d'entre eux permettent de rompre avec la lecture linéaire qui caractérisait la recherche classique et pratiquent des coupes sélectives dans les textes. La recherche de chaînes de caractères dans un corpus électronique force le terminographe à s'attarder sur des formes identiques mais qui ne véhiculent pas le même sens. Cette même recherche montre que la forme d'un terme subit des transformations dans un texte. Une liste de concordances révèle des régularités quant aux unités lexicales qui apparaissent dans l'environnement du terme. Les notions de polysémie, d'ambiguïté ou de variation, pour ne citer que quelques cas, prennent des dimensions qu'elles n'avaient pas auparavant, puisque c'est l'humain avec toutes ses connaissances du monde qui tranchait sans toujours le faire consciemment.

L'utilisation généralisée d'outils informatiques remet en question les modèles et méthodologies qui ont fait pourtant une unanimité durable. Ce consensus est ébranlé par une série de questions soulevées par l'examen de textes tout venant et pour lesquelles des modèles plus anciens n'apportent pas toujours les réponses. Ces questions seront au cœur du chapitre 1.

Le nouvel éclairage jeté sur les données terminologiques nous amène également à revisiter certains concepts fondamentaux de la terminologie. Le chapitre 2 définit le « terme » et dresse une liste de difficultés liées à son repérage dans le texte. Le chapitre 3 se penche sur les différents liens qui existent entre les termes. Dans ces deux chapitres, nous rappellerons des concepts décrits dans les manuels de terminologie. Toutefois, nous devrons lorgner du côté d'autres disciplines (comme la lexicologie, en particulier la sémantique lexicale, et le traitement automatique de la langue) afin de clarifier des concepts sur lesquels la terminologie s'est peu attardée jusqu'à maintenant.

De nouvelles pratiques

Après avoir revu les notions fondamentales de la terminologie, nous aborderons des thèmes qui relèvent plus directement de l'informatique. Le chapitre 4 présente les différentes manières d'élaborer un corpus spécialisé en format électronique et le chapitre 5 se penche sur les moyens mis en œuvre pour l'interroger. Le chapitre 6 porte sur l'extraction automatique de termes et souligne les difficultés de cette entreprise. Le chapitre 7 décrit des techniques qui vont au-delà de l'acquisition de termes et montre qu'il est maintenant possible de dégager de l'information de nature sémantique des corpus spécialisés. Le chapitre 8 aborde la question de l'organisation des données terminologiques et traite, notamment, des bases de données et des documents structurés.

Les outils informatiques sont désormais incontournables en termino-graphie et il n'est même plus loisible de s'interroger sur leur opportunité. Certains d'entre eux allègent considérablement le travail du terminographe ; d'autres toutefois entraînent une modulation sensible des méthodes de travail et ne sont pas toujours reçus avec enthousiasme. Les chapitres 5, 6, 7 et 8 montreront les apports de différentes techniques, mais ils s'attarderont également sur leurs limites.

Le manuel s'adresse en priorité au futur terminographe. Aucune connaissance préalable en terminologie, en informatique ou en linguistique n'est requise. Les précisions notionnelles sont apportées au fur et à mesure et de nombreuses définitions sont fournies afin de les maîtriser. Ce manuel se veut une sorte d'antichambre de la terminographie, de la terminologie et de la terminotique et mènera le lecteur vers des travaux plus approfondis sur l'un ou l'autre aspect abordé. De nombreux pointeurs bibliographiques sont proposés à la fin des chapitres pour ceux qui souhaitent en savoir plus.

Les terminographes en exercice, désireux de se familiariser avec certains outils informatiques, trouveront également des pistes utiles. Enfin, le manuel s'adresse à d'autres professionnels appelés à se pencher sur des termes, à savoir les traducteurs spécialisés, les lexicographes et les informaticiens. Une partie des techniques décrites dans les pages qui suivent ont été mises au point pour d'autres fins et sont utilisées dans d'autres disciplines.

1

TERMINOGRAPHIE, TERMINOLOGIE ET TERMINOTIQUE

Terminology is the study and the field of activity concerned with the collection, description, processing and presentation of terms (Sager 1990 : 2).

Qu'est-ce que la terminographie ?

La *terminographie* regroupe un ensemble d'activités dont l'objectif principal est de décrire des termes dans les dictionnaires spécialisés ou les banques de terminologie. Le *dictionnaire spécialisé*, de format papier ou électronique, réunit les mots d'un *domaine de spécialité* (par exemple, la linguistique, le droit, l'acériculture, la sécurité informatique). Parfois, il porte sur quelques domaines connexes (comme la médecine et la biologie ou les télécommunications et l'électronique). La *banque de terminologie*, de format électronique, regroupe des termes appartenant à une multitude de domaines, chaque terme étant associé à un domaine particulier. Les deux répertoires peuvent proposer des descriptions dans une seule langue, mais le plus souvent, ils sont bilingues ou multilingues et visent alors à établir des équivalences. Les produits terminographiques s'adressent aux traducteurs, aux rédacteurs spécialisés ou, encore, aux spécialistes eux-mêmes, aux étudiants en voie de le devenir ou aux enseignants.

Autres chantiers terminographiques

Outre la confection de dictionnaires spécialisés et l'enrichissement de banques de terminologie, la terminographie comprend les activités de gestion de listes de termes « maison », à savoir des listes confectionnées pour satisfaire les exigences de rédacteurs, de traducteurs ou de spécialistes d'un organisme public ou privé.

Les efforts d'enrichissement de logiciels de traitements automatiques, comme les logiciels de traduction automatique et les bases de données lexicales qui accompagnent les mémoires de traduction, font également partie des activités terminographiques.

Les *termes* sont des *unités lexicales* dont le sens est envisagé par rapport à un *domaine de spécialité*, c'est-à-dire un domaine de la connaissance humaine, souvent associé à une activité socio-professionnelle. Par exemple, VACCINATION, SYSTÈME NERVEUX CENTRAL, DURE-MÈRE sont des termes de médecine ; ESSIEU, ARBRE À CAME, PNEU RADIAL sont des termes de mécanique automobile ; et LOGICIEL, SYSTÈME D'EXPLOITATION et SOURIS sont des termes d'informatique. La terminographie effectue un tri parmi les unités lexicales qui se succèdent dans un texte spécialisé pour se concentrer sur les termes. Par exemple, dans le texte ci-dessous portant sur le moteur, seules les unités soulignées seraient retenues dans un dictionnaire de mécanique.

Dans ces <u>moteurs</u>, la <u>chemise</u> est appuyée par le <u>serrage</u> de la <u>culasse</u> sur le <u>carter</u>. La <u>chemise</u> doit, en plus, être centrée dans le <u>logement</u> prévu à cet effet à la partie inférieure du <u>carter</u>, et la face d'appui doit être parfaitement étanche à l'eau.

MOTEUR	CULASSE
CHEMISE	LOGEMENT
SERRAGE	CARTER

La sélection que nous venons d'illustrer semble aller d'elle-même, mais nous verrons que l'identification des termes dans les textes tout venant pose de nombreux problèmes pour l'ordinateur, mais également pour l'humain.

Le spécialiste de la terminographie est le *terminographe*. L'appellation est récente et réservée au professionnel dont l'activité principale consiste à recueillir et à organiser des données terminologiques. Il peut avoir reçu une formation en terminologie ou avoir acquis de l'expérience dans ce domaine.

Toutefois, la confection de dictionnaires spécialisés n'est pas l'apanage des terminographes : des médecins, des juristes, des informaticiens, des comptables et même des traducteurs et des lexicographes ont conçu des dictionnaires spécialisés et continuent de le faire. Les dictionnaires spécialisés existaient bien avant que l'appellation *terminographe* soit créée.

Terminographie et lexicographie

Le travail du terminographe se distingue de celui du *lexicographe*, en ce sens que le premier se penche sur les *termes* alors que le second considère des ensembles beaucoup plus vastes et moins uniformes d'unités lexicales. Des principes méthodologiques diffèrent également d'une discipline à l'autre (nous aurons l'occasion de revenir sur certains écarts). Toutefois, les différences s'atténuent de plus en plus, en raison notamment du recours aux mêmes traitements automatiques.

Les modèles théoriques de la terminologie

La terminographie s'appuie sur des modèles théoriques proposés par la *terminologie*. Toutefois, la *théorie de la terminologie* sert presque exclusivement d'assise à des pratiques, comme le précise Sager dans la citation reproduite au début du présent chapitre.

L'ancrage dans la pratique distingue la *terminologie* de la *lexicologie*. Cette dernière est une discipline scientifique dont l'objet d'étude est le lexique de la langue. Elle n'a pas comme objectif principal de mettre au point des modèles méthodologiques pour la collecte, la description et l'organisation d'unités lexicales dans les dictionnaires généraux, comme le *Grand Robert de la langue française* ou le *Petit Larousse illustré*. Le lexicographe peut puiser dans les nombreuses théories lexicologiques des éléments qui guideront ses descriptions, mais il ne souscrit pas forcément à un ensemble de principes provenant d'une seule « école de lexicologie ».

Depuis quelques années, la terminologie « théorique » subit les assauts de nombreux chercheurs et praticiens. On reproche notamment à une terminologie désormais qualifiée de *classique* de proposer des modèles qui ne sont pas toujours compatibles avec ce qu'on peut observer réellement (ce n'est pas un petit reproche, si on l'adresse à une discipline qui se veut scientifique).

Théorie « classique » de la terminologie

Les principes de la théorie classique de la terminologie, parfois appelée **théorie générale de la terminologie,** sont associés à Eugen Wüster, un ingénieur autrichien, qui en a proposé une première formulation vers 1930.

Ces principes, que nous cataloguerons plus loin sous « optique conceptuelle », ont été repris et modulés en partie par Wüster lui-même, par d'autres terminologues et par des organismes de terminologie européens au fil des ans. C'est cette version des principes théoriques qu'on connaît le mieux aujourd'hui.

Pour « remédier » aux lacunes attribuées à la théorie classique, on suggère d'adopter une démarche en accord avec le fonctionnement des termes dans les textes.

Dans l'état actuel des choses, les deux démarches coexistent et le terminographe fait appel soit à des modèles classiques que nous qualifierons de *conceptuels,* soit à des modèles dont nous proposerons l'application à la terminographie et que nous qualifierons de *lexico-sémantiques.* Nous donnons un aperçu de ces deux modèles dans les sous-sections qui suivent. Nous reviendrons constamment sur des éléments qui les caractérisent aux chapitres 2 et 3. Pour l'instant, nous nous en tiendrons à l'essentiel.

D'autres modèles pour la terminologie

Ces dernières années, une multitude de nouvelles approches de la terminologie ont été proposées pour combler les lacunes d'une théorie classique décrite parfois comme une doctrine.

La « théorie communicative de la terminologie » de Cabré (1998/1999) met l'accent sur la dimension communicative de la terminologie ainsi que sur ses aspects cognitifs et linguistiques. Gaudin (1993) propose, entre autres, de tenir compte de la dimension sociale de la terminologie. Temmerman (2000) définit un modèle « sociocognitif » qui incorpore des éléments de la théorie du prototype et préconise la prise en compte des dimensions diachronique et sociale des termes.

Une approche apparaît plus compatible avec l'optique lexico-sémantique, même si elle dépasse largement les quelques applications que nous en faisons dans ce chapitre. Il s'agit de la **terminologie textuelle** décrite notamment dans Bourigault et Slodzian (1999).

Pour la terminologie textuelle :

• le texte constitue le point de départ pour décrire les termes ;

• le terme est un « construit », c'est-à-dire qu'il résulte de l'analyse faite par le terminographe : cette analyse prend en compte la place occupée par le terme dans un corpus, une validation par des experts et les objectifs visés par une description terminographique donnée.

L'optique classique « conceptuelle »

It's a beautiful thing, the destruction of words. Of course the great wastage is in the verbs and adjectives, but there are hundreds of nouns that can be got rid of as well. It isn't only the synonyms; there are also the antonyms. After all, what justification is there for a word which is simply the opposite of some other word? A word contains its opposite in itself. Take good, *for instance. if you have a word like* good, *what need is there for a word like* bad? Ungood *will do just as well – better, because it's an exact opposite, which the other is not* (Orwell 1987 : 54).

In terminology, the fair-play of language would lead to chaos [...] (Felber 1984 : 99).

L'*optique conceptuelle* considère que l'ensemble des termes d'un domaine spécialisé est le reflet de l'organisation des connaissances dans ce domaine. Les termes dénotent des *concepts* qui sont reliés entre eux selon différentes modalités (par exemple, en genres et espèces ou en tout et parties).

L'organisation des concepts d'un domaine – sa *structure conceptuelle* ou son *système conceptuel* – guide le terminographe tout au long de son travail de description, notamment dans la sélection des termes qui composeront son dictionnaire et dans la préparation de descriptions tenant compte des liens que partagent les termes.

Oui, mais le concept, c'est quoi ?

Le *concept* est une représentation mentale qui retient les caractéristiques communes à un ensemble d'objets. Les objets du monde réel sont tous différents mais il est raisonnable de penser que la représentation que nous nous en faisons retient l'essentiel de leurs caractéristiques, ce qui nous permet d'en reconnaître de nouveaux.

En terminologie classique (à optique conceptuelle), cette représentation mentale est donnée comme posée (c'est-à-dire qu'on ne cherche pas à en expliquer la nature) et on considère qu'elle précède la forme linguistique comme telle.

Oui, mais comment fait-on pour délimiter un concept ?

Les concepts sont appréhendés par une série d'opérations de classement. Les objets du monde réel sont réunis dans une même classe s'ils partagent des caractéristiques communes.

En outre, lorsqu'on travaille sur la terminologie d'un domaine particulier, on se penche exclusivement sur les objets de connaissance propres à ce domaine.

Le terminographe qui adhère à une démarche conceptuelle utilise comme point de départ le *concept* et envisage le terme comme sa réalisation linguistique. Cette démarche, qualifiée d'*onomasiologique*, veut qu'on isole un concept et qu'on cherche, par la suite, la ou les formes qui servent à le désigner. La figure 1.1 illustre le principe de l'*onomasiologie*.

FIGURE 1.1

Démarche onomasiologique

L'encodage de l'information recueillie par le terminographe qui adhère à l'optique conceptuelle s'accorde avec cette démarche. Sa description est consacrée à un concept expliqué au moyen d'une définition. Une fois fixé, ce concept fédère toutes les formes linguistiques utilisées pour le nommer. Nous montrons, ci-dessous, le traitement du concept « transbordeur ». Les formes sont réunies et traitées comme des synonymes véritables ou parfaits (le chapitre 3 donne une description plus précise de cette relation sémantique).

Explication du concept : « Véhicule servant à transporter les passagers entre l'aéroport et l'avion ».

Formes linguistiques :   *transbordeur*
                                 car transbordeur
                                 véhicule transbordeur de passagers

Par ailleurs, la terminologie classique poursuit des objectifs de *normalisation,* c'est-à-dire de réglementation des termes afin de faciliter la communication. La perspective de normalisation est si ancrée dans la démarche classique qu'on a même cherché à la théoriser, mais il s'agit bel et bien d'un objectif que s'est donné la terminologie classique et non d'un principe théorique véritable.

Lorsqu'elle normalise, la terminologie cherche à éliminer les ambiguïtés en intervenant sur certains phénomènes naturels en langue comme la *synonymie* (l'utilisation de plusieurs formes linguistiques pour un seul concept) et la *polysémie* (une forme linguistique qui correspond à plus d'un concept). Elle privilégie la *biunivocité*: à une forme correspond un seul concept et un concept est exprimé par une seule forme. Les deux citations reproduites au début de la présente section représentent des extensions caricaturales des objectifs inhérents à la biunivocité. La figure 1.2 illustre le principe lui-même.

La démarche onomasiologique est tout à fait compatible avec les objectifs de normalisation. Normalement, la représentation d'un concept passe par la sélection d'une sorte d'*identificateur unique*. Ainsi, si plusieurs formes linguistiques se font concurrence et désignent le même concept, il importera d'en retenir une seule. En botanique, par exemple, la multitude de noms répertoriés pour une espèce particulière sont reconnus, mais réunis sous un seul intitulé «normalisé» qui est formé à partir d'éléments latins.

FIGURE 1.2

Biunivocité préconisée par la terminologie classique

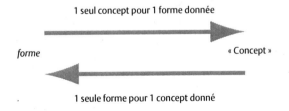

1 seul concept pour 1 forme donnée

forme   « Concept »

1 seule forme pour 1 concept donné

Normalisation des appellations données aux espèces botaniques

Concept 1
Appellation normalisée :
Acer saccharum

Autres :
érable à sucre
érable franc
érable de bois franc
érable de montagne

Concept 2
Appellation normalisée :
Acer pennsylvanicum

Autres :
érable de Pennsylvanie
érable jaspé

Même dans les domaines où l'appellation ne fait pas l'objet de normes clairement définies, la démarche conceptuelle impose le choix d'un identificateur unique. La figure 1.3 montre que le choix d'un identificateur s'impose pour rendre compte du concept désigné par quatre formes différentes.

Comme nous l'avons dit au début de cette section, la démarche conceptuelle accorde beaucoup d'importance aux liens que les concepts partagent entre eux. On tient pour acquis que la description de ces relations est valable pour les termes puisque ceux-ci en sont le reflet linguistique. Ce choix a un certain nombre de conséquences méthodologiques sur lesquelles nous allons maintenant nous attarder.

Les relations sont dégagées entre les concepts et sont exprimées au moyen de l'identificateur unique. Reprenons l'exemple de la figure 1.3. Nous admettrons que *gros ordinateur* a été sélectionné comme identificateur. Nous pourrons définir, entre le concept qu'il sert à identifier et celui d'« ordinateur »,

FIGURE 1.3

Choix d'un identificateur unique pour un concept

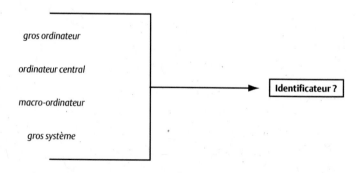

un lien de spécifique à générique, puisque le « gros ordinateur » est un type d'« ordinateur ». De même, nous pouvons relier différentes composantes à « gros ordinateur » par un lien de partie à tout (figure 1.4).

FIGURE 1.4

Relations dégagées entre « gros ordinateur » et des concepts voisins

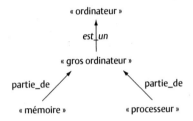

On aura compris que les relations entre concepts sont dégagées en fonction de paramètres extralinguistiques, à savoir les connaissances sur lesquelles s'entendent ou tentent de s'entendre les spécialistes à un moment donné. Ainsi, une représentation conceptuelle peut être modifiée pour s'aligner sur un consensus (par exemple, la baleine qui est considérée comme un mammifère et non comme un poisson) ou pour accueillir un concept inédit. De plus, un même concept peut donner lieu à plusieurs découpages en fonction du point de vue selon lequel on l'envisage. Par exemple, le concept « homme » sera représenté différemment en zoologie et en anatomie. La première discipline s'intéressera à une représentation en genres et en espèces, alors que la seconde optera pour une représentation en tout et parties.

Les reproches faits à l'optique conceptuelle

> *[...] Wüster developed a theory about what terminology should be in order to ensure unambiguous plurilingual communication, and not about what terminology actually is in its great variety and plurality* (Cabré 2003 : 167).

Le principal reproche fait à la théorie classique de la terminologie est qu'elle reste muette devant toute une série de questions soulevées par l'examen des termes dans les textes spécialisés, examen qui révèle rapidement la variété et la diversité évoquées dans la citation de Cabré reproduite au début de cette section.

Examinons d'abord la question de la *démarche onomasiologique*. Elle est certes adéquate pour décrire l'optique du spécialiste qui veut nommer une réalité nouvelle, mais elle ne reflète pas réellement le travail du terminographe. Même s'il est vrai que la délimitation précise d'un concept le guide lorsqu'il sélectionne des termes et qu'il les définit, le terminographe procède généralement à un repérage des termes dans des textes. Une fois qu'il les a identifiés, il en appréhende le sens. Il adopte donc la démarche inverse de celle préconisée par la terminologie classique. La figure 1.5 montre comment les termes sont abordés dans la pratique terminographique courante. Par ailleurs, on pourrait croire que les outils informatiques accentuent cette pratique, mais dans les faits, il en a presque toujours été ainsi.

Il est vrai qu'il arrive qu'un terme ne soit pas encore proposé pour un concept préalablement circonscrit. Cette situation se présente lorsqu'un concept a été nommé dans une communauté linguistique mais pas encore dans une autre : autrement dit, il a un nom dans la langue A, mais pas dans la langue B. Le terminographe doit parfois proposer un terme pour combler cette lacune. Toutefois, ce travail se fait de concert avec des spécialistes du domaine en cause.

Maintenant, examinons le principe de la *biunivocité*. Il subit de nombreuses entorses dans le texte spécialisé et les détracteurs de la théorie classique n'ont pas manqué une occasion de le souligner.

Une même forme peut servir de support à plusieurs significations et le même sens peut être exprimé de différentes manières, et ce, au sein d'un même texte spécialisé. Les exemples ci-dessous illustrent deux sens possibles de *droit* dans les textes juridiques. On note que, dans les deux premières phrases, *droit*

FIGURE 1.5

Repérage de termes dans les textes

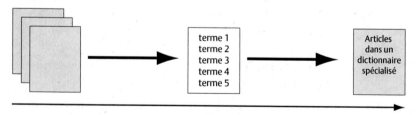

Repérage des termes
dans des textes spécialisés

Étude et description des sens
des termes repérés

fait référence à une possibilité conférée à une personne pour mener une action particulière. Dans les deux exemples suivants, *droit* désigne un ensemble de principes destinés à régler les rapports entre les membres d'une société.

Or, le droit qu'a l'accusé d'être informé de la preuve qui pèse contre lui [...]

Dans tout pays démocratique, le droit de vote fait partie des droits politiques [...]

En dehors du droit criminel et du droit pénal fédéral et provincial, des enquêtes qui sont tenues en matière d'immigration [...]

La présente espèce ne relève pas du droit pénal [...]

La figure 1.6 montre que même la terminologie n'arrive pas à enrayer la synonymie et la polysémie. *Terminologie* a trois sens différents : il y a donc polysémie. Quant au sens « unité lexicale dont le sens est envisagé par rapport à un domaine de spécialité », il est exprimé par six formes différentes : il y a donc synonymie.

FIGURE 1.6

Polysémie et synonymie en terminologie

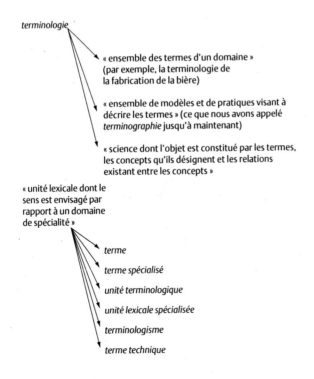

Enfin, jetons un coup d'œil aux objectifs de **normalisation** poursuivis par de nombreuses entreprises terminographiques. La normalisation, même si elle tient compte de l'utilisation des termes dans un groupe social et de certains facteurs comme la formation du terme ou sa maniabilité, est le résultat d'une série de décisions prises par un groupe d'individus et non un reflet du fonctionnement réel des termes.

L'optique lexico-sémantique

Outre les reproches passés en revue dans la section qui précède, on peut se demander si l'optique conceptuelle permet de tenir compte de tous les sens liés à un domaine de spécialité. Pour l'illustrer, examinons les courts passages suivants tirés d'un texte d'informatique.

> *Pour formater la disquette, l'insérer dans le lecteur approprié.*
> *Le système d'exploitation permet de :*
> *– faire fonctionner le matériel qui compose votre système microinformatique :*
> *imprimante, unités de disques, clavier, modem ou tout autre périphérique ;*
> *– configurer votre matériel :*
> *– [...]*
> *– Ce programme réside en mémoire au moment du chargement d'autres logiciels*
> *d'application.*
> *Ces applications tournent sur PC.*

Les places respectives de *disquette*, de *lecteur*, de *périphérique* et de *matériel* dans une structure conceptuelle ne sont pas remises en cause, puisqu'ils correspondent à des concepts tels que les définit l'optique conceptuelle, c'est-à-dire au résultat d'une généralisation appliquée à des ensembles d'objets de l'informatique. De plus, ils sont liés par relations de type genre-espèce ou partie-tout.

Toutefois, il en va autrement pour *formater*, *configurer* ou *résider*. Leur rapport avec le domaine de l'informatique, pourtant incontestable, ne se laisse pas appréhender de la même manière. Il faudra nous éloigner de l'optique conceptuelle décrite dans la section précédente si nous voulons en tenir compte.

Les modèles auxquels nous aurons recours maintenant sont empruntés à la **sémantique lexicale** et nous les regrouperons désormais sous **optique lexico-sémantique**.

Dans cette optique, le **terme** est d'abord défini comme un type d'**unité lexicale**.

Le terme, une unité lexicale ?

La première approximation de *terme* donnée dans la phrase qui précède fait appel à des notions que nous tiendrons pour acquises dans ce manuel :

- les termes sont des unités lexicales ;
- les termes constituent donc un sous-ensemble du *lexique* d'une langue.

Comme les termes sont des unités lexicales, 1. ils se distinguent formellement des autres unités linguistiques (morphèmes, syntagmes, phrases, etc.) ; 2. sur le plan sémantique, ils résultent de l'association d'une forme linguistique et d'un sens lexical[2].

La particularité du terme, par rapport aux autres unités lexicales d'une langue, est d'avoir un *sens spécialisé*, c'est-à-dire un *sens* qui peut être mis en rapport avec un domaine de spécialité. La définition du « terme », contrairement à celle qui est donnée pour d'autres unités linguistiques, est donc relative. Elle dépend de la délimitation qu'on a faite d'un domaine spécialisé. En outre, il n'est pas possible d'envisager la notion de *terme* en faisant abstraction des objectifs visés par une description terminographique.

Oui, mais le sens, c'est quoi ?

Des débats innombrables entourent cette question et il n'y a pas une seule manière d'y répondre. Le sens, linguistique dans le cas qui nous préoccupe, fait partie de ces évidences dont on parle beaucoup mais sur lesquelles on n'arrive pas à s'entendre vraiment. La difficulté réside principalement dans le fait que le sens linguistique n'est pas directement observable. Le mieux que l'on puisse faire est de proposer des méthodes pour s'en approcher.

Nous avons vu, dans la section précédente, que l'optique conceptuelle proposait une première méthode d'appréhension du sens qui consiste à associer les unités linguistiques à des objets du monde réel, ou plutôt à des représentations issues des généralisations appliquées à ces objets. Des formes linguis-

---

2. La notion d'unité lexicale (appelée tantôt *unité lexicale*, tantôt *mot, lexème* ou *lexie* par les lexicologues) fait généralement l'objet de chapitres entiers dans les manuels de lexicologie et de sémantique lexicale. Nous reportons le lecteur à Cruse (1986) et à Polguère (2003) pour un ensemble de critères utilisés pour distinguer l'unité lexicale des autres unités linguistiques.

tiques étiquettent des sens qui sont le résultat de regroupements que nous faisons d'entités possédant des caractéristiques communes.

Une autre méthode consiste à définir le sens d'une unité lexicale en observant l'ensemble de ses interactions avec d'autres unités linguistiques. L'observation des oppositions entre ces unités et de leurs similitudes ainsi que l'analyse de leur combinatoire permet de circonscrire graduellement leur sens. Cette seconde approche est celle qui est décrite dans cette section.

Comme nous le verrons plus loin, des éléments empruntés à ces deux méthodes sont utiles pour la terminographie.

La démarche adoptée dans l'optique lexico-sémantique est **sémasiologique,** c'est-à-dire que le point de départ de l'anayse est la forme. Les sens sont dégagés et distingués à partir des connaissances qu'a le terminographe des termes qu'il est en train de décrire. Les distinctions peuvent également être confirmées en observant les interactions entre les termes dans des contextes. Par exemple, les deux sens de *droit* illustrés plus haut peuvent être distingués en observant les verbes et adjectifs qui s'associent avec eux. L'impossibilité de combiner ses cooccurrents montre qu'on a affaire à deux sens distincts de *droit*.

avoir le droit légitime
? avoir le droit pénal
appliquer le droit pénal
? appliquer le droit légitime

Nous pouvons appliquer la même démarche aux occurrences du verbe *formater* tirées de textes d'informatique en vérifiant la compatibilité de ses cooccurrents nominaux.

formater le texte
formater la disquette
*formater le texte et la disquette

Il résultera de cet exercice des entrées distinctes associées à chacun des sens. Nous obtenons, pour les exemples cités ci-dessus, quatre termes différents.

DROIT$_1$: Possibilité conférée à un individu [...]
DROIT$_2$: Ensemble de principes destiné [...]
FORMATER$_1$: Attribuer des propriétés formelles aux différentes parties d'un document [...}
FORMATER$_2$: Diviser une disquette en secteurs [...]

La délimitation des termes DROIT₁, DROIT₂, FORMATER₁ et FORMATER₂ ne peut pas s'appuyer uniquement sur ce petit nombre de contextes, ni sur la seule vérification de la compatibilité d'une paire de cooccurrents. Il ne s'agit là que d'un indice parmi d'autres et, pour l'instant, il suffit à notre propos. La question de l'analyse sémantique des contextes dans lesquels apparaissent les termes est abordée au chapitre 2.

L'optique lexico-sémantique s'intéresse également à l'étude et à la représentation de relations entre les sens. Les relations qu'on peut dégager entre un premier terme et d'autres termes du même domaine sont extrêmement nombreuses. Quelques exemples sont donnés ci-dessous. On peut retenir une partie de ces relations ou tenter de les appréhender toutes dans une description.

VIRUS [médecine]	viral
	virologie
	contracter un ~
	un ~ infecte
VIRUS [informatique]	antivirus
	ver
	un ~ se propage
	un ~ infecte
	un ~ contamine
PROGRAMME	programmer
	programmation
	programmeur
	exécuter un ~
	interrompre un ~

Plan paradigmatique et plan syntagmatique

Les relations entre les termes (et, d'une manière générale, entre les unités lexicales) interviennent sur deux plans principaux.

Le premier, le **plan paradigmatique**, concerne les liens que partagent des unités lexicales substituables dans le lexique. On parle également de liens verticaux. Les relations entretenues par VIRUS avec VIRAL et VIROLOGIE se situent sur ce plan.

Le second, le **plan syntagmatique**, concerne les liens que partagent les unités lexicales qui se combinent dans les phrases. On parle également de liens horizontaux. Les relations entretenues par VIRUS avec CONTRACTER et INFECTER se situent sur ce plan.

Les relations sémantiques sont valables pour un sens particulier. Par exemple, ADRESSER₁ (« pointer à un endroit précis d'une mémoire informatique » : ex. *adresser la mémoire*) donne lieu à des dérivés (*mémoire adressable, adressage de la mémoire*), alors qu'on ne peut pas en dire autant pour ADRESSER₂ (« inscrire les coordonnées du destinataire » : ex. *adresser le message ; *adressage d'un message, *message adressable*).

La figure 1.7 montre les relations sémantiques dégagées pour des termes cités dans cette section. Les principales relations sémantiques entre termes sont décrites dans le chapitre 3.

Une optique meilleure que l'autre pour la terminographie?

Les deux optiques que nous avons décrites dans les sections précédentes envisagent les termes sous des angles différents. Sur laquelle doit alors s'aligner le terminographe ?

Dans l'*optique conceptuelle*, l'intérêt porte principalement sur les objets plutôt que sur la forme linguistique qui est davantage perçue comme le moyen d'accéder à des connaissances ou de les communiquer.

FIGURE 1.7

Relations établies entre les sens des termes

Terme	Terme relié	Relation sémantique
ADRESSER₁	ADRESSABLE	« tel que le terme puisse être adressé »
	ADRESSAGE	« action d'adresser »
PROGRAMME	EXÉCUTER un ~	« l'agent fait fonctionner le terme »
	INTERROMPRE un ~	« l'agent met fin au fonctionnement du terme »
VIRUS	ANTIVIRUS	« un agent qui détecte le terme »
	un ~ INFECTE, CONTAMINE quelque chose	« action inhérente au terme »
	UN ~ SE PROPAGE	« le terme s'étend »

Un dictionnaire portant sur la micro-informatique qui privilégie cette optique se penchera en priorité sur les termes dénotant des objets concrets; par exemple, les types d'imprimantes, les types de micro-ordinateurs et de périphériques ainsi que leurs parties. Par ailleurs, il s'intéressera aux interactions que l'objet peut avoir avec d'autres objets connexes, autrement dit à sa place dans un système conceptuel. Il sera important de décrire l'«imprimante laser» comme faisant partie des «périphériques» par opposition à d'autres «appareils informatiques» et de dire qu'elle comporte un certain nombre de composantes essentielles, comme une «cartouche» et un «système d'alimentation du papier». Dans cette optique, le terme est envisagé indépendamment du contexte linguistique dans lequel il est utilisé.

La fréquentation des dictionnaires spécialisés et des banques de terminologie qui s'alignent sur l'optique conceptuelle permet également de constater que les unités linguistiques qu'on y consigne sont presque exclusivement de nature nominale. Le nom est utilisé pour désigner les entités (objets concrets, lieux, animés, etc.) : on conçoit donc que les termes de nature verbale, adjectivale ou adverbiale trouvent difficilement leur place à côté de la partie du discours «reine».

Enfin, les descriptions de nature conceptuelle se veulent indépendantes des langues, puisque les ouvrages multilingues réunissent les formes utilisées dans des langues différentes dans la même entrée descriptive en s'appuyant sur le fait qu'elles renvoient toutes au même concept.

L'*optique lexico-sémantique*, quant à elle, aborde le terme comme une unité lexicale dont la particularité est d'avoir un sens qu'on peut associer à un domaine de la connaissance humaine. Cette unité entretient avec d'autres unités lexicales un ensemble complexe de relations sémantiques.

Pour reprendre l'exemple du dictionnaire portant sur la micro-informatique cité plus haut, on jugera utile de répertorier IMPRIMANTE, MÉMOIRE, PORTABLE, etc., mais également CONFIGURER, CONFIGURATION, TRAITEMENT, VIRTUEL, COMPATIBILITÉ, etc. Par ailleurs, une forme lexicale associée à des sens spécialisés différents sera assortie de plusieurs définitions. Enfin, la description d'un terme tiendra également compte de l'environnement linguistique d'où on l'a extrait, à savoir le texte spécialisé, en s'intéressant, par exemple, aux unités lexicales qui se combinent avec *imprimante* (*installer*, *configurer*, etc.).

Le terminographe doit constamment résoudre des problèmes liés à la dimension lexicale du terme. En outre, le recours de plus en plus courant aux traitements automatiques vient accentuer l'importance de prendre cette dimension en compte. Les termes sont extraits de textes spécialisés et doivent être distingués d'autres unités lexicales. Le même terme peut se réaliser linguistiquement dans une variété de formes. Et il ne s'agit là que de quelques problèmes. Les problèmes liés à l'identification des termes dans les textes spécialisés sont abordés au chapitre 2.

La terminographie doit donc s'intéresser aux deux optiques. Elle peut avoir recours aux travaux d'une terminologie plus classique pour aborder le plan conceptuel, mais elle doit régulièrement se tourner vers la lexicologie et, plus particulièrement, vers la sémantique lexicale. Dans ce manuel, puisqu'il est question de traitements qui abordent le terme dans le texte tout venant, nous mettons l'accent sur l'optique lexico-sémantique, mais nous ne pouvons faire l'impasse sur l'optique conceptuelle qui fonde encore de nombreux travaux de terminologie.

Nous terminerons cette section en soulignant que si, pour des motifs méthodologiques, il convient de distinguer l'optique conceptuelle de l'optique lexico-sémantique, il est difficile de tracer une frontière nette entre les deux. La définition du sens d'un terme fait appel à des connaissances du monde (celles qui sont propres au domaine qui fait l'objet de la description). Les sens s'ancrent forcément dans nos perceptions du monde réel. Par ailleurs, dans une approche conceptuelle, il est impossible de décrire des termes sans parfois s'interroger sur leur comportement linguistique.

Les données terminologiques

La description du sens et de l'emploi des termes nécessite le cumul, puis la synthèse d'une multitude de renseignements que nous appellerons *données terminologiques*. Ces données sont, en premier lieu, recherchées dans les *textes spécialisés*, c'est-à-dire dans des textes qui véhiculent des connaissances propres à un domaine. Les premières données recueillies par le terminographe ne seront pas toutes publiées comme telles, mais elles l'aident à acquérir des connaissances, à analyser les différents termes et à produire des descriptions appropriées. Les contextes de la figure 1.8 sont des données

FIGURE 1.8

Données terminologiques préliminaires sur *maître cylindre*

*Le **maître cylindre** est, en général, fixé sur le tablier de la voiture et commandé directement par la pédale de frein (fig. 309). Lors de l'action du conducteur sur la pédale de frein, le piston avance [...]*

*À noter que les **maîtres cylindres** pour freins à disque ne comportent pas de soupape de pression résiduelle.*

*Le réglage de la garde du **maître cylindre** se fait en agissant sur la tige de poussée 5, que l'on fait tourner après avoir débloqué le contre-écrou 6.*

*[...] un circuit hydraulique de commande de freins se compose de : — un **maître cylindre**, alimenté par un réservoir de compensation empli d'huile spéciale ; à l'intérieur de ce cylindre se déplace un piston [...]*

terminologiques de ce type : il s'agit de contextes contenant *maître cylindre* qui fournissent des renseignements sur lui.

Les données terminologiques glanées dans les textes spécialisés constituent une matière première très riche, mais ne donnent pas tous les renseignements nécessaires à la description des termes d'un domaine. Le terminographe prend de nombreuses décisions qui s'appuient sur ses connaissances de la langue et du domaine à l'étude dont une grande partie est acquise en parcourant les textes spécialisés. Le terminographe non spécialiste consulte également des experts qui l'aideront à trancher dans des cas douteux ou à éclairer des sens techniques particulièrement opaques.

Lorsqu'il a recueilli et analysé les données issues de textes spécialisés ou fait appel à des spécialistes, le terminographe procède à la compilation d'un dictionnaire spécialisé ou à l'enrichissement d'une banque de terminologie. Ces répertoires, qui renferment le produit des descriptions faites par le terminographe, présentent une série de données terminologiques dont une liste est donnée ci-dessous. (Les exemples sont tirés des dictionnaires cités, mais les conventions typographiques sont les nôtres.) Par ailleurs, il importe de souligner que le nombre et la disposition des données retenues dans un répertoire monolingue, bilingue ou multilingue varient considérablement d'un dictionnaire à l'autre.

- *Entrée* : le terme faisant l'objet de la description. Souvent, tous les termes associés au sens décrit sont réunis dans cette première rubrique (les synonymes, les variantes orthographiques, les abréviations et les sigles).

POLYÉTHYLÈNE
Abrév. PE (ROBINET 1992 : 118)

DOLLARS D'ORIGINE
DOLLARS HISTORIQUES
DOLLARS NON INDEXÉS
DOLLARS NON MILLÉSIMÉS (COMPTABLE 1982 : 335)

- *Information grammaticale* : partie du discours, genre pour les noms dans les langues où cela s'applique ; transitivité pour les verbes ; dans certains cas, des explications des irrégularités morphologiques sont fournies.

MARQUEUR DE DÉBUT, *n. m.*
BALISE D'OUVERTURE, *n. f.* (INTERNET 1997 : 94)

À VISSER, *loc. verb.*
VISSÉ, *adj.*
TARAUDÉ, *adj.* (ROBINET 1992 : 159)

ÉTABLIR LA LIAISON, *loc. verb.* (INTERNET 1997 : 33)

- *Marques d'usage* : ces marques précisent les particularités d'emploi du terme, à savoir l'aire géographique, le niveau socioprofessionnel, la sanction d'un organisme de normalisation, l'évolution dans le temps, etc.

FONDS MIS EN MAIN TIERCE
FONDS ENTIERCÉS (*Can.* *)   *Can. Canada* COMPTABLE (1982 : 189)

ELECTRONIC MAIL, *STANDARDIZED*
E-MAIL, *STANDARDIZED*
EMAIL, *STANDARDIZED*
STRUDEL POST, *JARGON* (entrée de TERMIUM, dans Pavel et Nolet 2001 : 6)

- Indication du *domaine* ou du sous-domaine d'emploi du terme : cette donnée est inscrite systématiquement dans les banques de terminologie et apparaît dans le dictionnaire spécialisé lorsque celui-ci porte sur des domaines connexes.

CIRCUIT RÉSONNANT PARALLÈLE [électronique]
MONTAGE SYNCHRONE [circuit logique]
PAIRAGE [télévision]
TRACE RÉMANENTE [radar]
TRANSFERT PARALLÈLE [informatique] (CUTEL 1993)

REPORT, DIFFÉRENCE DE CHANGE [fin.* et bourse]   *fin. : finance

PRIME [comm.*] (COMPTABLE 1982 : 384)   *comm. : commerce

- *Définition* : explication du sens du terme dans le domaine de spécialité. La définition doit souscrire à des règles assez strictes, comme l'adéquation exclusive au sens défini, l'absence de circularité, etc. Ces règles s'appliquent à la terminographie et à la lexicographie. Toutefois, la première discipline considère que la définition est le témoin d'une structure terminologique et doit donc refléter le plus fidèlement possible les relations entre termes.

  BADAUD : Internaute inscrit dans un groupe de discussion et qui lit les articles sans jamais en publier (INTERNET 1997 : 71).

  PLAFOND DE CRÉDIT : Limite supérieure du crédit consenti à un particulier ou une entreprise par une banque ou une autre entreprise (COMPTABLE 1982 : 131).

- *Note* : certains dictionnaires spécialisés jugent utile d'ajouter un complément d'information à un des termes en entrée, à la définition ou à une autre donnée terminologique inscrite dans l'article. La note est un complément de nature linguistique, encyclopédique ou technique.

  NERVURE : Note. – La nervure est généralement une pièce de renfort, mais elle peut avoir également un rôle de refroidissement (ROBINET 1992 : 130).

  Le terme BADAUD est un néologisme proposé (INTERNET 1997 : 71).

- *Contexte(s)* : il s'agit le plus souvent d'une phrase dans laquelle le terme est utilisé. Cette donnée apparaît rarement dans le dictionnaire spécialisé, mais fréquemment dans les entrées d'une banque de terminologie. Même si le contexte n'est pas toujours inscrit dans les articles ou les fiches de terminologie, il est extrêmement important dans l'analyse qui précède leur élaboration.

  MEL

  Cont* *Le HP320LX est la future star du marché des assistants personnels, ces petits ordinateurs qui se glissent dans la poche intérieure d'une veste. Il a reçu Microsoft Explorer et permet donc de surfer et d'échanger des « mel » (la nouvelle orthographe officielle pour « e-mail »)* (POINT 1997 : 1291) (Pavel et Nolet 2001 : 7).

D'autres renseignements sont de plus en plus fréquemment considérés comme des données terminologiques et ajoutés à certains dictionnaires. Des exemples de ces renseignements sont donnés ci-après.

• *Cooccurrents* : il s'agit de termes ou d'autres unités lexicales qui se combinent de façon privilégiée avec le terme qui fait l'objet de la description. (Voir le chapitre 3 pour une explication détaillée de la notion de cooccurrence.) Ces données permettent à un utilisateur de savoir comment combiner les termes dans un texte spécialisé. Il existe des dictionnaires spécialisés qui se concentrent exclusivement sur les cooccurrents.

INTEREST *(n.)*

cooccurrents and phraseologies :

nouns : ~ cost, default on ~, equity ~, ~ expense, ~ expenditure, ~ payment, (n) percent ~, ~ rate

verbs : to bear ~s, to earn ~s, to pay ~s, to receive ~s, to record ~s, to report ~s, ~ to result from (something)

adjectives : accrued ~, ~ capitalized, low ~, ongoing ~ (ACCOUNTING 2000 : 93)

• *Illustrations* : certains dictionnaires spécialisés intègrent des photographies, des figures ou des schémas afin de fournir un complément d'information sur les termes. La figure 9 donne un exemple d'une illustration intégrée à un dictionnaire portant sur les outils. Pendant longtemps, les banques de terminologie ne pouvaient inclure d'illustrations pour des

FIGURE 1.9

Illustration de MANDRIN (OUTILS 1994)

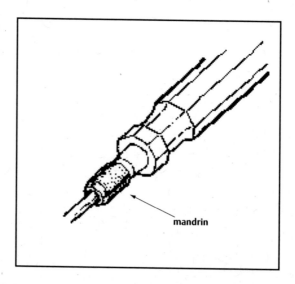

mandrin

raisons techniques. Même si les contraintes techniques n'existent plus, les illustrations sont encore rares dans ces répertoires.

- *Prononciation* : quelques dictionnaires indiquent la prononciation des termes, mais cette pratique n'est pas généralisée.

DEUTON {'du.tan} (MCGRAW-HILL 1994 : 551)

ABIOTIC (a-bi-ot´-ik) (MEDICAL 1994 : 4)

- *Regroupements analogiques* : certains dictionnaires spécialisés proposent des regroupements de termes fondés sur leur forme ou leur sens. Dans l'exemple ci-dessous, emprunté au DAFA (2000), les termes partagent des liens morphologiques. Il sont classés par parties du discours (les noms qui renvoient à des animés sont distingués des autres noms ; la numérotation représente des acceptions différentes de *promotion*).

PROMOTION

1. la promotion 1. la promo	2. un promoteur une promotrice	3. promotionnel, -elle 3. promoteur, -trice	4. promouvoir 4. promotionner

Le DISTRIBUTION (2000) réunit dans ses articles un grand nombre de termes partageant des liens sémantiques avec les termes qui font d'objet de la description. Nous avons reproduit, ci-dessous, une partie de l'entrée consacrée au terme LOCOMOTIVE.

LOCOMOTIVE$_{nf}$, MAGASIN$_{nm}$ PILIER *(Qué.)*, MAGASIN$_{nm}$ PIVOT *(Qué.)*, LOCATAIRE$_{nm}$ MAJEUR *(Qué.)*, LOCATAIRE$_{nm}$ PRÉDOMINANT *(Qué.)*

Les centres commerciaux sont parfois classés suivant la nature et le nombre de leurs **locomotives**.

Par exemple, dans un **centre commercial de quartier**, le rôle de **locomotive** est généralement assuré par un **supermarché** ou une **pharmacie**.

Dans un **centre commercial communautaire**, ce rôle est assuré par un **magasin de marchandises diverses** ou un **grand magasin** de taille réduite.

Dans les **centres commerciaux régionaux**, les **locomotives** sont des grands magasins, des magasins de marchandises diverses, des **grandes surfaces alimentaires** ou des **grandes surfaces spécialisées**.

Les **locomotives** ont une grande influence sur la rentabilité du centre commercial, puisque ce sont d'elles que dépendent souvent le succès et la popularité du centre : les **locomotives** créent le **flux de clientèle**.

(DISTRIBUTION 2000).

Parfois, les regroupements analogiques sont signalés sous forme de renvois. Il s'agit d'indications servant à reporter l'utilisateur à d'autres articles ou à d'autres fiches de terminologie qui portent sur des termes connexes. Certains dictionnaires énumèrent les synonymes sous cette forme plutôt que dans l'entrée comme telle.

MAXIMUM FLOW RATE

> V. FLOW RATE (ROBINET 1992 : 96)

LEAD TIME

> Syn. PROCUREMENT LEAD TIME, REPLENISHMENT TIME. V.a. DELIVERY LEAD TIME, minimum STOCK, PROCESSING LEAD TIME, REORDER POINT (COMPTABLE 1982 : 286).

Outre les données terminologiques proprement dites, à savoir celles qui portent sur les termes eux-mêmes, on trouve – toujours dans les banques de terminologie et parfois dans les dictionnaires spécialisés – des *données bibliographiques*. Il s'agit de l'indication des sources documentaires ayant servi à décrire le terme.

La compilation des données terminologiques dans un dictionnaire donne lieu à un *article*. Les figures 1.10 et 1.11 montrent quelques exemples tirés de dictionnaires spécialisés.

Les banques de terminologie recueillent en général un nombre plus important de données. En plus de celles qui sont énumérées plus haut, elles donnent des renseignements administratifs (le rédacteur de la fiche, la date d'inscription des données, etc.) qui sont répertoriés systématiquement afin de faciliter la gestion, mais rarement proposés à l'utilisateur pendant une consultation. Les données sont réunies sur une *fiche de terminologie* dont un exemple apparaît à la figure 1.12.

FIGURE 1.10

Article tiré de INTERNET (1997 : 46-47)

HOME PAGE
PAGE D'ACCUEIL n. f.
Termes non retenus :   PAGE DE BIENVENUE
                                  PAGE D'ENTRÉE

Première partie d'un document Web qui est affichée à l'écran quand un client Web est connecté à un serveur Web.

Notes. – 1. Les termes pages de bienvenue et page d'entrée font une concurrence inutile au terme page d'accueil qui est beaucoup plus attesté.

2. Généralement, une page d'accueil contient une présentation du document Web et d'autres informations sous forme d'images et de liens hypertextes (ou de liens hypermédias).

FIGURE 1.11

Articles tirés de CUTEL (1993 : 343)

INDEX REGISTER [cmptr. sc.]

A register whose contents can be used to modify an operand address during the execution of computer instructions; it can also be used as counter.

INDEX WORD [cmptr. prog.]

An instruction modifier applied to the address part of an instruction.

REGISTRE D'INDEX [inform.]

Registre dont le contenu peut servir à modifier une adresse d'opérande au cours de l'exécution d'instructions-machine; il peut aussi servir de compteur.

MOT D'INDEX [prog. inform.]

Modificateur appliqué à la partie adresse d'une instruction.

FIGURE 1.12

Fiche de terminologie de TERMIUM citée dans Pavel et Nolet (2001 : 27)

TCE	articles ménagers divers
EN	MOP*a*NOM FLOOR MOP*b
DEF*	A household implement consisting of a mass of absorbant material fastened to a long handle and used typically for washing floors.*a
FR	BALAI À LAVER*c,d*MASC BALAI LAVEUR*f*MASC MOPPE*c* À ÉVITER, BARBARISME, FÉM, Canada S*d* À ÉVITER, ANGLICISME, Canada
DEF*	Article ménager composé d'un long manche au bout duquel est attaché un tampon de cordages ou de lanières et utilisé pour laver les planchers.*e
OBS*	Le mot « moppe » est un barbarisme qui provient du mot anglais « mot » prononcé et écrit à la française.*e

SOURCES CODÉES
a*WEBIN*1993***1468 ; b*CATIR*1983***179 ; c DADIF*1967***624 ;
d*COLAN*1971***110 ; e*3XXX*1997 ; f*ACTER*1968*1*9*4

Les sept travaux du terminographe

La terminographie se décline en sept tâches que nous allons maintenant aborder. Une recherche terminographique portant sur l'ensemble des termes d'un domaine, appelée traditionnellement *recherche thématique*, comprend la totalité des tâches énumérées ci-dessous. D'autres projets, comme l'alimentation d'une liste de termes existante, peuvent se limiter à quelques tâches uniquement.

Recherche ponctuelle

On oppose souvent à la recherche thématique la **recherche ponctuelle**. Alors que la première porte sur l'ensemble des termes d'un domaine, la seconde se concentre sur un terme ou une poignée de termes qui ne sont pas forcément reliés entre eux.

Elle est généralement entreprise à la suite d'une demande précise du type : Quel est l'équivalent de X ? Le terme X est-il correct ou doit-on employer le terme Y ? Comment appelle-t-on « X » ?

1. La *mise en forme d'un corpus,* qui consiste à rechercher et à organiser des textes spécialisés qui serviront de base à toute la recherche.

2. Le *repérage des termes,* qui se fait, le plus souvent, à partir des textes spécialisés recueillis par le terminographe. Les termes retenus dépendent des objectifs du travail qui sont définis au début d'un projet.

3. La *collecte de données* sur ces termes qui consiste à réunir des renseignements utiles pour les décrire. Il s'agit dans un premier temps de recueillir des contextes dans lesquels les termes apparaissent et, ensuite, de recourir à d'autres sources d'information, comme les dictionnaires existants ou les spécialistes.

4. L'*analyse* et la *synthèse des données* recueillies au cours de l'étape précédente. C'est ici que le terminographe fait intervenir ses connaissances de la langue et celles qui a acquises sur le domaine de spécialité qu'il est en train de décrire. Il prend de nombreuses décisions sur les termes : il fait des distinctions sémantiques, des regroupements analogiques et dégage la structure terminologique.

5. L'*encodage des données* (dans le dictionnaire spécialisé ou la banque de terminologie). Le terminographe inscrit, dans un article prévu à cette fin, les renseignements qui résultent de l'analyse qu'il a faite des termes : une définition, un contexte, des équivalents en terminographie bilingue ou multilingue.

6. L'*organisation des données terminologiques.* Le terminographe ordonne selon différents paramètres (en ordre alphabétique ou en ordre thématique) les termes qu'il a retenus. Il peut créer un appareil de renvois pour rendre compte des liens existant entre les termes et prévoir un système d'indexation.

FIGURE 1.13

Projet terminographique bilingue

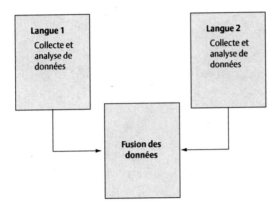

7. La ***gestion des données terminologiques*** qui comprend l'ajout, la suppression, la correction des données en fonction de l'évolution des usages.

Si le projet terminographique porte sur plus d'une langue, la mise en forme du corpus, le repérage des termes, la collecte de données sur ces termes et l'analyse des données terminologiques se font en principe dans chacune des langues séparément. À ces premières tâches succède un travail de fusion des données, c'est-à-dire d'établissement d'équivalences. La figure 1.13 illustre la séquence de tâches dans un projet bilingue.

La terminotique

Comme nous l'avons vu à la section précédente, l'identification des termes repose sur des textes spécialisés. Comme la quasi-totalité des textes sont en format électronique, le terminographe a recours à de nombreux traitements informatiques qui viennent alléger et systématiser son travail. L'informatique fait partie des préoccupations des terminographes depuis fort longtemps, mais son intégration à toutes les étapes de la recherche est beaucoup plus récente.

Informatique et terminologie : depuis longtemps

L'informatique est présente en terminographie depuis le milieu des années 1960. Toutefois, pendant plusieurs décennies, elle a servi uniquement à diffuser les données terminologiques. Les terminographes travaillant pour des organismes comme la Commission de la Communauté économique européenne, le Secrétariat d'État (aujourd'hui appelé Bureau de la traduction) du Canada et l'Office de la langue française au Québec se sont rapidement rendu compte qu'il était impossible de diffuser et de gérer des centaines de milliers de termes et l'information les accompagnant sur un support papier. Les **banques de terminologie** sont nées de ce constat.

Toutefois, même s'ils stockaient le fruit de leurs recherches sur support informatique, les terminographes ont continué pendant longtemps à recueillir des données sans aucune forme d'automatisation. Jusqu'au milieu des années 1980, la collecte et l'analyse des données se faisaient manuellement.

Reproduisons les tâches énumérées à la section précédente et voyons de quelle manière l'informatique est mise à contribution. Seule l'étape d'analyse et de synthèse des données n'a pas été retenue, puisqu'elle est entièrement réalisée par le terminographe. L'intégration des différents outils informatiques est illustrée à la figure 1.14.

1. *Mise en forme d'un corpus*: le terminographe réunit des textes en format électronique. Il les déniche tels quels ou les convertit dans un format exploitable par des logiciels.

FIGURE 1.14

Intégration d'outils informatiques en recherche terminographique

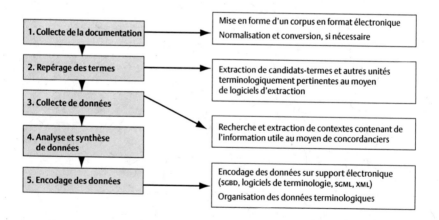

En terminographie bilingue ou multilingue, le terminographe a parfois recours à des *corpus alignés,* à savoir des ensembles de textes et leur traduction dont les segments – le plus souvent des phrases – sont reliés formellement. Les corpus alignés se distinguent des *corpus comparables,* qui sont des textes rédigés dans deux langues différentes mais traitant de sujets identiques, sur lesquels le terminographe travaille habituellement. Les corpus bilingues ou multilingues sont utiles pour repérer rapidement des équivalents dans d'autres langues. En outre, des programmes expérimentaux extraient des termes de ces textes et établissent des équivalences « candidates ».

Le recours de plus en fréquent aux corpus alignés va à l'encontre d'un principe méthodologique de la terminographie qui veut que le repérage des termes et la collecte de données se fassent sur des textes rédigés dans la langue de l'analyse. Toutefois, ils se révèlent extrêmement utiles dans les entreprises où on dispose de fonds documentaires colossaux.

2. *Repérage des termes* : cette tâche est confiée à un *extracteur de termes* qui propose une liste de *candidats-termes* trouvés dans les textes qui lui ont été soumis. Le terminographe doit effectuer une sélection dans cette liste afin d'isoler les termes qui feront l'objet de recherches ultérieures.

3. *Collecte de données* : cette tâche se fait généralement à l'aide d'un *concordancier* qui retrouve les occurrences d'un terme et extrait les contextes dans lesquels il apparaît. En outre, certains programmes fouillent les textes afin d'y retrouver des renseignements précis, comme un contexte définitoire ou un contexte dans lequel une relation sémantique est explicitée. Les contextes retenus par le terminographe sont généralement versés sur un support électronique afin qu'il puisse les analyser et en récupérer une partie à l'étape d'encodage des données.

4. *Encodage des données* : le terminographe a recours pour cette tâche à des applications variées comme les *systèmes de gestion de bases de données* (SGBD) ou, encore, des SGBD conçus spécifiquement pour gérer les données terminologiques, comme les *logiciels de terminologie* ou les *banques de terminologie.* Les terminographes ont commencé à faire appel à des langages de structuration de documents, comme le *Standard Generalized Markup Language* (SGML) ou le *eXtensible Markup Language* (XML), qui se prêtent bien à l'organisation de données terminologiques. Enfin,

d'autres techniques sont adaptées à la consultation sur le Web (documents avec hyperliens). La consignation sur un support électronique peut constituer l'objectif ultime d'un projet terminographique, c'est-à-dire que la diffusion des données se fera sur ce support. Elle peut également être provisoire si le dictionnaire final est imprimé sur papier.

5. *Organisation des données terminologiques* : les techniques d'encodage décrites au paragraphe précédent permettent d'organiser les données terminologiques selon différents paramètres. Des index et différents accès aux données sont prévus à cette étape. Il sont d'ailleurs extrêmement utiles pour rendre compte formellement de la multitude de liens entre les termes.

6. *Gestion des données terminologiques* : le terminographe corrige, ajoute ou supprime des renseignements préalablement enregistrés sur support informatique. Il peut isoler des segments particuliers en faisant appel à des fonctions de recherche et d'indexation. Il peut, en outre, réorganiser les données terminologiques sans revoir la totalité du travail d'encodage.

Conclusion

En résumé, rappelons que le terminographe produit des descriptions sur des termes qu'il publiera dans un dictionnaire spécialisé ou une banque de terminologie. L'essentiel de son travail consiste à réunir des textes spécialisés, à sélectionner des termes, à recueillir des renseignements sur ces termes et à les analyser en vue de les décrire.

La démarche adoptée par le terminographe peut être conceptuelle ou lexico-sémantique. Toutefois, cette dernière semble plus compatible avec les premières étapes de la collecte des données et l'observation des termes en corpus spécialisé.

Aujourd'hui, le terminographe a recours à des techniques informatiques qui interviennent à différentes étapes de la recherche terminographique. Elles sont normalement conçues pour alléger ou pour systématiser son travail.

Avant d'aborder les techniques informatiques comme telles, il convient d'examiner certaines notions centrales dans l'analyse terminographique, ce que nous ferons aux chapitres 2 et 3. Le chapitre 2 se penche sur la définition du terme et sur les difficultés soulevées par son repérage. Le chapitre 3 aborde la question des relations entre termes.

Suggestions de lectures

Le lecteur intéressé par les principes pratiques de la terminographie peut consulter Dubuc (2002) et Pavel et Nolet (2001). Cabré (1999) et Sager (1990) abordent la terminologie sous différents angles : ses pratiques, ses principes fondamentaux et des techniques informatiques en cours à l'époque où ils ont été écrits. On trouvera dans Bergenholtz et Tarp (1995) de nombreux renseignements utiles sur la confection et l'utilisation de dictionnaires spécialisés.

Les principes théoriques de la terminologie « classique » sont abordés dans Felber (1984), Picht et Draskau (1985) et Rondeau (1984). Les modèles classiques sont remis en cause par Bourigault et Slodzian (1999), Cabré (1998/1999), Condamines (1995), Gaudin (1993) et Temmerman (2000). Cabré (2003) fait une synthèse remarquable des origines et de l'évolution des modèles théoriques de la terminologie. Budin (2001) est une réaction aux critiques formulées à l'endroit de la théorie générale de la terminologie.

Auger *et al.* (1991) traitent de l'apport de l'informatique en terminographie. Même s'il s'agit d'un texte peu récent, il fait un parallèle intéressant entre les méthodes traditionnelles et les méthodes informatiques. Un travail plus récent montre de quelle manière les techniques de recherche dans les corpus peuvent être utilisées en terminographie (L'Homme 2001).

2

LE TERME DANS LE TEXTE SPÉCIALISÉ

Pour mon garagiste, refaire les freins a des conditions de vérité beaucoup plus spé-
cifiques que pour moi : il énumère là toute une série d'opérations (dépose des roues,
démontage du disque...) dont je dois bien avouer que je me désintéresse ; pour moi,
refaire les freins, c'est conduire ma voiture chez le garagiste et la reprendre le soir,
non sans avoir réglé une facture de quelque 1000 ou 2000 francs qui porte, pour ma
consolation, la mention « Réfection des freins ». Si d'aventure mon garagiste est
honnête, j'ai de surcroît la satisfaction de n'avoir plus à appuyer les deux pieds
sur la pédale pour obtenir un semblant de résultat. Voilà qui fait toute la relativité
du sens (Martin 1992 : 23).

Qu'est-ce qu'un terme ?

Les unités lexicales reproduites ci-dessous sont des termes rattachés à différents domaines de spécialité qui sont répertoriés dans des dictionnaires
spécialisés ou des banques de terminologie.

[cuisine]   PESTO

                   PÂTE FEUILLETÉE

                   TASSE GRADUÉE

                   APPAREIL

[Internet]	LOGICIEL DE NAVIGATION
	LIEN
	MOTEUR DE RECHERCHE
	PAGE D'ACCUEIL
[terminologie]	CONCEPT
	ONOMASIOLOGIE
	FICHE DE TERMINOLOGIE
	DOMAINE DE SPÉCIALITÉ
[pharmacologie]	BÉTABLOQUANT
	DOSE
	ELFORNITHINE
	MÉLARSOPOL

On admettra sans doute que ces unités sont des termes, puisqu'elles sont déjà listées comme telles dans des répertoires terminologiques. Toutefois, avant de les intégrer à un dictionnaire, le terminographe doit les reconnaître et écarter d'autres unités lexicales qui ne sont pas des termes et qui figurent pourtant dans les textes spécialisés. Dans les sections qui suivent, nous allons examiner comment il peut s'y prendre pour mener à bien cette tâche.

Le domaine comme paramètre classificateur des sens

Le terminographe procède à une délimitation du *domaine de spécialité* dont il compte décrire les termes avant de commencer le repérage et la collecte de données. Cette délimitation sert constamment de point de référence. Par exemple, s'il prépare un dictionnaire portant sur l'informatique, il retiendra vraisemblablement *mémoire, unité centrale de traitement, adresse, analyste, imprimante, bit,* etc. S'il prépare un dictionnaire sur la programmation, il laissera probablement de côté *unité centrale de traitement* et *imprimante* ; il retiendra, en revanche, *boucle, sous-programme* et *classe,* termes qui ne seraient pas forcément décrits dans un dictionnaire sur l'informatique en général. La délimitation ainsi faite convient dans le contexte de la terminographie : toutefois, d'autres spécialistes abordent la notion de *terme* différemment.

Des termes différents pour des spécialistes différents

Pour le documentaliste ou le spécialiste des sciences de l'information, le terme se confond avec la notion de ***descripteur***, c'est-à-dire une unité linguistique qui est représentative du contenu d'un document. Ainsi, le nombre de termes qui intéressent le documentaliste dans un texte est nettement moins élevé que ce que retiendra le terminographe.

Pour le traducteur, le terme se confond avec la notion d'***unité de traduction*** faisant problème, c'est-à-dire une unité dont le sens n'est pas clair ou dont l'équivalent n'est pas connu. Le nombre de termes peut varier considérablement d'un traducteur à l'autre. Un traducteur novice dressera une longue liste d'unités pour lesquelles une recherche sera nécessaire, alors que le traducteur expérimenté n'en retiendra que quelques-unes.

Pour le spécialiste, enfin, un terme est une unité qui permet de transmettre le savoir propre à son domaine d'expertise.

Pour rendre compte de ces éclairages différents, Cabré (1998/1999) compare le terme à un polyèdre ayant de multiples facettes. Chacune de ces facettes constitue une porte d'entrée à cet objet complexe qu'est le terme.

Un autre élément dont le terminographe tient compte est le public visé par la description qu'il prépare. Un dictionnaire destiné à des spécialistes contient un nombre d'entrées beaucoup moins élevé qu'un dictionnaire qui s'adresse à des apprenants ou à des non-spécialistes, comme les traducteurs. En outre, les données descriptives accompagnant le terme sont fonction de ce public.

La délimitation d'un domaine de spécialité permet au terminographe de sélectionner les termes à décrire, mais également d'en circonscrire le sens. Par exemple, le «champignon» en botanique sera décrit comme une entité appartenant à la famille des plantes et sera distingué des autres plantes par l'énumération de ses caractéristiques propres. En cuisine, le «champignon» sera plutôt vu comme un ingrédient. Le terminographe qui définit cette notion dans le domaine de la cuisine peut faire totalement abstraction de la place qu'elle occupe en botanique. De même, le «chat» est souvent perçu par le non-spécialiste comme un animal familier. En zoologie, le concept est subordonné à celui de «félin», lui-même relevant de celui de «mammifère».

Certaines formes lexicales ont des sens qui peuvent être associés à des domaines de spécialité différents (nous verrons plus loin que les sens multiples peuvent parfois être liés au même domaine). Par exemple, *arbre* a des sens différents dans les domaines de la linguistique, de la botanique, de l'électricité et de la marine.

Les banques de terminologie représentent ces sens différents en leur consacrant une entrée spécifique. Nous avons reproduit à la figure 2.1 une partie des entrées consacrées à *arbre* dans le Grand dictionnaire terminologique (GDT). Chacun des sens d'*arbre* fait donc l'objet d'une fiche de terminologie à part entière. Et il ne s'agit là que d'une partie des sens relevés dans ce répertoire.

FIGURE 2.1

Traitement d'arbre dans le GDT

1. ARBRE	[linguistique]	
	Représentation graphique [...]	
2. ARBRE	[botanique]	
	Plante [...]	
3. ARBRE	[électricité]	
	Ensemble de branches dans un réseau électrique [...]	
4. ARBRE	[marine]	
	Pièce qui entraîne l'hélice [...]	

En général, les répertoires papier préfèrent procéder par énumération des sens dans le même article. Mais ici encore, ils sont associés à des domaines de spécialité distincts. L'exemple suivant est tiré d'un dictionnaire de termes scientifiques et techniques.

> DUMMY *[COMMUN] Telegraphy network* ... *[COMPUT SCI] An artificial address* ... *[ENG] Simulating device* ... *[GRAPHICS] A preliminary layout* ... (McGRAW-HILL 1994 : 624).

Plusieurs sens, des domaines différents

Traditionnellement, la terminologie a défini les termes comme ARBRE et DUMMY dans les exemples ci-dessus, c'est-à-dire les termes qui ont une forme identique mais dont les sens peuvent être rattachés à des domaines de spécialité différents, comme des **homonymes**.

Pour un lexicographe, la notion d'**homonymie** n'est pas liée à celle de domaine de spécialité ou, si elle l'est, c'est purement accidentel. Les homonymes en lexicographie sont des unités lexicales qui ont des sens suffisamment éloignés pour être traités dans des articles de dictionnaire distincts. La distinction entre homonymie et polysémie n'est pas toujours facile à faire. On s'appuie souvent sur l'étymologie pour trancher. Si les mots n'ont pas la même origine, il s'agit d'homonymes.

La répartition des sens par domaines de spécialité telle que nous l'avons décrite ci-dessus ne pose pas de difficultés particulières si les termes sont envisagés dans un seul domaine. Toutefois, elle devient vite problématique dans une banque de terminologie qui doit rendre compte de termes rattachés à une multitude de champs du savoir.

D'abord, les frontières entre les domaines ne sont pas étanches. Par exemple, la médecine fait appel à des termes normalement utilisés en biologie ; la linguistique peut avoir recours à des termes de statistique, de psychologie et même d'acoustique ; les mathématiques utilisent des termes de linguistique, et ainsi de suite. Dans ces cas, la banque de terminologie qui veut décrire les termes de ces domaines doit-elle cloisonner les disciplines (un terme appartient soit à la médecine, soit à la biologie, mais pas aux deux) ou dupliquer les entrées ?

Deuxièmement, un même terme peut être central dans plusieurs domaines différents. Prenons, par exemple, PROGRAMME qui signifie « suite ordonnée d'instructions destinées à être exécutées par un automate pour réaliser une tâche précise ». PROGRAMME est essentiel dans les domaines des jeux ou des articles ménagers électroniques ainsi qu'en robotique (pour n'en citer que quelques-uns). Même s'il revêt toujours le même sens dans chacune de ces sphères d'activité, il arrive souvent qu'une banque de terminologie lui consacre des entrées distinctes. PROGRAMME fera l'objet de descriptions séparées en [robotique], en [jeux électroniques] et en [articles ménagers].

Enfin, et cela vient compliquer la tâche d'un gestionnaire de banques de terminologie encore davantage, le même terme peut être décrit différemment en fonction du domaine par lequel on l'envisage. Si on reprend l'exemple de CHAMPIGNON dont nous avons parlé un peu plus haut, le cuisinier et le biologiste le définissent différemment. Pourtant, il s'agit toujours de la même chose. D'autres termes subissent le même sort. Il est tout à fait raisonnable de penser qu'une réalité comme « nouvelle technique de reproduction » soit envisagée de manières totalement différentes en biologie, en droit et en sociologie.

Évidemment, comme le sens d'un terme est fonction de son appartenance à un domaine de spécialité, ce sens évoluera en même temps que les connaissances dans ce domaine.

Fréquence et répartition

Outre le domaine, un autre indice guide souvent le terminographe dans la sélection des termes qui composeront un dictionnaire spécialisé. Il s'agit de la *fréquence* d'apparition des unités lexicales dans un ensemble de textes spécialisés.

Ce principe veut qu'une forme linguistique qui figure un certain nombre de fois dans des documents représentatifs soit fort probablement un terme. Pour être significative, la fréquence doit tenir compte à la fois du nombre d'*occurrences* de la forme linguistique (le nombre total d'apparitions dans les textes spécialisés) et de sa *répartition* dans les textes formant un corpus. Une forme peut être extrêmement fréquente, mais dans un seul texte, ce qui diminue son intérêt. Toutefois, si cette fréquence s'observe dans plusieurs textes spécialisés différents, l'unité risque fort d'être significative pour la terminographie.

Par exemple, dans un corpus de textes juridiques, *idéologie* apparaît 95 fois, *imposition*, 85 fois et *loi*, 1643 fois. Il est permis de penser qu'il s'agit, dans les trois cas, de termes significatifs dans les textes juridiques. Toutefois, *idéologie* apparaît dans quatre textes différents, *imposition* est utilisé dans trois textes différents et les 1643 occurrences de *loi* sont réparties dans 33 textes (en fait, dans tous les textes du corpus). Le tableau 2.1 reprend ces résultats.

Bien que d'autres éléments doivent être pris en considération, cette mini-étude indique que *loi* renvoie à un sens plus central que les autres dans le domaine juridique.

TABLEAU 2.1

Fréquence et répartition de forme

Forme	Occurrences	Répartition dans les textes
idéologie	95	4
imposition	85	3
loi	1643	33

La fréquence et la répartition constituent des indicateurs précieux en terminographie, mais elles ne peuvent être utilisées aveuglément sans l'application de critères additionnels. Une forme n'apparaissant qu'une seule fois peut être un terme. À l'inverse, des unités linguistiques fréquentes ne sont pas forcément toutes des termes.

Fréquence et terminologie

Les données quantitatives sont au cœur de nombreux travaux de terminologie, de terminographie et de terminotique.

Les données chiffrées permettent de révéler des tendances, là où d'autres critères échouent. Puisque les termes ne se distinguent des autres unités lexicales ni sur le plan de la forme, ni dans leur comportement dans les phrases, les données quantitatives constituent un complément utile à des distinctions établies à partir de critères extra-linguistiques ou sémantiques, comme ceux que nous examinons dans ce chapitre.

L'intérêt pour les données quantitatives s'explique également par le fait que les outils informatiques permettent de les obtenir rapidement.

Les types de termes

Concepts represented in terminological dictionaries are predominantly expressed in the form of nouns; concepts which are linguistically expressed as adjectives and verbs in technical languages are frequently found only in the corresponding noun form and some theorists deny the existence of adjective and verb concepts (Sager 1990 : 58).

La consultation d'un dictionnaire spécialisé ou d'une banque de terminologie révèle que la plupart des termes sont de nature nominale. Il s'agit de *noms* à proprement parler ou de *syntagmes nominaux* (les deux types de termes sont illustrés au tableau 2.2).

TABLEAU 2.2

Noms et syntagmes nominaux terminologiques

Noms	Syntagmes nominaux
organisme	système immunitaire
programmeur	page d'accueil
angiographie	gaz à effet de serre
marchandisage	robinet à papillons à oreilles

Dorénavant, *terme simple* servira à désigner les unités lexicales composées d'une seule entité graphique. Ce premier groupe comprend les termes formés d'une seule base (ex. ROBINET, CLÉ, MARCHÉ) ainsi que les *dérivés*, c'est-à-dire les termes comprenant un radical et un ou plusieurs *morphèmes dérivationnels* (ex. MARCHANDIS-AGE, ANTI-CHAR, NAVIG-ATION, MICRO-ORDINATEUR). *Terme complexe* sera utilisé pour désigner les termes constitués de plusieurs entités graphiques séparées par des blancs ou par des diacritiques comme le trait d'union ou l'apostrophe (ex. SYSTÈME-EXPERT, POISSON-CLOWN, MÉMOIRE NON RÉMANENTE, SERRE-JOINT).

Les dictionnaires spécialisés renferment de nombreux termes complexes (dans certains dictionnaires, les termes complexes représentent la plus grande partie des entrées). En outre, les termes complexes ont souvent un *sens compositionnel*, c'est-à-dire qu'on peut en comprendre le sens en cumulant les sens des unités simples qui les composent.

Unités complexes et dictionnaires généraux

Les dictionnaires généraux ne traitent pas les unités complexes de la même manière que les dictionnaires spécialisés. Les rares unités complexes répertoriées dans les premiers ont un sens qui ne résulte pas directement du cumul des sens des unités qui les constituent (ex. POMME DE TERRE, CHEMIN DE FER) et c'est en vertu de leur non-compositionalité qu'elles accèdent au statut d'unités lexicales.

Les dictionnaires spécialisés contiennent également des *sigles* (ex. WWW, IRM) et des *acronymes* (ex. *radar, sida*) et, parfois, des symboles, des formules, ou des appellations latines qui constituent des termes dans certains domaines. Certains de ces derniers termes donnent lieu à ce que Kocourek (1991 : 94) a appelé des *unités brachygraphiques* (ex. π : nombre pi ; *un 1040* : modèle de tracteur ; *Na +* : ion sodium). Enfin, certains dictionnaires retiennent des morphèmes dérivationnels utilisés fréquemment dans la formation de termes propres à un domaine (ex. *micro–* dans le domaine de l'informatique ou *–ose* ou *–ite* dans le domaine de la médecine).

Le nom : partie du discours centrale en terminologie

Il arrive que les dictionnaires terminologiques ne relèvent que des termes de nature nominale et excluent toutes les autres *parties du discours*. Cette restriction, qui se défend si on décrit les termes dans une optique conceptuelle, mène toutefois à des incohérences si on les envisage dans une optique lexico-sémantique.

Premièrement, le relevé exclusif de noms fait en sorte qu'un dictionnaire spécialisé portant sur la médecine intégrera *virus* et *protéine,* mais pas les adjectifs correspondants *viral* ou *protéique.* De même, un dictionnaire d'informatique pourra relever le nom *administrateur (administrateur système, administrateur Web)* mais pas le verbe *administrer.*

De plus, la sélection exclusive de noms est incompatible avec ce qui peut être observé dans les textes spécialisés. Par exemple, un corpus de textes juridiques utilisera tour à tour *dépôt* et *déposer* sans que le premier soit forcément plus fréquent ou plus important que le second. De même, un corpus de textes médicaux utilisera *sang* et *sanguin* sans nécessairement accorder la priorité au nom. (Le tableau 2.3 montre d'autres lacunes que la sélection exclusive de noms risque d'entraîner dans certains domaines.)

> *Il n'y a pas eu d'enquête préliminaire, au moment du dépôt de l'acte d'accusation.*
>
> *Le délai entre le dépôt de la dénonciation et le début du procès n'était pas déraisonnable.*
>
> *Une deuxième dénonciation était déposée suite au retrait de la première.*
>
> *[...] en rapport avec une plainte déposée contre lui.*
>
> *L'existence d'un épanchement sanguin intra-capsulaire [...]*
>
> *[...] l'épanchement de sang dans les espaces sous-arachnoïdiens péri-encéphaliques.*

TABLEAU 2.3

**Termes de nature nominale et termes
appartenant à d'autres parties du discours**

Domaine	Noms	Verbes, adjectifs et adverbes
Informatique	*programme,
programmation
format, formatage*	*programmer, programmable,
reprogrammer
formater, formaté, formatable, préformaté,
reformater*
Droit	*loi, légalisation*	*légal, légaliser, légalement*
Terminologie	*terme, terminologie,
terminographie,
terminologisation*	*terminologique, terminographique,
terminologiser, déterminologiser,
terminologisé*

Des unités autres que nominales

Il serait faux de dire que les termes appartenant à d'autres parties du discours n'ont pas été étudiés en terminologie.

Ils ont retenu l'attention par l'intermédiaire de la combinatoire des termes. Certains terminographes ont étudié et recensé les unités lexicales avec lesquelles les termes se combinent de façon privilégiée (ex. *créer un lien*, dans le domaine de l'Internet, *charger un programme*, dans le domaine de l'informatique, *les prix chutent* dans le domaine des affaires).

Toutefois, il existe très peu de travaux qui abordent la question des autres parties du discours en tant que telles et de leur statut en terminologie.

Certains dictionnaires spécialisés répertorient des ***verbes*** et des ***adjectifs*** (ex. *étanchéifier, vissé*, dans le domaine de la robinetterie ; *hébergé, connecté*, dans le domaine de l'Internet). Toutefois, leur nombre est toujours nettement inférieur à celui des termes de nature nominale.

De plus, il semble que les verbes et les adjectifs soient relevés si leur emploi est exclusif de tout autre domaine spécialisé (par exemple, *configurer* n'est utilisé pratiquement qu'en informatique). On peut également s'y intéresser s'ils ont un sens qui se détache des sens qu'on leur donne le plus souvent (ex. *naviguer* dans le domaine de l'Internet).

Cette approche, même si elle est moins radicale que la première, amène le terminographe à mettre de côté des unités autres que nominales qui sont significatives dans le domaine qu'il est en train d'étudier si leur sens n'est pas différent des sens qu'on leur donne dans d'autres contextes. L'autre problème auquel se heurte cette approche est qu'elle ne semble pas s'appliquer aux termes de nature nominale. Par exemple, *clavier* apparaîtra dans un dictionnaire de micro-informatique même si son sens ne diffère pas du sens qu'on lui donne généralement. Toutefois, on ne décrira pas *entrer* ou *saisir* qui désignent pourtant des activités réalisées au moyen du clavier.

Un autre critère parfois évoqué dans la littérature, mais qui ne trouve pas de véritable confirmation dans la pratique terminographique, veut que les verbes, adjectifs ou adverbes dignes d'intérêt soient sémantiquement apparentés à un terme de nature nominale. Cette optique présente également des lacunes. Certaines unités véhiculent un sens défini en fonction d'un domaine spécialisé mais ne sont pas apparentées à un nom. C'est le cas des verbes *héberger* (*ce serveur héberge*), *tourner* (*un programme tourne*) et *appeler* (*appeler un programme*) dans le domaine de l'informatique.

Prédicats sémantiques et actants sémantiques

La discussion de la section précédente peut sembler, à maints égards, futile et tatillonne. Pourtant, il n'en est rien. Les questions soulevées par l'inclusion des verbes, des adjectifs et des adverbes – et même de certains types de noms – dans les dictionnaires spécialisés ou les banques de terminologie illustrent très clairement les contraintes méthodologiques imposées par l'optique conceptuelle.

Nous avons vu, au chapitre 1, que le concept est défini comme la représentation mentale d'un ensemble d'objets possédant des caractéristiques communes. L'explication qu'on donnera de ce concept passera par l'énumération des caractéristiques des objets qu'il permet de fédérer. Autrement dit, sa caractérisation s'aligne sur une perception du monde réel. Par exemple, pour décrire le concept de « citron », il conviendra de dire qu'il s'agit d'un « fruit » au même titre que la « pomme » et que l'« orange ». Le « citron » sera, par la suite, distingué des autres fruits en fonction de ses caractéristiques propres et du découpage que nous faisons de ces réalités (« forme ronde », « couleur jaune », un « goût amer », etc.).

Cette première méthode est utile pour décrire le sens des termes qui dénotent des entités, par exemple, les objets concrets comme les fruits. Typiquement, les entités sont désignées par des noms.

Or, de nombreuses autres unités lexicales ne peuvent se décrire en utilisant comme seul point de repère l'organisation du monde réel ou l'idée que nous nous en faisons. Pour expliquer le sens de ces unités, il faut les mettre en rapport avec d'autres sens. Par exemple, pour expliquer le sens du verbe *léguer*, il faut forcément faire référence à la personne qui lègue, à la chose léguée et à l'être qui en bénéficie. (Pourquoi l'être plutôt que la personne ? Parce que certains lèguent leurs biens à leur chien ou à leur canari.)

« Léguer », ainsi que tous les autres sens dont la description fait appel à des sens complémentaires, est un *prédicat sémantique*. Pour décrire la notion de « prédicat sémantique », un certain nombre d'images ont été proposées par les linguistes. Mel'čuk *et al.* (1995) parlent d'un sens qui a des trous destinés

FIGURE 2.2

Représentation graphique des liens entre « léguer » et ses actants sémantiques

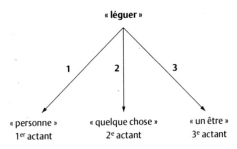

à recevoir des éléments pour le compléter. Ces sens participant à la situation dénotée sont appelés *actants sémantiques* (dans l'exemple qui précède, « la personne qui lègue », la « chose léguée » et l'« être qui en bénéficie »). Les actants sémantiques sont obligatoirement évoqués dans la caractérisation des prédicats sémantiques.

Il existe différentes manières de représenter les liens entre un prédicat et ses actants. La figure 2.2 propose une représentation graphique pour « léguer ».

Les termes dont le sens fait appel à des actants sémantiques seront nommés, quant à eux, *termes à sens prédicatif*. Ils se distinguent des *termes à sens non prédicatif* [3] – des termes comme CITRON – qui n'incorporent pas des actants sémantiques.

S'il est vrai qu'on associe plus spontanément la notion de prédicat au verbe, les termes à sens prédicatif peuvent être des adjectifs et des adverbes. De plus, les noms qui ne dénotent pas des entités – comme les noms qui désignent des activités (ex. *affichage, administration*) ou des propriétés (ex. *rentabilité, amplitude*) – font partie de ce groupe.

Les termes à sens prédicatif peuvent avoir un seul actant. Par exemple, PLANTER (dans le domaine de l'informatique) implique un seul actant (ex. *l'ordinateur plante*). D'autres termes ont plus d'un actant. INSTALLER (toujours dans le domaine l'informatique) fait appel à trois actants : l'« agent qui installe », l'« élément installé » et l'« objet sur lequel on installe cet élément ».

---

3. Cette terminologie s'aligne sur celle proposée dans Mel'čuk *et al.* (1995) qui parlent de *lexie à sens prédicatif* et de *lexie à sens non prédicatif*.

Des critères pour identifier les termes

Nous admettrons donc que les termes peuvent appartenir aux parties du discours du *nom*, de l'*adjectif*, du *verbe* et de l'*adverbe*. Les adjectifs terminologiques sont souvent dérivés de noms (ex. *constitutionnel, consonantique*) ou de verbes (ex. *compilé, dérivable*). Les adverbes terminologiques sont le plus souvent des adverbes en *–ment* (ex. *cliniquement, génétiquement*).

Nous admettrons que, pour toutes les parties du discours, le statut terminologique d'une unité lexicale se définit en fonction du lien qu'on peut établir entre son sens et un domaine de spécialité. Nous rappelons donc la définition de *terme* déjà donnée à quelques reprises dans les pages qui précèdent. Nous la formulons cette fois-ci comme un premier critère de sélection :

a) L'unité lexicale a un sens qui est lié à un domaine de spécialité ; ce dernier est délimité au préalable pour un projet terminographique donné.

Le lien avec le domaine de spécialité sera moins difficile à établir en ce qui concerne les noms. Par exemple, le sens de *archive, carte, compilateur, programme* peut être mis en relation avec le domaine de l'informatique et nul ne contestera ce lien. Toutefois, l'unanimité s'évanouira lorsqu'il s'agira de statuer sur d'autres unités, notamment celles qui ont fait l'objet des sections qui précèdent.

Nous proposons donc de combiner au critère a) trois *critères « lexico-sémantiques »*. Ces critères ne sont pas des panacées – pas plus que le critère a) d'ailleurs –, mais des indicateurs pouvant être mis à contribution afin de confirmer une intuition que peut avoir le terminographe sur le caractère spécialisé d'une unité lexicale.

b) La nature des *actants sémantiques* peut servir d'indice pour confirmer le sens spécialisé d'une unité lexicale à sens prédicatif. Si ses actants sont déjà admis comme termes en fonction du critère a), l'unité de sens prédicatif risque fort d'être spécialisée elle-même. Le premier exemple ci-dessous montre que le verbe *adresser* admet deux termes comme actants, à savoir *mémoire* et *système d'exploitation*. De même, les deux derniers contextes révèlent que le nom *adressage* et l'adjectif *adressable* se combinent avec *mémoire* qui est lié à l'informatique.

Ce système d'exploitation n'est pas conçu pour adresser plus de 1024k de mémoire.

Les mémoires associatives ou mémoires adressables utilisent une tout autre démarche.

La capacité d'adressage de la mémoire principale passait de 1 à 16 Mo.

Toutefois, pour être valable, ce second critère doit tenir compte d'un paramètre supplémentaire : l'unité de sens prédicatif n'a ce sens que lorsqu'elle est accompagnée des actants sémantiques de sens spécialisé. Si l'unité de sens prédicatif véhicule le même sens avec des actants non spécialisés, alors elle n'est pas spécialisée elle-même. Les exemples suivants, extraits d'un corpus d'informatique, montrent que le verbe *comporter* a le même sens peu importe les actants avec lesquels il se combine.

[...] essais ont montré que la ROM *comportait beaucoup trop de bugs!*

[...] d'un texte comportant des lettres accentuées.

[...] cette page ne comportant que deux lignes.

[...] une carte principale comportant de nombreux circuits intégrés.

[...] des images ou des documents comportant de la couleur.

En revanche, si on examine d'autres contextes dans lesquels apparaît le verbe *adresser*, on constate qu'il se combine avec d'autres actants, mais son sens n'est plus le même que lorsqu'il apparaît avec *mémoire* ou *système d'exploitation.*

Le message a été adressé à un destinataire inconnu.

c) La **parenté morphologique** – nécessairement accompagnée d'une parenté sémantique – est un autre indice permettant de confirmer un sens spécialisé. Si des termes ont été retenus en vertu des critères a) et b), leurs dérivés sont forcément spécialisés. Par exemple, on admettra sans difficulté que *compilateur* joue le rôle de terme dans le domaine de l'informatique puisqu'il signifie « programme dont la fonction est de convertir un code source en code machine ». Il nous faudra donc admettre *compiler* et *compilation* (qui renvoient à l'activité réalisée au moyen de ce compilateur), *recompiler* (qui signifie « compiler une nouvelle fois »), *compilable* (qui qualifie un programme qui peut être compilé), etc.

De même, si on admet *constitution* dans le domaine du droit, force sera de retenir *constitutionnel, constitutionnellement, inconstitutionnel, constitutionnaliser,* et ainsi de suite.

d) Toute autre *relation paradigmatique*, c'est-à-dire autre que morphologique, partagée par une unité lexicale avec un terme déjà admis en fonction des trois premiers critères révèle un sens spécialisé. Par exemple, si *interface* est retenu en fonction du critère a), il faudra tenir compte de *menu* et de *fenêtre* qui sont des composantes faisant partie de l'interface. De même, si le verbe *accuser* est retenu dans un dictionnaire de droit, le verbe *défendre* devra forcément y figurer.

Réalisations dans les textes spécialisés

> *Bien sûr, on peut alléguer contre le babélisme des terminologies d'usage, où les synonymes abondent, où les sens se multiplient pour un même terme, quand certaines notions sont dépourvues d'appellations, la nécessité de mettre de l'ordre pour assurer l'efficacité de la communication. L'attention à la situation n'interdit pas une intervention prudente dans l'usage. Mais les terminologies d'usage ont l'incontestable mérite de vivre* (Dubuc 2002 : 15).

Le terminographe, lorsqu'il identifie les termes d'un domaine, doit le faire à partir d'un ensemble de textes réunis aux fins de la description. Donc, même si le sens d'un terme se définit d'abord en fonction d'un point de repère extérieur à la langue, à savoir un domaine de spécialité, sa réalisation concrète a lieu dans un environnement linguistique, à savoir le texte. Là, le terme cohabite avec d'autres unités lexicales et subit un certain nombre de variations.

En plus d'isoler les unités lexicales dont le sens est spécialisé, le terminographe est souvent appelé à pratiquer, pour une même unité, un certain nombre de discriminations dont il sera question ci-dessous.

a) Premièrement, le même texte peut contenir des formes linguistiques ayant un premier sens associé au domaine à l'étude et un autre sens (non spécialisé ou lié à une autre sphère d'activité). Dans la série de phrases reproduites ci-dessous, toutes extraites d'un corpus de textes juridiques, *cause* a un sens juridique dans les trois derniers exemples seulement.

[...] de toute personne acquittée pour <u>cause</u> d'aliénation mentale [...]
La Cour Suprême a mentionné qu'il faut généralement prendre en considération
toute autre <u>cause</u> de délai.

Les franco-catholiques portèrent leur <u>cause</u> devant les tribunaux.
Après avoir lui-même entendu la <u>cause</u>, le juge [...]
La question traitée dans cette <u>cause</u> portait sur l'article relatif au droit du
plaideur d'utiliser la langue officielle de son choix [...]

b) Deuxièmement, une unité peut avoir plusieurs sens tous associés au même domaine de spécialité. Dans les phrases suivantes, tirées d'un corpus de textes juridiques, *accusation* revêt deux sens différents. Dans la première phrase, il s'agit d'un acte qui consiste à accuser quelqu'un. Dans la seconde paire de phrases, il s'agit d'un document légal.

ACCUSATION$_1$

Quant au temps écoulé avant l'<u>accusation</u>, si, parce qu'il est excessif, il cause préjudice à l'accusé, ce sont l'article 7 ou l'alinéa 11d) de la Charte qu'il faut invoquer pour démontrer une violation des principes de justice fondamentale ou une atteinte au droit de l'inculpé à un procès équitable.

ACCUSATION$_2$

Dans le deuxième cas, le seul obstacle entre le suspect et le dépôt d'une <u>accusation</u> est la décision ex parte de la poursuite. Il serait absurde d'accorder une protection pendant la période d'appel à l'accusé qui a été acquitté et non au suspect qui attend le dépôt d'une <u>accusation</u> qui, il le sait, ne dépend que de la décision de la poursuite.

La série de phrases suivantes, extraites d'un corpus de textes d'informatique, montre que *entrée* a quatre sens différents. Dans les deux premières phrases, *entrée* désigne une entité représentative qui contient des données informatiques. Dans les deux phrases qui suivent, *entrée* renvoie à un dispositif concret destiné à recevoir un branchement. Dans le troisième couple de phrases, la même unité renvoie à une activité accomplie par les données. Enfin, les dernières phrases renferment une acception d'*entrée* qui fait référence à une activité réalisée par un utilisateur.

ENTRÉE$_1$

Les sous-répertoires sont des fichiers qui contiennent un certain nombre d'<u>entrées</u> (fichiers et répertoires).

Pour éditer cette entrée, placez le curseur à la cellule D2 et suivez les étapes suivantes [...]

ENTRÉE₂

Certains modèles d'imprimantes sont équipés d'une entrée série et configurable en monochrome..

Un modèle du genre est la Brother HL-8e qui propose Brother HL [...] des tables traçantes, avec pour cela une entrée série à l'arrière [...]

ENTRÉE₃

La gestion nécessite, au contraire, un très grand volume d'entrées et de sorties pour relativement peu de calculs.

Dans le cas des micro-ordinateurs, ce sont généralement des systèmes monoprocesseurs, avec un seul processeur réalisant tour à tour des fonctions de traitement, d'entrée et de sortie.

ENTRÉE₄

Le clavier constitue le moyen d'entrée classique des données et des commandes.

N'oubliez pas de presser {Rt} après l'entrée de chaque commande.

Le terminographe doit donc retenir les sens spécialisés (et uniquement ceux qui relèvent du domaine sur lequel il se penche). Il est, de plus, souvent appelé à distinguer plusieurs acceptions au sein d'un même domaine spécialisé.

Un autre type d'ambiguïté

Outre la question de la multitude de sens rattachés à la même forme linguistique, signalons que certaines formes peuvent appartenir à plusieurs parties du discours. Quelques exemples sont donnés ci-dessous :

informatique : adjectif ou nom

La révolution informatique a transformé radicalement les systèmes manuels.

Ces baisses de prix ont permis une pénétration véritablement massive de l'informatique dans tous les domaines de la vie économique.

cause : verbe ou nom

[...] encore faut-il qu'il soit raisonnable de conclure qu'une activité donnée cause un tort quelconque ou qu'elle est susceptible de le faire.

Les franco-catholiques portèrent leur cause devant les tribunaux.

porte : nom ou verbe

La porte *logique est un composant essentiel des circuits électroniques.*

Cette partie du système d'exploitation porte *le nom de module de gestion des entrées-sorties.*

Ce phénomène, appelé **ambiguïté,** ne constitue pas une véritable embûche pour le terminographe qui effectue un dépouillement manuel, mais représente un réel problème pour les traitements automatiques.

Distinguer les sens dans un texte spécialisé

Bien qu'il s'appuie sur les connaissances qu'il a du domaine de spécialité qu'il est en train de décrire, le terminographe peut avoir recours à certains tests mis au point en *sémantique lexicale* pour confirmer ces connaissances ou lever une ambiguïté. Les contextes trouvés dans les textes spécialisés lui seront d'une grande utilité pour les mettre en œuvre.

Ces *tests lexico-sémantiques* sont utilisés pour confirmer un sens propre au domaine à l'étude (par rapport à un sens qui n'est pas lié au domaine) ou, encore, pour distinguer les sens spécialisés entre eux. Nous examinerons cinq critères dans ce qui suit.

a) La *cooccurrence compatible* et la *cooccurrence différentielle* (Mel'čuk *et al.* 1995 : 64-66) permettent de déterminer si on a affaire au même sens ou à des sens différents en tentant de combiner l'unité à l'étude avec des *cooccurrents* différents.

L'application de ces premiers critères permet de distinguer deux sens du verbe *charger* relevés dans un corpus d'informatique et les deux sens de l'adjectif *substantiel* observés dans un corpus juridique.

Le système d'exploitation est chargé *en mémoire lors du lancement de l'ordinateur.*

Le papier est ensuite chargé *dans l'imprimante.*

   *Charger le système d'exploitation et le papier

Il s'agit d'un événement ayant des conséquences sur les droits procéduraux et substantiels *[...]*

[...] ayant fait une partie substantielle *de l'instruction dans la langue de l'accusé [...]*

   * droit et partie substantielle

Ces mêmes critères permettent de distinguer les deux sens de *dépôt* relevés dans un corpus de textes juridiques.

Cela doit être fait avant le <u>dépôt</u> de l'accusation.

Précisons d'abord que le mot cautionnement *vise toutes les conditions posées à la liberté provisoire : promesse, engagement de payer avec ou sans caution, <u>dépôt</u> d'argent.*

*Dépôt d'argent et de l'accusation

La différenciation sémantique peut être confirmée en vérifiant la compatibilité d'autres cooccurrents appartenant à la même classe sémantique, c'est-à-dire des cooccurrents qui partagent des composantes sémantiques communes.

Charger le programme, le système d'exploitation, le logiciel, l'application (CHARGER₁)

Charger le papier, le transparent (CHARGER₂)

Partie, portion, modification substantielle (SUBSTANTIEL₁)
Droit, cause, jugement, fait substantiel (SUBSTANTIEL₂)

Dépôt de la plainte et de l'accusation. (DÉPÔT₁)
Dépôt d'argent, d'une somme, d'une indemnité (DÉPÔT₂)

b) La ***substitution par un synonyme*** vérifie la possibilité de substituer à un terme une autre unité lexicale dans un contexte donné. Ce critère permet de confirmer les deux sens d'*entrée* illustrés dans les contextes suivants. Dans le premier contexte, on peut remplacer *entrée* par *saisie*, alors que le second contexte n'admet pas la substitution.

Le clavier constitue le moyen d'<u>entrée</u> classique des données et des commandes.
le moyen de saisie classique des données

Dans le cas des micro-ordinateurs, ce sont généralement des systèmes monoprocesseurs, avec un seul processeur réalisant tour à tour des fonctions de traitement, d'<u>entrée</u> et de sortie.
des fonctions de traitement, de *saisie et de sortie

Ce même critère permet de distinguer les deux sens du verbe *exécuter* relevés dans un corpus de textes d'informatique.

Le micro-ordinateur <u>exécute</u> une tâche.
    accomplit une tâche

L'utilisateur <u>exécute</u> un logiciel.
    *accomplit un logiciel

c) La ***dérivation morphologique différentielle*** vérifie la possibilité de dégager des ensembles de dérivés morphologiques correspondant à des sens distincts. Ce critère permet de distinguer les deux sens de *programmation* dans le domaine de l'informatique illustrés dans les exemples ci-dessous. La première acception est liée aux dérivés *programmable* et *reprogrammable* ; ce n'est plus le cas pour la seconde. En revanche, cette dernière est liée à *programmeur*.

programmation de la mémoire
    mémoire programmable
    mémoire reprogrammable

programmation d'une application
    ? application programmable
    ? application reprogrammable

Certains dérivés, puisqu'ils sont liés à un terme, n'ont d'existence réelle que dans un domaine spécialisé. C'est le cas des dérivés associés à FRAISE dans le domaine de la mécanique.

Ces deux efforts agissent comme pour le <u>fraisage</u> en opposition [...]
La <u>fraiseuse</u> doit donc être munie d'un dispositif de freinage d'avance.
On dit que la denture est <u>fraisée</u> lorsque la taille des dents est obtenue entièrement par <u>fraisage</u>.

d) La ***présence de liens paradigmatiques différentiels*** vérifie les oppositions et parentés sémantiques intervenant sur le ***plan paradigmatique***.

Nous avons déjà dégagé des liens paradigmatiques en faisant appel aux dérivés morphologiques. Toutefois, ces liens ne se manifestent pas toujours par des formes apparentées. L'application de ce nouveau critère permet de distinguer deux des sens d'*entrée* relevés plus haut. Le premier s'oppose à *sortie*, mais pas le second.

> *Dans le cas des micro-ordinateurs, ce sont généralement des systèmes monopro-*
> *cesseurs, avec un seul processeur réalisant tour à tour des fonctions de traite-*
> *ment, d'<u>entrée</u> et de sortie.*
> > entrée et sortie de données

> *Le clavier constitue le moyen d'<u>entrée</u> classique des données et des commandes.*
> > **moyen classique de sortie des données*

De même, ce critère confirme les deux sens de *substantiel* relevés dans un corpus de textes juridiques. Le sens juridique s'oppose à *procédural*; le sens non juridique s'oppose à *partiel* et *superficiel*. De même, un premier sens de *copier* dans le domaine de l'informatique entre dans le même paradigme que *couper* et *coller*; alors que le second entre dans le même paradigme que *supprimer*.

> *droit substantiel ou procédural*
> *modification substantielle ou partielle; modification superficielle*
> Copier, coller, couper une image, un paragraphe.
> Copier un fichier sur disque; supprimer un fichier.

Le terme dans la phrase et dans le texte

Les sections précédentes ont mis l'accent sur les aspects sémantiques du terme et montré comment le distinguer des autres unités lexicales. Nous avons fait abstraction jusqu'à présent du fait que, dans le texte spécialisé, le terme n'est pas utilisé isolément. Il apparaît dans des **phrases** et subit dans ces dernières un certain nombre de variations dont le terminographe doit tenir compte.

Les termes sont d'abord soumis à des **variations flexionnelles**, à savoir des modifications de formes dues au genre, au nombre et, dans le cas des verbes, à la personne, au nombre, au temps, au mode et à la voix (ex. *portable, portables; virtuel, virtuelle, virtuels, virtuelles; configurer, configure, configurons, configurez, configureront*, etc.). Ils sont également soumis à d'autres types de variations moins régulières que les premières. Ils peuvent être scindés dans une phrase ou repris sous une autre forme, qui, parfois, est fort différente de la première.

Nous allons examiner quelques-unes de ces variations dans les sections qui suivent. Nous verrons que certaines d'entre elles sont plus problématiques que d'autres lorsqu'il s'agit de les repérer à des fins terminographiques.

Des formes qui varient

You say « flatbed colour scanner », I say « colour flatbed scanner » (Bowker 1997).

Plusieurs formes différentes peuvent cohabiter dans un texte ou apparaître dans un ensemble de textes spécialisés tout en ayant le même sens. Les exemples ci-dessous, tirés d'un corpus juridique, montrent que la même réalité, à savoir celle des « droits et libertés de la personne », est exprimée de quatre manières différentes dans le même texte. Évidemment, l'exemple illustre les changements que subit une expression relativement longue, mais nous verrons que les unités simples sont également sujettes à variation.

Mais dire que les droits et libertés de la personne sont inséparables du bien-être général, c'est aussi dire que la collectivité ne peut souffrir de l'exercice des droits et libertés individuels [...]

Elles se trouveraient implicitement circonscrites par les autres libertés et droits de la personne.

C'est d'ailleurs ce qu'exprime clairement le quatrième « considérant » du préambule, affirmant que les droits et libertés de la personne humaine sont inséparables des droits et libertés d'autrui et du bien-être général.

[...] la collectivité ne peut souffrir de l'exercice des droits et libertés individuels et que, par conséquent, ces derniers trouvent leurs limites non seulement là où commencent les droits et libertés d'autrui [...]

Dans cette situation, le terminographe doit décider quelles seront les variations qui apparaîtront effectivement dans l'article de dictionnaire ou la fiche de terminologie qu'il prépare. Il pourra les conserver toutes ou n'en retenir qu'une partie.

La variation formelle des termes dans les textes est appelée *variation terminologique* et retient l'attention de la terminologie computationnelle depuis quelques années. Il convient toutefois de distinguer la variation terminologique de la *synonymie* proprement dite.

Variation terminologique et synonymie

Variation terminologique et *synonymie* renvoient à des formes différentes utilisées pour un même sens, mais il s'agit de phénomènes distincts.

La variation terminologique concerne les changements qu'un terme subit dans les textes spécialisés. Ces changements sont fonction de son utilisation en contexte linguistique.

La synonymie est un rapport établi entre deux ou plusieurs formes qui ont le même sens et ne touche que les unités déjà reconnues comme termes (une définition plus détaillée de cette relation est donnée au chapitre 3). Lorsqu'il prépare une description terminographique, le terminographe réunit les synonymes dans un même article ou sur une même fiche de terminologie. Cependant, il ne retiendra pas forcément toutes les variations terminologiques. Certaines d'entre elles lui permettront simplement d'acquérir des connaissances sur un sens.

Enfin, la synonymie engage deux termes appartenant à la même partie du discours alors que la variation terminologique peut entraîner un changement syntaxique, comme on le verra dans cette section.

On conçoit aisément que le repérage des formes variées pour un même sens soit une tâche difficile pour le terminographe, d'autant plus que beaucoup de variations sont imprévisibles. Le problème de la variation terminologique devient central dans un contexte où le terminographe a recours à des traitements automatiques, à savoir des concordanciers ou des extracteurs de termes. Il s'agit pourtant d'un phénomène important qu'il convient de prendre en compte. D'après Jacquemin (2001), près du tiers des occurrences des termes sont des variantes.

Même si la forme de nombreuses variantes est difficile à anticiper avant d'aborder un texte spécialisé, certaines semblent plus régulières et peuvent, par conséquent, faire l'objet d'un repérage. Nous en donnons une liste ci-dessous qui s'inspire de celle donnée dans Daille (1995). D'autres variantes sont propres aux termes complexes et sont répertoriées dans la section suivante.

a) *Variantes graphiques* : celles-ci se résument à l'ajout d'un signe diacritique, comme un trait d'union (ex. *système expert, système-expert ; carter moteur, carter-moteur*) ou une alternance majuscules-minuscules (*Web, web*).

b) *Variantes flexionnelles* : elles regroupent les différentes formes fléchies d'un terme ; il peut s'agir également des variations flexionnelles présentes dans un terme complexe, notamment dans le modificateur (ex. *impri-mante à jet d'encre, imprimante à jets d'encre*).

c) *Variantes syntaxiques faibles*: dans certains termes complexes français, la préposition qui sert à rattacher les éléments varie (ex. *siège à bébé, siège pour bébé*); dans d'autres, elle est omise (ex. *imprimante à laser, imprimante laser, moteur 4 cylindres, moteur à 4 cylindres*); enfin, parfois, c'est l'emploi du déterminant qui fluctue (ex. *traitement de parole, traitement de la parole*).

d) *Variantes morphosyntaxiques*: celles-ci font alterner des parties du discours et entraînent des transformations dans les phrases. Des termes simples appartenant à des parties du discours différentes sont utilisés pour véhiculer le même sens ou, encore, un élément dans un terme complexe subit un changement. Le tableau 2.4 présente quelques possibilités de variations morphosyntaxiques en français.

TABLEAU 2.4

Variations morphosyntaxiques

Verbe ► adjectif	l'automate peut être programmé ► l'automate est programmable un menu qui se déroule ► un menu déroulant un fichier qui peut être formaté ► un fichier formatable une cause qui ne peut être défendue ► une cause indéfendable
Nom ► adjectif	dilatation du ventricule ► dilatation ventriculaire épanchement de sang ► épanchement sanguin problème de matériel ► problème matériel
Verbe ► nom	traiter des données ► traitement des données accéder au site Internet ► accès au site Internet
Adjectif ► nom	les données sont compatibles ► la compatibilité des données le bien est durable ► la durabilité du bien
Adjectif ► adverbe	numérique ► numériquement génétique ► génétiquement

Des termes complexes à repérer

Les comportements de certains termes dans la phrase, peu problématiques pour l'humain, présentent des difficultés que les traitements automatiques doivent tenter de contourner. C'est le cas notamment de certains **termes complexes**. Nous avons vu plus haut que de nombreux termes étaient composés de plusieurs unités graphiques et qu'ils avaient, contrairement aux mots composés que l'on recense dans les dictionnaires usuels, un sens compositionnel. Ces propriétés rendent ces termes particulièrement difficiles à retrouver dans les textes et à distinguer d'autres combinaisons libres.

- Les termes complexes peuvent former un groupe nominal autonome ou être insérés dans un autre groupe nominal. Les exemples suivants montrent comment le même terme complexe est utilisé dans des phrases différentes ; l'insertion dans des groupes syntaxiques plus longs entraîne des problèmes de *découpage du terme*.

> Les **systèmes de gestion de bases de données** *sont particulièrement utiles pour gérer des données lexicales et terminologiques.*
> *groupe nominal autonome*

> Les **systèmes de gestion de bases de données** *génériques sont plus flexibles que les logiciels de terminologie.*
> *groupe nominal + adjectif*

> Les ensembles de **systèmes de gestion de bases de données** *sont conçus pour permettre aux utilisateurs d'organiser, de gérer et de rechercher de l'information.*
> *groupe nominal faisant partie d'un syntagme*
> *prépositionnel rattaché à un nom*

> Les utilisateurs de **systèmes de gestion de bases de données** *de type générique sont de plus en plus nombreux.*
> *groupe nominal modifié par un syntagme prépositionnel et faisant*
> *partie d'un syntagme prépositionnel rattaché à un nom*

L'exemple qui suit montre qu'il est difficile de se prononcer sur le caractère terminologique d'une séquence sans des connaissances dans le domaine de la médecine. Le terme véritable correspond-il à *vaisseau, vaisseau de la substance blanche, vaisseau de la substance blanche sous-corticale* ou *substance blanche sous-corticale* ?

> *Les démyélinisations ischémiques s'observent dans le cadre de la microangiopathie qui touche les vaisseaux de la substance blanche sous-corticale.*

Un dernier exemple, emprunté au domaine de la mécanique, montre que le chevauchement de termes complexes dans une phrase peut donner lieu à plusieurs interprétations plausibles. Dans le contexte ci-dessous, quelle forme correspond au véritable terme ? S'agit-il de *moteur d'automobile* ou de *moteur à refroidissement par air* ou encore de *moteur d'automobile à refroidissement par air* ? Il est difficile de répondre à cette question avec certitude, puisque toutes ces séquences sont attestées ailleurs dans le corpus.

> *On le trouve sur certains moteurs d'automobiles à refroidissement par air et sur des moteurs de motos ou de hors-bord.*

- Il arrive que des termes complexes soient coordonnés ou juxtaposés dans une phrase. Dans une **coordination** ou une **juxtaposition**, les composantes des termes ne sont pas forcément toutes répétées. L'exemple suivant illustre cette dernière observation : les **modificateurs** sont énumérés, mais la **tête** n'est pas reprise.

> *L'injection directe de diazoxide dans les artères fémorales, rénales et coronaires élève le débit [...]*

On constate que la phrase comporte trois termes potentiels (*artère fémorale, artère rénale* et *artère coronaire*). Toutefois, seule *artère fémorale* constitue une suite graphique ; les autres séquences doivent être reconstruites. Le même problème survient avec *extrasystole ventriculaire* et *tachycardie ventriculaire* dans l'exemple ci-dessous. Toutefois, ici, c'est le modificateur qui n'apparaît qu'une seule fois.

> *Elles [étiologies] sont identiques à celles des extrasystoles et des tachycardies ventriculaires.*

Parfois, l'énumération est répartie dans différentes composantes textuelles. C'est ce qui se produit dans l'exemple ci-dessous : *moteur monocylindre, moteur bicylindre, moteur tricylindre* et *moteur 4 cylindres* n'apparaissent jamais réellement tels quels.

> *La disposition des cylindres diffère suivant les types de <u>moteurs</u> :*
>
> *– <u>Monocylindre</u> : un seul cylindre, en général vertical.*
>
> *– <u>Bicylindre</u> : deux cylindres qui peuvent être « en ligne », c'est-à-dire accolés et parallèles en un seul bloc, ou bien en V, composé de deux monocylindres formant un angle entre eux ; si le V fait 180°, on parle de Flat-Twin.*
>
> *– <u>Tricylindre</u> : trois cylindres, en général « en ligne », accolés et parallèles en un seul bloc.*
>
> *- <u>4 cylindres</u> : le plus répandu est le bloc de 4 cylindres « en ligne », accolés et parallèles [...]*

- Parfois, une ou plusieurs unités lexicales apparaissent dans le terme complexe. L'*insertion* d'un élément rend difficile son repérage, du moins son repérage automatique. C'est ce qu'on peut observer ci-dessous avec *mémoire virtuelle* et *vaisseau splanchnique*.

  Il s'agit alors de <u>mémoire</u> dite <u>virtuelle</u>.

  Ce récepteur est situé dans les <u>vaisseaux</u>, notamment ceux qui sont <u>splanchniques</u>.

- À l'opposé du problème précédent se trouve celui de l'*élision*. Il arrive qu'on omette une des composantes d'un terme complexe formant ainsi une séquence plus courte que celle qui est normalement attendue. Par exemple, *infection aux voies urinaires* repris par *infection urinaire* est une illustration de l'élision.

- Dans certains cas, les liens syntaxiques entre les différentes composantes d'un terme complexe ne peuvent être établis avec certitude. Ce problème appelé **ambiguïté de structure** est particulièrement problématique lors de l'utilisation d'applications informatiques. L'humain est normalement capable de lever l'ambiguïté. Il existe néanmoins quelques exceptions : rappelons ci-dessous un exemple classique, cité par Kocourek (1991).

  gardien d'asile de nuit
  S'agit-il d'un gardien de nuit ou d'un gardien qui s'occupe d'un asile de nuit ?
  Autrement dit, *de nuit*, se rattache-t-il à *gardien* ou à *asile* ?

Une autre complication

En anglais, on peut même permuter les éléments d'un terme complexe, compliquant ainsi davantage le repérage. Les exemples suivants sont empruntés à Jacquemin (2001 : 163).

blood cell	*cell in blood*
blood culture	*culture of blood*
blood flow	*flow of blood*

Les termes d'une phrase à l'autre

Non seulement la forme de certains termes change dans le texte spécialisé, il arrive également que les termes ne soient repris que partiellement. Les exemples ci-dessous illustrent ce phénomène : *programme d'assemblage* est repris par *programme*; *langage machine* est repris par *langage*; et, enfin, *vaisseaux* renvoie à la séquence plus longue *vaisseaux de la substance blanche*.

Un <u>*programme d'assemblage*</u> *est nécessairement écrit avec beaucoup de détails. Par conséquent, ces types de* <u>*programmes*</u> *sont rarement clairs.*

On appelle <u>*langage machine*</u> *un langage dans lequel chaque instruction est représentée par un nombre binaire. C'était d'ailleurs le seul* <u>*langage*</u> *dont on disposait sur les premières générations d'ordinateurs.*

Cette micro-angiopathie se traduit par un épaississement des parois vasculaires des <u>*vaisseaux de la substance blanche*</u>. *Ces* <u>*vaisseaux*</u> *deviennent tortueux.*

Dans certains cas, la reprise est très éloignée de la séquence originale. C'est ce qui se produit ci-dessous : *droit* fait référence à *droit linguistique* qui apparaît plusieurs lignes plus haut.

Tous les <u>**droits linguistiques**</u> *expressément reconnus dans la Constitution canadienne ont ceci de commun qu'ils s'appliquent aux institutions gouvernementales et que, d'une manière générale, ils obligent le gouvernement à prévoir, ou du moins à tolérer, l'emploi des deux langues officielles. [...] Ils donnent droit à un avantage précis qui est conféré par le gouvernement ou dont une personne peut jouir dans ses rapports avec le gouvernement. Parallèlement, le gouvernement est tenu de fournir certains services ou avantages dans les deux langues officielles ou tout au moins d'autoriser les personnes faisant affaire avec le gouvernement à employer l'une ou l'autre langue. À la différence d'une liberté garantie [nous préférons l'expression « droit négatif », plus explicite], les* <u>**droits**</u> *en question n'assurent pas à un individu la liberté de choisir sa propre ligne de conduite dans le cadre d'un large champ d'activités privées.*

La reprise partielle d'un terme par une autre forme porte le nom de **reprise anaphorique**. Dans les exemples ci-dessus, *programme* (*ce type de programme*), *langage* (*c'était le seul langage*), *vaisseaux* (*ces vaiseaux*) et *droits* (*les droits en* *question*) sont des **anaphores** qui reprennent *programme d'assemblage, langage machine, vaisseaux de la substance blanche* et *droits linguistiques* respective-ment. Les anaphores sont parfois accompagnées d'un marqueur linguistique qui renforce le lien avec l'antécédent. Dans les exemples ci-dessus, *ce type de, ces* et *en question* ont précisément cette finalité.

Parfois, l'**anaphore** revêt une forme tout à fait différente du terme qu'elle est censée reprendre. Dans l'exemple ci-dessous, *portable* est repris par un générique, à savoir *appareil*.

> *Le <u>portable</u> a fait son apparition dans les années 1980. Toutefois, ce type d'<u>appareil</u> n'a connu une véritable popularité qu'au cours des années 1990.*

La reprise se fait souvent au moyen d'un pronom, comme le montre l'exemple suivant tiré d'un corpus de textes de mécanique.

> *La partie inférieure du <u>**carter-moteur**</u> est particulièrement résistante et elle comporte des paliers en nombre variable appelés paliers de « ligne d'arbre », destinés à supporter le vilebrequin. <u>**Il**</u> est fermé à sa partie inférieure par un carter, monté avec un joint d'étanchéité, qui sert de réservoir d'huile nécessaire à la lubrification du moteur. <u>**Il**</u> possède à l'intérieur des alésages destinés à recevoir les commandes des soupapes (arbre à cames, poussoirs de soupapes, tiges de culbuteurs, etc.), la commande et la fixation d'une pompe baignant dans l'huile du carter inférieur et destinée à assurer la lubrification des pièces en mouvement. À l'extérieur, <u>**il**</u> possède les fixations générales du moteur sur le châssis.*

L'anaphore est un phénomène complexe et particulièrement difficile à modéliser dans un traitement automatique en raison de son imprévisibi-lité. Cette imprévisibilité intervient à deux niveaux puisqu'on ne peut anti-ciper avec certitude ni la forme qu'elle peut prendre, ni l'endroit dans le texte où elle peut apparaître.

L'anaphore a fait l'objet de très peu d'études en terminologie. Il s'agit pourtant d'un phénomène qu'il conviendrait de mieux connaître et de décrire puisque les renseignements intéressants sur un terme peuvent se retrouver dans une phrase qui reprend un terme sous forme anaphorique.

Conclusion

Un terme est une unité lexicale utilisée dans un domaine de spécialité. Le lien établi entre l'unité lexicale et le domaine est central dans la démarche terminographique. Les termes peuvent être simples ou complexes et appartenir aux parties du discours du nom, du verbe, de l'adjectif et de l'adverbe.

Bien qu'il soit appréhendé en fonction d'un repère extérieur à la langue (à savoir le domaine), le terme se matérialise dans les textes. C'est d'ailleurs dans ces textes que le terminographe le trouve et qu'il récolte les éléments qui lui permettent de procéder à sa description.

Le terminographe peut avoir recours, pour valider des intuitions sur le sens des termes, à des tests mis au point en sémantique lexicale. Nous avons vu que des critères comme la cooccurrence compatible, la cooccurrence différentielle, la dérivation morphologique différentielle, la présence de liens paradigmatiques différentiels et la substitution du terme par un synonyme peuvent orienter ses choix. Par ailleurs, la fréquence sert souvent d'indicateur du statut terminologique d'une unité lexicale.

Enfin, le repérage des termes dans les textes spécialisés se heurte à un certain nombre de difficultés dont nous avons donné un aperçu : cohabitation avec d'autres unités lexicales qui ne sont pas associées au domaine de spécialité à l'étude ; cohabitation de plusieurs sens dans le même texte ou le même ensemble de textes ; variations formelles ; reprise anaphorique.

Suggestions de lectures

Le sens linguistique est abordé dans de nombreux ouvrages. Pour des définitions et des critères en rapport avec les notions présentées dans ce chapitre, voir le chapitre 3 de Cruse (1986) et le chapitre 6 de Polguère (2003).

Les propriétés linguistiques des termes et leur comportement dans les textes spécialisés sont abordés dans Kocourek (1991), notamment dans le chapitre 3. Sager (1990) présente les propriétés formelles des termes anglais dans le chapitre intitulé « The Linguistic Dimension ». Les chercheurs en terminologie se sont toujours intéressés à la formulation d'une distinction entre le terme et les autres unités lexicales. Il existe plusieurs articles sur ce thème, dont le classique Guilbert (1973). L'Homme (1998 ; 2003) fait une présentation du statut des termes appartenant à des parties du discours autres que celle du nom et des critères permettant de les identifier.

Estopà (2001) examine les définitions du terme du point de vue des traducteurs, des spécialistes et des terminologues. Sur le thème de la variation terminologique, voir Collet (2003), Daille (1995) Daille *et al.* (1996) et Jacquemin (2001).

3

STRUCTURES TERMINOLOGIQUES

[...] le lexique est un gigantesque réseau où tout se tient. Il suffit de « tirer » sur une lexie de ce réseau pour que vienne avec elle toute une série d'autres lexies auxquelles elle semble attachée par des liens parfois très subtils (Polguère 2003 : 85).

Importance des structures terminologiques

Le chapitre 2 a montré comment le terminographe procède au repérage des termes et s'est attardé sur les difficultés de cette entreprise. Toutefois, l'analyse des termes ne s'arrête pas là. Le terminographe tient compte des différentes relations sémantiques dans lesquelles entrent les termes. Il cherche également à dégager les structures qui sous-tendent ces relations.

Cette recherche s'appuie sur la conviction que l'ensemble des termes d'un domaine est structuré et qu'il ne s'agit pas d'un amas d'unités linguistiques disposées au hasard et n'ayant aucun lien entre elles. Cette conviction est partagée par la plupart des lexicologues qui tiennent pour acquis que le lexique d'une langue est structuré, comme le montre la citation de Polguère placée au début de ce chapitre. Toutefois, les *structures terminologiques*, parce qu'elles sont appréhendées au sein d'un domaine, donc d'un univers relativement fermé, sont sans conteste plus immédiatement perceptibles et moins difficiles à représenter.

Ce volet de l'analyse terminographique fera l'objet de l'essentiel du présent chapitre. Nous verrons que le terminographe analyse différents types de relations entre termes.

Mais auparavant, nous verrons qu'il existe des méthodes de structuration qui, sans envisager les termes directement, sont fort utiles pour des applications terminographiques. Le premier ensemble de structuration, que nous appelons *classements thématiques*, s'intéresse à l'organisation des domaines de spécialité. Le second, qui donne lieu à ce que nous appelons des *représentations conceptuelles*, appréhende les connaissances dans un domaine.

Classements thématiques

Les *classements thématiques* ordonnent et hiérarchisent les **domaines de spécialité**. Nous avons maintes fois souligné le lien étroit entre les termes et les domaines de la connaissance humaine. Nous avons même montré que la notion de *terme* repose sur le lien qu'on peut établir entre son sens et un domaine.

Le terminographe s'appuie sur des classements thématiques pour sélectionner des termes et procéder à leur description. Chaque terme est forcément rattaché à un domaine ou à un *sous-domaine*, qui constitue une subdivision d'un domaine générique.

La figure 3.1 illustre l'organisation du domaine intitulé [électronique et informatique] qui est proposée dans la banque de terminologie TERMIUM (il s'agit des catégories principales qui sont subdivisées plus finement). Les termes relevant d'une de ces sphères de connaissances sont nécessairement catalogués en faisant appel à une des divisions. Par exemple, le terme IMPRIMANTE LASER est rattaché à [matériel informatique], sous-domaine relevant du domaine [électronique et informatique].

FIGURE 3.1

Classement sous [électronique et informatique] dans TERMIUM (Pavel et Nolet 2001 : 2)

[électronique et informatique]

[systèmes cybernétiques]
[informatique]
[ensembles électroniques]
[matériel informatique]
[logiciels]
[automatique]
[électronique]

Les classements thématiques sont particulièrement utiles pour gérer la répartition des fiches dans une banque de terminologie. Mais il ne s'agit pas là de leur unique finalité. On y a également recours dans les dictionnaires spécialisés pour ordonner les articles. Par exemple, un lexique des outils d'assemblage (OUTILS 1994) répartit les entrées dans des sections intitulées [Les clés], [Les pinces] et [Les tournevis]. On s'en sert également dans les organismes appelés à traiter les termes de plusieurs domaines différents. Enfin, les classements thématiques servent à gérer des fonds documentaires.

Le terminographe peut établir lui-même un classement thématique pour un projet précis. Dans l'exemple des outils d'assemblage, la subdivision est simple et peut se faire ponctuellement. Cependant, il arrive souvent que le terminographe utilise des *classements documentaires*, c'est-à-dire des méthodes d'organisation de documents. Certains de ces classements servent ensuite de normes sur lesquelles doivent s'aligner des organismes. La figure 3.2

FIGURE 3.2

Rubriques principales du Mesh®

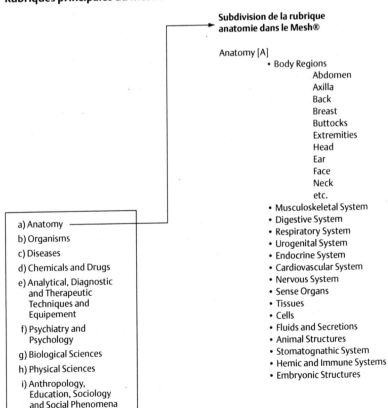

montre les rubriques principales d'un classement documentaire dans le domaine de la médecine, appelé *Mesh®* (2003) et accessible par une interface Web, le MeSH Browser.

Représentations conceptuelles

From the point of view of terminology, therefore, the lexicon of a language consists of the many separate subsystems representing the knowledge structure of each subject field or discipline. Each knowledge structure consists of variously interlinked concepts (Sager 1990 : 13).

Nous avons vu au chapitre 1 que la terminologie classique considère que les termes reflètent l'organisation des connaissances dans un domaine ou sa *structure conceptuelle*. C'est sous cet angle que le terminographe envisage le plus souvent les relations entre termes.

Une application méticuleuse de l'optique conceptuelle dans un dictionnaire

Pour le fondateur de la terminologie, Eugen Wüster, la prise en compte des liens conceptuels préside à toute entreprise terminographique et doit transparaître dans les descriptions produites par les terminographes. Wüster a décrit les liens conceptuels du domaine de la machine-outil par l'intermédiaire des termes de ce domaine. Son travail a donné lieu à un dictionnaire multilingue dans lequel les termes reliés au terme défini sont mis en évidence dans les définitions. Ci-dessous, un exemple d'article tiré de ce dictionnaire.

speed indicator : A **measuring instrument** (3) of the same design as the **tachometer** (76), but graduated in metres per minute (m/min), or in units of **linear velocity** (22) (MACHINE-OUTIL 1968).

Bien que les relations elles-mêmes ne soient pas explicitées – c'est-à-dire qu'on ne décrit pas la nature du lien existant entre SPEED INDICATOR et MEASURING INSTRUMENT –, elles sont tout de même mises en évidence systématiquement et dans l'ensemble du dictionnaire.

Pour dégager la structure conceptuelle d'un domaine, le terminographe s'appuie souvent sur des modèles de représentation adoptés dans certaines disciplines scientifiques, ce qui l'amène à dégager des liens hiérarchiques : les liens entre *génériques* et *spécifiques* – comme le lien que partage « mammifère » avec « félin », « canidés », « bovidés » – et les liens entre un *tout* et ses *parties* – comme le lien que partage « moteur » avec « arbre » et « cylindre ». Les exemples classiques sont les hiérarchies d'espèces animales et botaniques. La figure 3.3 présente les grandes subdivisions d'une classification des insectes (CIRAD-AMIS 2002). Cette classification ne retient qu'un type de lien, à savoir les liens entre génériques et spécifiques. D'autres représentations conceptuelles sont de loin plus complexes.

FIGURE 3.3

Détail d'une partie de la classification des insectes

Insectes

...

    Paléoptères
        Éphéméroptères (éphémères)
        Odonates (libellules, demoiselles)
    Néoptères
    Polynéoptères
        Dictyoptères : blattes, mantes
        Isoptères : termites
        Zoraptères : petits insectes de moins de 2 mm
        Plécoptères : perles
        Notoptères : petits insectes aptères, une dizaine d'espèces
        Chéleutoptères : phasmes, phyllies
        Orthoptères : sauterelles, courtilières, criquets, grillons
        Embioptères : embies
        Dermaptères : forficules
        Aranéoptères
        Psocoptères : psoques ou poux des livres
        Mallophages : lipoptères ou ricins
        Anoploures : poux
        Homoptères : cigales, cicadelles, psylles, aleurodes, pucerons, cochenilles
        Héréroptères : nèpes, ranaires, notonectes, punaises, hydromètres
        Thysanoptères : thrips
    Oligonéoptères
        Coléoptères : scarabées, cantharides, vers luisants, taupins, dermestes, coccinelles, etc.
        Mégaloptères : sialis
        Raphidioptères : raphididés
        Planipennes : fourmilions, chrysopes
        Mécoptères : panorpes
        Trichoptères : phryganes
        Lépidoptères : papillons
        Diptères : mouches, moustiques, taons
        Aphaniptères : puces
        Hyménoptères : guêpes, abeilles, fourmis
        Strepsiptères : stylops

La figure 3.4, produite à partir du *Unified Medical Language System* (UMLS 2001) et qui constitue un modèle de représentation des connaissances en médecine, montre une partie des relations que partage le concept « cellule » (*cell*) avec d'autres concepts du domaine. En plus d'être rattaché à des classes génériques, à savoir « structure anatomique entièrement formée » (*fully formed anatomical structure*), elle-même liée à « structure anatomique » (*anatomical structure*), « cellule », partage des liens d'une autre nature avec d'autres concepts. Il constitue une partie d'un « organe » (*organ*). Il comporte lui-même des parties, à savoir « gène » (*gene*), « composant cellulaire » (*cell component*), etc. Avec d'autres concepts, à savoir « espace corporel ou jonction » (*body space or junction*) », « tissu » (*tissue*), ce sont des liens de proximité qui sont dégagés.

Peu importe la nature des relations décrites ou leur nombre, la ***représentation conceptuelle*** repose sur des critères définis avant son élaboration. Dans certains domaines, ces critères font l'objet de normes strictes sur lesquelles se sont entendus des spécialistes. Par exemple, les espèces animales sont réunies dans des classes en fonction de certaines de leurs caractéristiques morphologiques. Toutefois, l'habitat ou le mode de déplacement ne sont pas des critères jugés valables pour rendre compte des parentés entre espèces. Cela explique pourquoi les baleines n'appartiennent pas à la classe des poissons bien qu'elles vivent dans la mer, et que les manchots sont considérés comme étant des oiseaux même s'ils ne volent pas. Il arrive que les

FIGURE 3.4

« Cell » et ses liens avec une partie de ses concepts voisins (UMLS 2003)

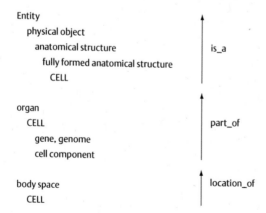

critères de classement soient réévalués par les spécialistes et que cela entraîne une réorganisation des connaissances.

De plus, nous avons vu au chapitre 1 que ce genre d'organisation impose le choix d'un identificateur unique et qu'il faut parfois créer des intitulés pour des classes destinées à regrouper des individus. Or, il arrive que ces intitulés ne correspondent à aucune réalité linguistique. Les figures 3.3 et 3.4 illustrent de nombreux cas de ce genre. Pour regrouper des insectes, on a créé des appellations à partir de formants grecs, comme *dermaptères* et *trichoptères*. De même, les appellations *fully formed anatomical structure* ou *body space or junction* sont simplement conçues pour étiqueter des classes génériques.

Même si ce sont les liens entre génériques et spécifiques et entre touts et parties qui sont représentés le plus souvent, il arrive que d'autres *relations conceptuelles* soient envisagées. Parmi celles-ci, deux retiennent l'attention depuis quelque temps : le lien que partage un *objet concret* (le plus souvent un artefact) et sa *fonction* et le lien que partage une *cause* et son *effet*. Le tableau 3.1 donne quelques exemples de ces relations.

La liste des *relations conceptuelles* possibles peut s'allonger encore davantage en fonction des concepts dont on décide de rendre compte dans un domaine. Sager (1990) a illustré ce phénomène en énumérant toute une série de cas de figure reproduits dans le tableau 3.2 (une partie des exemples proposés par Sager ont été traduits).

Ces relations conceptuelles ou une partie d'entre elles pourraient se révéler centrales dans certains domaines spécialisés, mais moins dans d'autres

TABLEAU 3.1

Exemples de liens conceptuels

Objet	Fonction
ordinateur	traitement stockage gestion
microscope	observation
Cause	Effet
médicament fongicide	réduction de la douleur élimination des maladies

TABLEAU 3.2

Liste de relations conceptuelles de Sager (1990)

Relation		Exemple
matériau	produit	ACIER : POUTRE
matériau	propriété	VERRE : FRAGILITÉ
matériau	état	FER : CORROSION
procédé	produit	TISSAGE : TISSU
procédé	instrument	INCISION : SCALPEL
procédé	méthode	ENTREPOSAGE : SÉCHAGE À FROID
procédé	patient	TEINTURE : TEXTILE
phénomène	mesure	LUMIÈRE : WATT
objet	contre-agent	POISON : ANTIDOTE
objet	qualité	PÉTROLE : INDICE D'OCTANE ÉLEVÉ
objet	opération	VRILLE : VRILLAGE
objet	caractéristique	FUEL : SANS FUMÉE
objet	forme	LIVRE : COUVERTURE SOUPLE

sphères d'activité. De plus, il est tout à fait possible que la liste soit modulée ou enrichie en fonction du domaine qui fait l'objet de la représentation ou de l'avancement des connaissances dans un secteur donné.

Relations lexico-sémantiques classiques

Les sections qui précèdent ont décrit des structures qui ne concernent pas le sens des termes directement. Comme nous venons de le voir, les classements thématiques s'intéressent aux domaines, les représentations conceptuelles à une articulation, souvent consensuelle, des connaissances.

Dans la présente section et les suivantes, nous décrivons un certain nombre de relations dégagées entre les termes eux-mêmes et que nous regroupons sous l'intitulé *relations lexico-sémantiques*.

L'éternel débat : relations conceptuelles ou relations lexico-sémantiques ?

Certaines *relations lexico-sémantiques* sont très proches de relations envisagées dans les représentations conceptuelles. C'est le cas, notamment, de celles qui interviennent dans les taxinomies et les méronymies. Ces relations concernent, le plus souvent, des termes qui renvoient à des entités. Il est en effet extrêmement difficile dans ces cas de faire un réel départ entre ce qui relève du conceptuel et ce qui est lié au lexical.

D'autres séries de relations, toutefois, sont résolument lexicales, puisqu'elles engagent, par exemple, des termes appartenant à des parties du discours différentes.

Relations taxinomiques

Tous les hommes sont mortels. Socrate est un homme. Donc, Socrate est mortel.

Les *relations taxinomiques* sont d'abord fondées sur le fait que les sens possèdent des *composantes* communes. Par exemple, « voiture », « autobus » et « avion » ont en commun les composantes « véhicule » et « motorisé ». De même, « politicien », « professeur » et « traducteur » ont en commun les composantes « humain » et « profession ». Elles s'appuient également sur le principe voulant que certains sens soient plus généraux et d'autres plus spécifiques, et que les sens généraux soient inclus dans les seconds. Par exemple, le sens « voiture » est inclus dans « cabriolet », puisque toutes les composantes sémantiques de « voiture » sont valables pour « cabriolet ».

Composantes sémantiques

Les *composantes sémantiques* sont les éléments plus petits qui entrent dans le sens global d'une unité lexicale. Des lexicologues et sémanticiens utilisent également *sème* ou *sémème*.

On tient pour acquis que le sens d'une unité lexicale peut être découpé en parties. Par exemple, le sens « voiture » se décompose en « objet concret », « motorisé », « disposant de roues », etc.

Nous ne proposons pas ici un découpage formel des sens des termes en composantes sémantiques. Nous faisons plutôt appel à l'intuition que nous avons des similitudes et oppositions entre termes qui peuvent parfois être validées par des tests contextuels.

Une *taxinomie* comprend au minimum un hyperonyme et un hyponyme. L'*hyperonyme* est le terme qui désigne le générique ; l'*hyponyme* désigne le spécifique (dans FRUIT – POMME, par exemple, le premier est l'hyperonyme ; le second, l'hyponyme). L'hyponyme possède toutes les composantes sémantiques de l'hyperonyme et a une ou quelques composantes supplémentaires (ex. POMME possède toutes les composantes de FRUIT, mais possède des composantes qui lui sont propres).

La relation entre les deux termes peut être paraphrasée de l'une ou l'autre des manières suivantes:

a. Tous les X sont des (sont des types de, sont des sortes de) Y.
b. Des X et autres Y.
→ Y est l'hyponyme et X est l'hyperonyme.

Par exemple: *Toutes les pommes sont des fruits.* Mais: **Tous les fruits sont des pommes.*

Des pommes et autres fruits. Mais: **Des fruits et autres pommes.*

Il existe différentes manières de représenter graphiquement le lien entre un hyperonyme et un hyponyme. La terminologie privilégie une représentation verticale pour traduire la *hiérarchie* existant entre les composantes. La figure 3.5 représente l'hyperonyme FRUIT et un de ses hyponymes, à savoir POMME. Le lien est étiqueté <*est_un*>.

Un hyperonyme a généralement plus d'un hyponyme. Ceux-ci entrent dans une relation horizontale et sont appelés *co-hyponymes*. La figure 3.6 montre que SIÈGE, ARMOIRE et LIT entrent dans une relation de co-hyponymie puisqu'ils ont le même hyperonyme, à savoir MEUBLE. De même, CHAISE, FAUTEUIL et TABOURET entrent dans une relation de co-hyponymie par rapport à SIÈGE. Les co-hyponymes possèdent toutes les composantes de l'hyperonyme mais se distinguent entre eux par une ou quelques composantes.

FIGURE 3.5

Représentation graphique du lien entre l'hyperonyme et l'hyponyme

La relation entre deux co-hyponymes peut être paraphrasée de la manière suivante :

X est un – est un type de, est une sorte de – Y ; Z l'est également.

→ X est un hyponyme de Y

→ Z est un hyponyme de Y

→ Y est l'hyperonyme de X et Z

→ X et Z sont co-hyponymes par rapport à Y

Par exemple : *La chaise est un meuble ; le lit l'est également. Mais : La chaise est un siège ; *l'armoire l'est également.*

Une taxinomie peut avoir plusieurs niveaux, comme dans l'exemple de la figure 3.7 qui montre les liens que partagent INSTRUMENT DE MUSIQUE, INSTRUMENT À CORDES et VIOLON. Le lien entre VIOLON et INSTRUMENT À CORDES est le même que celui qui existe entre VIOLON et INSTRUMENT DE MUSIQUE. La *relation* est dite *transitive*.

FIGURE 3.6

Co-hyponymes

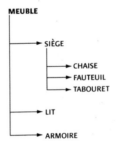

FIGURE 3.7

Taxinomie à plusieurs niveaux

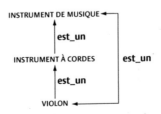

Qu'en est-il des autres parties du discours ?

On s'est surtout intéressé jusqu'à présent aux relations taxinomiques intervenant entre les noms (et, parmi ceux-ci, les noms désignant des entités). Toutefois, d'autres types de termes partagent des liens d'hyperonymie et d'hyponymie.

Par exemple, SAUTILLER, RAMPER, VOLER et NAGER sont considérés comme des hyponymes de SE DÉPLACER, puisqu'ils ont des sens plus spécifiques (ils incluent le sens « se déplacer » plus « d'une certaine manière »).

Synonymie et quasi-synonymie

> *It can, however, be maintained that there are no real synonyms, that no two words have exactly the same meaning. Indeed it would seem unlikely that two words with exactly the same meaning would both survive in a language* (Palmer 1976 : 60).

La relation lexicale la plus connue est certes la relation de synonymie. Il s'agit là d'un paradoxe, puisque la définition de cette relation ne fait pas consensus.

Fondamentalement, la relation de *synonymie* est celle qu'entretiennent deux unités lexicales (deux termes, dans le cas qui nous intéresse) qui ont le même sens. Mais comment peut-on dire que deux unités lexicales ont le même sens ? Nous proposons deux réponses à cette question. La première est une réponse compatible avec l'optique conceptuelle. La seconde s'accorde avec l'optique lexico-sémantique.

Dans l'optique conceptuelle, les synonymes sont des termes qui renvoient au même concept. Ils partagent donc les mêmes composantes sémantiques et sont définis de la même manière. On considère que les *synonymes* sont *véritables* ou *parfaits*.

Par exemple, les termes MÉL, COURRIEL, IMELLE, etc. sont définis comme des synonymes puisqu'ils signifient tous « Correspondance sous forme de messages transmis entre terminaux d'utilisateurs sur un réseau d'ordinateurs ». Ils sont réunis dans le même article descriptif et expliqués au moyen d'une seule définition.

CÉ	COURRIEL
C. ÉLEC	MESSAGERIE ÉLECTRONIQUE
MÉL.	MEL
IMELLE	

« Correspondance sous forme de messages transmis entre terminaux d'utilisateurs sur un réseau d'ordinateurs » (Pavel et Nolet 2001 : 7).

Nous avons vu également que la « terminologie classique » considère que la synonymie n'est pas un phénomène souhaitable, bien que la réalité se conforme rarement à cet idéal.

« Quasi-synonymie » pour la terminologie

La terminologie classique – qui adhère à l'optique conceptuelle – reconnaît que certains termes, qui dénotent pourtant un même concept, ne s'utilisent pas de façon indifférenciée dans tous les contextes.

Par exemple, MEL est normalisé en France et COURRIEL a d'abord été en usage au Québec. La terminographie parle alors de *quasi-synonymie* et considère que les différences n'interviennent pas sur le plan conceptuel, mais s'expliquent par des questions extérieures au concept proprement dit, comme le niveau de langue, la variation géographique ou chronologique. Les quasi-synonymes sont parfois mis en évidence au moyen de *marques d'usage*.

Le sens que la terminologie donne à *quasi-synonymie* se distingue du sens qu'on lui donne en lexicographie pour laquelle deux quasi-synonymes sont des unités lexicales partageant une partie de leurs composantes sémantiques mais pas toutes.

La notion de *synonymie parfaite* telle que la définit la terminologie classique va à l'encontre d'une conception populaire qui va plutôt dans le sens de la citation de Palmer reproduite au début de cette section, à savoir qu'il n'existe pas de synonymes parfaits. Cette conception vient se matérialiser dans les dictionnaires généraux et les dictionnaires de synonymes qui, tout en signalant les mots qui ont des sens proches, déploient beaucoup d'efforts pour en expliquer les différences.

Certains ont proposé que, pour être « parfaits synonymes », deux termes devraient pouvoir être interchangés dans tous les contextes. Or, très peu de paires de mots peuvent se prêter à ce jeu. On arrivera toujours à dénicher un contexte qui fera s'écrouler tout un édifice destiné à prouver l'interchangeabilité de deux termes.

Toutefois, il est indéniable que certains termes ont des sens très proches. Cette proximité se vérifie en substituant un terme à un autre sans modifier le sens de l'énoncé.

L'entrée de données se fait généralement au moyen du clavier.
La saisie des données se fait généralement au moyen du clavier.

L'ordinateur accomplit une tâche.
L'ordinateur exécute une tâche.

Ainsi, pour définir de nouvelles paires de termes comme étant synonymes, il faudra assouplir la définition proposée par l'optique conceptuelle. Nous considérons que deux termes sont synonymes s'ils appartiennent à la même langue, relèvent de la même partie du discours et ont le même sens défini au moyen des critères lexico-sémantiques décrits dans le chapitre 2.

Antonymie et incompatibilité

> *Des mots qui n'ont rien en commun ont pourtant ceci de commun qu'ils n'ont rien en commun* (Geluk 1990 : 80).

Nous avons vu plus haut que des termes relevant du même hyperonyme étaient des *co-hyponymes*. Par exemple, CABRIOLET, BERLINE, FAMILIALE, LIMOUSINE sont des co-hyponymes dont l'hyperonyme est VOITURE.

Les co-hyponymes partagent des composantes sémantiques communes (notamment celles qu'ils héritent de l'hyperonyme) et se distinguent entre eux par un certain nombre de composantes. Pour reprendre les co-hyponymes cités ci-dessus, ils ont en commun de désigner des véhicules motorisés mais se distinguent en fonction de la forme, du nombre de portes, du toit (rétractable ou non), etc., des véhicules en question.

On utilise parfois l'appellation *incompatibilité* pour désigner la relation que partagent les co-hyponymes. Les *termes incompatibles* entrent dans une relation d'exclusion qui peut être paraphrasée de la manière suivante :

C'est un X, donc ce n'est pas un Y.
→ X et Y sont incompatibles
Par exemple : *C'est une limousine, donc ce n'est pas une familiale.*

Certains termes entrent dans une relation d'opposition plus forte qui a le nom générique d'*antonymie*. Cette relation est celle qui existe entre deux termes que l'on perçoit comme étant « contraires ». Si la relation en soi fait consensus et est connue de tous, sa caractérisation précise pose problème. Nous venons de voir qu'une autre relation lexicale très connue, à savoir la synonymie, ne fait pas l'objet d'une définition univoque.

D'abord, deux antonymes ont des composantes sémantiques communes et l'opposition repose souvent sur une seule composante. Jusque-là, rien ne distingue les antonymes proprement dits des termes incompatibles dont il a été question plus haut. Toutefois, la composante en question est jugée suffisamment forte pour fonder une véritable opposition. On reconnaît en général deux types d'antonymes.

Une première relation d'opposition engage deux termes dont l'un constitue la négation de l'autre. Il s'agit de l'*antonymie contradictoire*. Cette relation est binaire en ce sens qu'elle n'intervient qu'entre deux termes. Elle est également réversible : la négation du premier terme entraîne l'assertion du second ; la négation du second terme entraîne forcément l'assertion du premier.

On peut paraphraser cette relation de l'une des deux manières suivantes.

a. C'est un X, donc ce n'est pas un Y.

b. Ce n'est pas un X, donc c'est un Y.

→ X et Y sont des antonymes contradictoires

Nous pouvons appliquer ces tests aux verbes *acquitter* et *condamner* dans le domaine juridique.

Si le jury acquitte l'accusé, alors il ne le condamne pas.

Si le jury n'acquitte pas l'accusé, alors il le condamne.

La seconde relation d'antonymie implique des termes dont l'opposition peut être graduée. On parle alors d'*antonymes gradables*. Les tests suivants servent à dégager ce type d'antonymes.

C'est X, mais c'est plus Y que cela.

→ X et Y sont des antonymes gradables

Par exemple : *Cette blessure est légère, mais elle est plus grave que celle-là.*

Les antonymes gradables peuvent en outre être modifiés par un adverbe de degré.

Cette blessure est très légère.

Cette blessure est extrêmement grave.

Contrairement aux antonymes contradictoires, il existe souvent pour les antonymes gradables un ou des termes qui désignent des sens intermédiaires ou périphériques (*superficielle, lègère, grave*, etc.).

Une troisième forme d'antonymie ?

L'inversion des actants d'un terme de sens prédicatif donne parfois lieu à une relation d'antonymie (appelée **antonymie réciproque**). Si la permutation des actants de deux termes (considérés comme antonymes) donne des phrases équivalentes, alors les deux termes en question sont des antonymes.

Par exemple, *léguer* et *hériter* sont des antonymes réciproques, car si X lègue Y à Z, Z hérite Y de X. Les deux phrases sont équivalentes, mais les actants des verbes ont changé de place.

Marie lègue tous ses biens à Julien.

Julien hérite de tous les biens de Marie.

Toutefois, la permutation des actants ne donne pas toujours lieu à une relation d'antonymie.

La relation d'antonymie, qu'il s'agisse d'antonymie contradictoire, gradable ou réciproque, n'est pas un domaine qu'a souvent fréquenté la terminologie. Cela s'explique en partie par le fait que les antonymes sont souvent des termes appartenant aux parties du discours verbe et adjectif souvent absentes des répertoires terminographiques.

Relations méronymiques

> *Prenons un pain complet et prélevons-en quelques tranches. S'agit-il toujours de pain complet ?* (Geluk 1999 : 39)

Les *relations méronymiques* sont fondées sur les notions vagues de proximité ou d'association dans l'espace. Elles engagent un terme dénotant un tout et un ou plusieurs termes dénotant des parties.

Nous donnons d'abord une caractérisation sommaire et partielle de cette relation et nous verrons qu'il existe divers types de relations méronymiques.

Une *méronymie* comprend un *holonyme* qui désigne le tout et un *méronyme* qui fait référence à la partie (dans MOTEUR – PISTON, par exemple, le premier est l'holonyme et le second, le méronyme).

La relation entre les deux termes peut être paraphrasée des deux manières suivantes :

a. X fait partie de Y.

b. Y est un tout qui comprend X.

→ X est le méronyme de Y

→ Y est l'holonyme de X

Par exemple : *Le piston fait partie du moteur.* Mais : **Le moteur fait partie du piston. Le moteur est un tout qui comprend le moteur.* Mais : **Le piston comprend le moteur.*

Tout comme dans la taxinomie, la relation existant entre un méronyme et un holonyme est souvent représentée de façon verticale afin de traduire la dimension hiérarchique qui la sous-tend. Dans la représentation de la figure 3.8, CŒUR renvoie au tout et OREILLETTE à la partie. Le lien est étiqueté *<partie_de>*.

Un holonyme peut avoir plus d'un méronyme. Pour reprendre un exemple emprunté à l'anatomie, le « corps humain » peut être divisé de la manière suivante : « bras », « jambe », « tronc », « tête ». BRAS, JAMBE, TRONC et TÊTE entrent dans une relation horizontale et sont appelés *co-méronymes*.

Il arrive aussi qu'une méronymie ait plusieurs niveaux, comme l'illustre la figure 3.9. Toutefois, la *transitivité* présente dans toute taxinomie est rarement vérifiable dans une méronymie.

FIGURE 3.8

Relation de méronymie

FIGURE 3.9

Méronymie à plusieurs niveaux

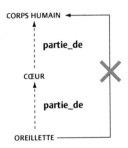

Cruse (1986 : 165) a montré, au moyen d'exemples que nous reproduisons ci-dessous, que la transitivité s'observe dans certaines méronymies, mais n'est pas admise pour d'autres. Par exemple, il est tout à fait acceptable d'affirmer qu'un *veston a des manches et des manchettes*. Toutefois, si on peut dire *la maison a une porte*, il est plutôt inusité d'affirmer que *cette maison a une poignée*.

> *the jacket has sleeves*
> *the sleeves have cuffs*
> *the jacket has cuffs*

> *The house has a door*
> *the door has a handle*
> *? the house has a handle*

Les **relations méronymiques** ne peuvent pas toutes être décrites de la même manière. Il est vrai que nombre d'entre elles sont paraphrasables par « X fait partie de Y », mais cette généralisation s'explique par l'ambiguïté de la paraphrase choisie. Nous pouvons distinguer quatre subdivisions principales de la méronymie.

a) Partie fonctionnelle – tout

Dans cette relation, le tout est composé de parties détachables qui diffèrent les unes des autres. En outre, une partie peut difficilement être retranchée sans que cela nuise au fonctionnement du tout. La partie joue donc un rôle fonctionnel. Les exemples d'anatomie utilisés plus haut appartiennent à cette première catégorie. L'exemple du « poste téléphonique » illustre également la relation existant entre un tout et des parties fonctionnelles.

b) Élément – ensemble

Dans cette seconde relation méronymique, le tout est composé de parties détachées physiquement. Toutefois, contrairement aux parties fonctionnelles qui diffèrent entre elles, ici les parties sont toutes semblables. Autrement dit, elles sont des exemplaires différents de la même chose. Par exemple, le tout « assortiment » est entièrement composé d'« articles ». De même, la « logithèque » est entièrement composée de « logiciels ».

Tout et parties fonctionnelles : exemple du poste téléphonique Pavel et Nolet (2001 : 16)

- POSTE TÉLÉPHONIQUE :

  - COMBINÉ
  - CORDON
  - RÉCEPTEUR
  - MICROPHONE
  - AFFICHEUR
    - RÉGLAGE DE L'AFFICHEUR
  - CLAVIER
    - SÉLECTEUR DE FONCTIONS
    - COMMANDE DE VOLUME DE LA SONNERIE
    - VOYANT DE MISE EN CIRCUIT

c) Portion – masse

Dans cette relation, la partie retient toutes les propriétés du tout. Par exemple, la « tranche » reste du « pain » dans l'exemple tiré du *Chat* (Geluk 1999) et reproduit au début de cette section, même lorsqu'elle a été coupée.

d) Constituant – objet

Cette relation méronymique intervient entre un objet et une substance. Elle se caractérise par le fait que le constituant est la matière dont est fait le tout et ne peut être détaché ou séparé de lui. C'est la relation qu'entretiennent, par exemple, « caoutchouc » et « pneu » ou « bois » et « table ».

En plus de ces quatre grandes subdivisions, il arrive qu'on étende les relations méronymiques à d'autres groupes de termes. Il s'agit de termes qui ont des sens différents de ceux qu'on envisage généralement dans une relation méronymique.

e) Phase – activité

Cette relation méronymique touche des activités et ne concerne plus les entités. Les activités peuvent être découpées en parties distinctes appelées phases. Ces dernières s'articulent normalement dans une chronologie, c'est-à-dire qu'elles se succèdent les unes aux autres.

Phase – activité

CYCLE DE L'EAU

1. ÉVAPORATION

2. FORMATION DE NUAGES

3. PRÉCIPITATION

f) Lieu – zone

La dernière relation qui est parfois décrite comme une relation méronymique concerne la localisation d'une partie dans un tout. Par exemple, « cerveau » qui est placé dans la « boîte crânienne ».

Autres relations lexico-sémantiques

On s'intéresse – dans les travaux de terminotique et de terminologie computationnelle – à de nouvelles relations lexico-sémantiques, soit parce qu'elles sont plus immédiatement perceptibles, soit parce qu'elles présentent un problème particulier lors de la réalisation d'un traitement informatique. Ces relations engagent souvent deux termes appartenant à des parties du discours différentes et font appel aux notions de prédicat sémantique et d'actant sémantique abordées au chapitre 2.

a) Deux parties du discours, un seul sens

Certains termes ont le même sens mais sont réalisés linguistiquement sous la forme de termes appartenant à deux parties du discours différentes. Nous appellerons *dérivation syntaxique* – appellation que nous empruntons à Mel'čuk *et al.* (1995) – la relation qui lie ces deux termes.

La dérivation syntaxique met en jeu différents ensembles de parties du discours. Le tableau 3.3 montre quels sont les types de termes reliés et les différentes appellations qu'on donne à ces formes de dérivations.

Nous nous pencherons sur deux dérivations syntaxiques illustrées au tableau 3.3, car elles ont retenu davantage l'attention en terminologie. On se souviendra qu'elles ont été étudiées dans le contexte de la variation terminologique (voir le chapitre 2).

TABLEAU 3.3

Types de dérivations syntaxiques

Catégories grammaticales	Exemples	Type de dérivation
verbe ► nom	traiter ; traitement	nominalisation de verbe
nom ► adjectif	sang ; sanguin volcan ; volcanique	adjectivation de nom
adjectif ► nom	compatible ; compatibilité	nominalisation d'adjectif
adjectif ► adverbe	numérique ; numériquement	adverbialisation d'adjectif

La première dérivation syntaxique qui nous intéresse est appelée *nominalisation* de verbe et engage un verbe et un nom qui a le même sens que ce verbe, à savoir un sens d'activité. L'utilisation de termes de natures différentes entraîne toutefois des modifications au sein des phrases dans lesquelles ils apparaissent. Ces transformations sont nécessaires pour accommoder le changement de partie du discours, comme l'illustrent ces exemples :

Les données sont traitées par l'ordinateur.
Le traitement des données par l'ordinateur.

La parenté sémantique entre la nominalisation et le verbe peut être vérifiée au moyen de la paraphrase suivante :
X est l'activité qui consiste à Y.
→ X est la nominalisation
→ Y est le verbe
Par exemple : *Le traitement est l'activité qui consiste à traiter.*
L'impression est l'activité qui consiste à imprimer.

Comme ils ont le même sens, la nominalisation et le verbe partagent les mêmes *actants sémantiques*, comme on le voit ci-dessus avec les verbes *traiter* et *imprimer* et leurs nominalisations *traitement* et *impression*.

L'ordinateur traite les données.
Traitement des données (par l'ordinateur).
L'utilisateur imprime le document (au moyen de l'imprimante).
Impression du document (par l'utilisateur) (au moyen de l'imprimante).

De nombreux verbes peuvent être nominalisés. Toutefois, il faut se garder de généraliser cette possibilité de transformation à tous les verbes. Par exemple, le verbe *quitter* (comme dans *quitter un logiciel*) n'a pas de nominalisation correspondante.

De plus, les verbes et noms formellement apparentés n'ont pas toujours le même sens. Par exemple, le nom *configuration* a deux sens dans les textes d'informatique. Le premier est celui du verbe *configurer* (ex. *la configuration de cet appareil nécessite quelques minutes ; configurer cet appareil nécessite quelques minutes*) ; le second, en revanche, n'a plus ce sens d'activité, mais plutôt celui de résultat (ex. *cette configuration de base comporte une imprimante, un modem,* etc.).

Parfois, un nom est formellement apparenté au verbe, mais la filiation sémantique est perdue. Par exemple, *application* désigne souvent un « logiciel » dans les textes d'informatique ; il ne possède pas alors de sens d'activité.

Une seconde dérivation syntaxique, appelée **adjectivation** de nom, relie un nom et un adjectif qui véhicule le même sens que lui. L'adjectif entrant dans ce type de relation porte le nom d'*adjectif relationnel*. Sa parenté formelle et sémantique avec le nom explique pourquoi il a retenu l'attention dans certains travaux de terminologie.

Les adjectifs relationnels sont souvent ceux qui entrent dans la composition des termes complexes que jugera utile de retenir un terminographe. Parfois, deux termes complexes coexistent : le premier est un nom modifié par un adjectif relationnel (ex. DILATATION VENTRICULAIRE) ; le second est le même nom modifié cette fois-ci par un syntagme prépositionnel contenant un autre nom (ex. DILATATION DU VENTRICULE).

L'adjectif relationnel possède souvent un lien morphologique avec un nom (par exemple, *volcanique* est dérivé de *volcan* ; *neuronal* est dérivé de *neurone*). La parenté formelle, bien qu'elle soit fréquente, n'est pas systématique. Certains domaines spécialisés ont recours à des racines grecques et latines (*hépatique* est lié sémantiquement à *foie*, mais n'est pas lié morphologiquement ; *congénital* se comporte comme un adjectif relationnel, mais n'est pas apparenté à un nom attesté).

L'adjectif relationnel, compte tenu de sa parenté avec le nom, se comporte différemment des autres adjectifs. Il n'exprime pas une « qualité » ou une « propriété » comme le font des adjectifs comme *grave, aigu, superficiel* ou *considérable*, il exprime plutôt un actant du nom qu'il modifie. Par exemple, *volcanique*, dans *irruption volcanique*, exprime l'actant *volcan* (*irruption d'un volcan*) et il en va de même pour les autres adjectifs relationnels cités dans cette section.

b) Deux parties du discours, des sens différents

Un nouvel ensemble de relations lexico-sémantiques intervient entre des termes appartenant à des parties du discours différentes, mais contrairement à la dérivation syntaxique, les deux termes ne véhiculent pas tout à fait le même sens. Ici, le second terme possède une composante sémantique qui fait défaut au premier. Nous donnons quelques illustrations de ces relations.

- un verbe – un adjectif qui signifie « tel que le deuxième actant puisse être » + le sens du verbe
  CONFIGURER (*un logiciel*) – (*un logiciel*) CONFIGURABLE
  DÉFENDRE (*une cause*) – (*une cause*) DÉFENDABLE

- un verbe – un adjectif qui signifie « tel que le deuxième actant est » + le sens du verbe
  COMPILER (*un programme*) – *un programme* COMPILÉ
  ARCHIVER (*un document*) – *un document* ARCHIVÉ

- un verbe – un adjectif qui signifie « tel que le premier ou le second actant qui » + le sens du verbe
  ÉVOLUER (*maladie évolue*) – (*une maladie*) ÉVOLUTIVE
  DÉROGER (*une clause déroge*) – (*une clause*) DÉROGATOIRE

- un nom – un adjectif qui signifie « tel que le premier actant puisse avoir, être caractérisé par » + le sens du nom
  CANCER – CANCÉREUX
  DÉFAUT – DÉFECTUEUX

- un adjectif – un verbe qui signifie « rendre » + le sens de l'adjectif
  INFORMATIQUE – INFORMATISER
  ÉTANCHE – ÉTANCHÉIFIER

c) Relations actancielles et circonstancielles

Les ***termes à sens prédicatif*** partagent souvent une relation sémantique étroite avec les ***actants sémantiques*** auxquels ils font appel. La liste ci-dessous donne quatre relations typiques que peuvent partager certains actants et un terme à sens prédicatif que nous regroupons sous l'intitulé *relations actancielles.*

- *Agent* : actant à l'origine de l'action exprimée par un terme ou l'actant responsable de l'existence d'une entité

  PROGRAMMER — PROGRAMMEUR

  ENCHÈRE — ENCHÉRISSEUR

- *Patient* : actant qui subit une action, sur lequel l'action a lieu

  VENDRE — BIEN, MARCHANDISE

  TRAITER — DONNÉES

  ADMINISTRER — MÉDICAMENT

- *Destination* : actant auquel est destinée une activité, pour lequel est conçue une entité

  LOUER — LOCATAIRE

  PUBLICITÉ — CONSOMMATEUR

- *Instrument* : actant qui renvoie à l'élément nécessaire pour réaliser une activité

  NUMÉRISER — NUMÉRISEUR

  CLIQUER — SOURIS

D'autres termes sont étroitement associés à des termes à sens prédicatif sans toutefois constituer des actants sémantiques. Il s'agit de *circonstants*, c'est-à-dire des termes qui font référence à des circonstances (comme le lieu, le temps ou le résultat) et ils donnent lieu à des *relations* que nous appellerons *circonstancielles*. Voici quelques exemples :

- Le *lieu* : l'endroit où se déroule typiquement une activité ou l'endroit où se situe une entité

  PROCÈS — COURS DE JUSTICE

  MAGASIN — CENTRE COMMERCIAL

- Le *résultat* : le résultat typique que livrera une activité donnée

  IMPRIMER — IMPRIMÉ

  AFFICHER — AFFICHAGE

La distinction entre l'actant sémantique et le circonstant, même si elle est admise d'une manière générale, n'est pas toujours facile à réaliser dans les faits. L'actant sémantique est celui qui entre dans le sens du terme à sens prédicatif et qui doit être évoqué dans sa définition. Le circonstant, même s'il peut se combiner avec un terme et jouer le rôle de complément dans une phrase, n'entre pas dans la composition de son sens. Le fait de l'omettre, par exemple, ne modifie en rien le sens du terme.

Forme et sens

La forme des termes suggère souvent une partie de leur sens. Ceci découle non seulement de la nature du lexique en général, mais aussi de l'intellectualisation de la langue technoscientifique. Les scientifiques créent des termes en donnant, normalement, une explication rationnelle de la forme choisie (Kocourek 1991 : 173).

La *forme* du terme suffit rarement à le distinguer d'autres unités lexicales. Il est vrai que des formes ne se retrouvent que dans certains domaines spécialisés (par exemple, des termes de biologie font appel à des formants grecs ou latins), mais ces cas ne constituent pas la règle. Il faut en général avoir recours à des critères comme ceux qui ont été énumérés au chapitre 2 pour décider du statut terminologique d'une unité lexicale.

Toutefois, les textes spécialisés présentent des particularités que peut exploiter le terminographe, surtout lorsqu'il fait appel à des outils informatiques.

D'abord, la forme du terme est souvent choisie en fonction de *composantes sémantiques* à exprimer. On dira, pour parler de cette propriété, que le terme a un *sens compositionnel*, c'est-à-dire qu'on peut comprendre son sens en cumulant le sens des éléments qui le composent. Nous avons déjà introduit cette notion lorsque nous avons parlé des termes complexes au chapitre 2.

De plus, les efforts de normalisation évoqués au chapitre 1 entraînent une régularité et une fréquence de certains modes de formation dans les domaines spécialisés. Parfois, la création des termes fait l'objet d'un protocole (les noms donnés aux espèces botaniques ou animales ou aux composés chimiques, par exemple). Cela signifie que les nouveaux termes doivent respecter des règles sur lesquelles des spécialistes se sont entendus. Ces dernières ont pour effet d'augmenter le nombre de termes simples ou complexes apparentés formellement et sémantiquement.

Observons en premier lieu la parenté formelle de certains *termes simples*. En fait, nous avons déjà donné des exemples de ce phénomène dans les sections précédentes consacrées à la dérivation syntaxique et aux relations actancielles et circonstancielles, mais nous l'examinerons sous un angle différent ici.

Le morphème-*ite* combiné à un terme désignant une partie du corps, par exemple, est utilisé dans des termes qui renvoient à des maladies inflammatoires, comme le montre le tableau 3.4 qui renferme des exemples tirés d'un corpus de textes médicaux.

TABLEAU 3.4

Termes formés avec le suffixe –*ite*

Terme dérivé	Terme d'origine	Sens
APPENDICITE	APPENDICE	« Inflammation de l'appendice »
ARTHRITE	ARTICULATION	« Inflammation des articulations »
BRONCHIOLITE	BRONCHIOLE	« Inflammation des bronchioles »
BRONCHITE	BRONCHE	« Inflammation des bronches »
CONJONCTIVITE	CONJONCTIVE	« Inflammation de la conjonctive »
ENCÉPHALITE	ENCÉPHALE	« Inflammation de l'encéphale »
ENDOCARDITE	ENDOCARDE	« Inflammation de l'endocarde »
OSTÉITE	OS	« Inflammation de l'os »
OSTÉOMYÉLITE	OS ; MOELLE OSSEUSE	« Inflammation de l'os et de la moelle osseuse »
TENDINITE	TENDON	« Inflammation d'un tendon »

Le lien sémantique peut également être appréhendé, non plus à partir d'un morphème (comme dans l'exemple précédent), mais à partir du radical. Par exemple, l'extraction, à partir d'un corpus de textes médicaux, de termes formés à partir des bases *allerg-* et *artèr-* produit les deux listes ci-dessous. La colonne de gauche présente des termes qui ont tous la composante sémantique « allergie » ; le suffixe ajoute un sens à cette première composante. La seconde série fait de même à partir du sens « artère ».

allerg-   artèr-

ALLERGÈNE   ARTÈRE

ALLERGIE   ARTÉRIEL, ELLE

ALLERGIQUE   ARTÉRIODILATATRICE

ALLERGISANT	ARTÉRIOGRAPHIE
ALLERGOLOGIQUE	ARTÉRIOHÉPATIQUE
ALLERGOLOGUE	ARTÉRIOLAIRE
	ARTÉRIOLITE
	ARTÉRIOPATHIE
	ARTÉRIOPATIQUE

De même, la suite de mots entrant dans la composition d'un terme complexe rend certaines de ses composantes sémantiques explicites. La lecture d'un *terme complexe* permet souvent d'en déduire le sens. D'ailleurs, la prédominance de ce mode de formation est souvent expliquée par la volonté de rendre explicite le contenu sémantique des termes. Les exemples du tableau 3.5 montrent comment le sens d'un terme est explicité par sa forme.

Il semble donc possible de construire des séries de termes complexes à partir d'une de leurs composantes en faisant l'hypothèse que ces séries témoignent d'une parenté sémantique. Il est tentant de faire cette corrélation, surtout lorsqu'on fait appel à un outil informatique qui permet de repérer et d'ordonner rapidement des formes apparentées.

Toutefois, même si les formes des termes présentent des régularités, il est extrêmement rare qu'on puisse s'appuyer entièrement sur elles pour géné-

TABLEAU 3.5

Sens de termes complexes

Explication du sens des termes	Terme(s)
l'objet comporte une partie caractéristique X	VIS À SIX PANS CREUX, PLANCHE À VOILE, CLAPET À JUPE
l'objet a une forme X	EMPENNAGE EN T, VIS HEXAGONALE, CLÉ EN CROIX
l'appareil fonctionne au moyen de X	IMPRIMANTE À LASER, FREIN À AIR, LAMPE AU XÉNON
l'objet sert à X	VOIE D'ÉVITEMENT, PORT DE TRANSMISSION
l'objet fait partie d'un tout X	TÊTE DE ROTOR, TUYAU DE HOTTE
l'objet se compose de X	CHAÎNE DE BITS, VIS EN BOIS, FILTRE EN PAPIER
l'objet est le résultat d'une action X	GRAS DE DÉCOUPE
l'objet sert de X	LAMPE TÉMOIN
l'objet ressemble à X	PAPIER RIZ, POISSON-CLOWN
l'objet a une provenance X	GRIPPE ESPAGNOLE

raliser des liens sémantiques. Même dans les domaines où les termes sont soumis à des règles de formation très strictes, il arrive fréquemment que les spécialistes ne les respectent pas.

On déroge à la systématicité formelle et sémantique de deux manières. D'abord, des formes différentes peuvent véhiculer la même composante sémantique. Les exemples suivants montrent que les humains dans le domaine de l'informatique ont des noms qui font appel à divers modes de formation.

programmeur	dérivé en-*eur*
utilisateur	dérivé en-*eur*
informaticien	dérivé en-*ien*
internaute	formé à partir d'*Internet*
	(anglais pour *Inter-réseaux*)
	et astronaute (dérivé en-*aute*)
informaticien-linguiste	terme complexe
programmeur-analyste	terme complexe
administrateur système	terme complexe
hacker	emprunt à l'anglais

En outre, une unité entrant dans la formation d'un terme complexe ou un morphème faisant partie d'un dérivé peuvent être polysémiques. Nous avons vu, dans l'exemple précédent, que le morphème-*eur* entre dans la formation de noms de professionnels dans le domaine de l'informatique. Toutefois, il contribue aussi à former des termes qui ont d'autres significations.

programmeur	« professionnel »
ordinateur	« appareil »
traducteur, éditeur	« programme, logiciel, langage »
identificateur	« unité d'information »

En conclusion, même si certaines régularités peuvent être observées quant à la forme des termes et exploitées dans la pratique terminographique, elles ne sont pas systématiques.

Combinatoire et classes de termes

In principle, word classes in a closed corpus of texts are established by characterizing each word-occurrence by its « co-occurrents », i.e. the words to which it has a grammatical relation in a sentence, and then putting into one class those word-occurrence which have the same co-occurrents, or nearly the same. The possibility of forming classes depends on how the word-occurrence cluster with respect to their co-occurrents (Harris *et al.* 1989 : 29-30).

Un ensemble important de relations lexico-sémantiques diffère des relations décrites jusqu'ici puisqu'elles concernent la *combinatoire* des termes, à savoir l'ensemble des unités lexicales avec lesquelles ils se combinent de manière privilégiée dans les phrases. Elles interviennent donc sur le *plan syntagmatique*. Nous examinons ces relations dans la présente section et la section suivante.

Les termes ne se combinent pas avec d'autres unités lexicales de façon aléatoire ; mais plutôt en fonction d'affinités sémantiques. Par exemple, dans le domaine de la pharmacologie, *médicament* s'associe à des verbes comme *administrer, prescrire, éliminer*, et avec des adjectifs comme *symptomatique* et *naturel*, mais pas avec d'autres unités comme *poser, confirmer, alarmant, différentiel* (qui s'emploient plutôt avec *diagnostic*). On obtient ainsi pour chaque terme une sorte de réseau combinatoire. La figure 3.10 illustre le réseau qu'on pourrait commencer à articuler pour *médicament* et *diagnostic*.

On peut également supposer – puisque les termes se combinent en fonction d'affinités sémantiques – que les verbes *prescrire, éliminer*, etc. vont eux aussi sélectionner des termes ayant des composantes sémantiques com-

FIGURE 3.10

Réseau combinatoire de MÉDICAMENT et de DIAGNOSTIC

MÉDICAMENT	
administrer	*éliminer*
prescrire	
naturel	*symptomatique*
DIAGNOSTIC	
alarmant	*éliminer*
confirmer	*poser*

munes. Par exemple, le verbe *éliminer* se combine avec *médicament* mais également avec d'autres termes dénotant des sortes de médicament, comme *anti-arythmique, bêta-bloquant* et *practolol*. Il s'associe aussi avec d'autres termes qui renvoient à des substances, à savoir *produit, dose,* etc.

De même, dans le domaine de l'informatique, l'utilisateur peut *lancer un logiciel*, ce qui signifie qu'il le fait démarrer pour pouvoir l'utiliser par la suite. Pris dans ce sens, *lancer* se combine également avec *fichier* (exécutable), *programme, tableur, antivirus,* etc. Ces termes sont sémantiquement apparentés puisqu'ils désignent tous une forme de logiciel. On ne peut utiliser *lancer* avec *souris, modem* ou *clavier* sans modifier le sens du verbe.

Les remarques que nous avons faites dans cette section vont dans le sens de la citation de Harris *et al.* reproduite plus haut. L'observation de la *co-occurrence* des unités lexicales permet de mettre au jour des *classes sémantiques*. Par ailleurs, il est permis de croire que ces classes se laissent plus facilement appréhender dans un corpus de textes spécialisés qui rendent compte d'un monde conceptuel relativement fermé.

Collocations

You should know a word by the company it keeps (Firth 1957).

La combinatoire de certains termes ne s'explique pas uniquement par des affinités sémantiques, mais par d'autres considérations liées à des préférences dans certains domaines spécialisés. Pour le démontrer, Heid et Freibott (1991) ont utilisé un exemple du domaine de l'informatique que nous reproduisons ci-dessous.

> *créer un fichier*
> **établir un fichier*
> **concevoir un fichier*

Fichier se combine avec *créer* plutôt qu'avec d'autres verbes qui ont grosso modo le même sens, soit *établir* ou *concevoir*. On peut donner des exemples pour d'autres domaines spécialisés. En médecine, par exemple, il conviendra de dire *administrer un médicament*, plutôt que *donner un médicament*. En comptabilité, *rompre un contrat* est préféré à *mettre fin à un contrat* ou à *terminer un contrat*.

Ainsi, la combinatoire des termes s'appuie aussi sur des questions d'usage ou de conventions qu'il importe de connaître pour les produire dans les textes spécialisés.

Le groupe composé d'un terme et d'une autre unité lexicale ayant des affinités sémantiques et préférentielles de cette nature est fréquemment appelé *collocation*. Il s'agit d'une expression empruntée aux lexicologues et lexicographes et qui est utilisée pour désigner des associations privilégiées, comme *café noir* ou *ignorance crasse*. Toutefois, les lexicologues réservent l'expression aux associations lexicalement contraintes, alors que les groupes qui intéressent les terminographes sont souvent plus libres.

Les combinaisons qui ont retenu l'attention en terminologie sont composées d'un terme de nature nominale et d'un autre terme appartenant à la catégorie de l'adjectif, du verbe et du nom, comme le montrent ces exemples :

Nom + verbe (ou verbe + nom, verbe + prép. + nom) :
administrer un médicament, serrer des freins, créer un lien, un programme tourne, résider en mémoire, la pression fléchit, dialoguer avec un logiciel.

Nom + adjectif (ou adjectif + nom) :
pronostic sombre, contre-indication formelle, crise aiguë, logiciel performant.

Nom + (prép.) + nom :
dette d'oxygène, traitement de données, exécution d'un programme, augmentation du déficit.

Toutefois, l'adverbe fait aussi partie de combinaisons privilégiées dans certains domaines spécialisés. Par exemple, le verbe *tourner* se combine en mécanique avec des adverbes comme *rond*, *légèrement* et *rigoureusement*.

En outre, les cooccurrents peuvent souvent faire l'objet d'un regroupement sémantique dans un domaine spécialisé puisqu'ils se combinent à des termes appartenant à un nombre fini de classes sémantiques. Par exemple, un dictionnaire du domaine de la bourse (BOURSE 1986) a répertorié toute une série de cooccurrents et les a regroupés dans six catégories génériques, dont « début », « croissance », « déclin », « fin ». Le tableau 3.6 montre le résultat de ce classement appliqué au terme CAPITAL. D'autres domaines spécialisés pourront donner lieu à des découpages différents.

TABLEAU 3.6

CAPITAL et ses cooccurrents

CAPITAL(2) : Somme d'argent assez considérable, possédée par un individu, une entreprise ou un état et disponible pour des dépenses ou des investissements.

	Noms	Verbes (sujet)	Verbes (objet)	Adjectifs
DÉBUT	formation mobilisation		accumuler amasser constituer former mobiliser	
CROISSANCE		s'accroître augmenter croître	accroître améliorer augmenter	appréciable considérable élevé gros
INDÉTERMINÉS	circulation	circuler		
DÉCLIN		baisser diminuer	grever prélever (sur) réduire	petit
FIN			absorber épuiser	
AUTRES COOCCURRENTS	investissement placement		avoir posséder engager investir	

Un système de représentation des collocations

Cohen (1986) s'est fortement inspirée d'un système de représentation des collocations mis au point dans le cadre de la lexicologie explicative et combinatoire (Mel'čuk et al. 1984, 1988, 1992, 1995, 1999). Ce système, appelé *fonctions lexicales*, est conçu pour rendre compte de sens abstraits et généralisés qui peuvent produire un nombre élevé de valeurs différentes, c'est-à-dire correspondre à des expressions linguistiques différentes.

Par exemple, la fonction lexicale **Magn** signifie « intensification ». Toutefois, elle engendre des expressions différentes en fonction de l'unité lexicale à laquelle elle est associée. Par exemple, lorsqu'elle est appliquée à *fort*, elle produit *comme un Turc* et, lorsqu'elle est appliquée à *célibataire*, elle produit *endurci* (Mel'čuk et al. 1995).

Relations interlinguistiques

Une dernière relation sémantique retiendra l'attention dans le présent chapitre et n'intéresse que la *terminographie bilingue* ou *multilingue*. Cette relation engage deux termes appartenant à des langues différentes, mais qui ont le même sens. On parle alors d'*équivalence*.

Des termes sont équivalents lorsqu'ils ont les mêmes *composantes sémantiques*. Dans les répertoires terminologiques bilingues ou multilingues, les équivalents sont souvent réunis dans le même article et assortis d'une seule définition. Par exemple, COMPUTER et ORDINATEUR peuvent être regroupés puisqu'ils désignent tous les deux un appareil dont la fonction est de traiter des données numériques de façon automatique.

Équivalents dans une fiche de terminologie

FR   ORDINATEUR

EN   COMPUTER

DEF   Appareil dont la fonction est de traiter des données numériques de façon automatique

De plus, l'approche conceptuelle préconisée par la terminologie classique permet de réunir, dans un seul article descriptif, l'ensemble des termes servant à désigner un concept, même si ces termes appartiennent à des dizaines de langues différentes.

Toutefois, l'examen minutieux de certains termes montre que, d'une langue à l'autre, les réalités qu'ils recouvrent ne sont pas toujours tout à fait les mêmes. La langue A peut faire une distinction que ne fait pas forcément la langue B. On qualifie alors la *relation* de *non isomorphique*.

Van Campenhoudt (2001) a illustré ce phénomène au moyen d'un exemple emprunté au domaine de l'hydrographie. Le terme français ENTRÉE désigne dans ce domaine une « sorte d'ouverture ». Toutefois, il se rend en anglais, soit par ENTRANCE, si l'ouverture débouche sur un port, un dock ou un chenal, soit par MOUTH, si l'ouverture fait communiquer une baie avec la mer. L'espagnol fait la même distinction qu'en anglais, puisque ENTRADA et ACCESO désignent l'ouverture sur le port, alors que DESEMBOCADURA, EMBOCADURA, BOCA renvoient au passage entre la mer et la baie. Le tableau 3.7 illustre le découpage dans les différentes langues.

TABLEAU 3.7

Équivalence et non-isomorphie

Sens	Français	Anglais	Espagnol
« ouverture débouchant sur un port »	ENTRÉE	ENTRANCE	ENTRADA ACCESO
« passage entre la mer et une baie »		MOUTH	EMBOCADURA DESEMBOCADURA BOCA

L'étude comparative de termes appartenant à des langues différentes et l'établissement d'équivalences amènent souvent le terminographe, chargé de rendre compte de ces termes, à revoir la manière dont il découpera les acceptions.

L'établissement d'équivalences est compliqué encore davantage par le fait que, dans certains domaines, les termes reposent sur des réalités propres à des communautés linguistiques. L'exemple classique est le domaine du droit qui se fragmente en une série de systèmes dont les concepts centraux n'ont pas forcément des équivalents dans toutes les langues. D'autres domaines présentent des difficultés semblables. Le dictionnaire DISTRIBUTION (2000), dont nous avons déjà parlé à quelques reprises, distingue de nombreuses notions propres à certaines communautés. Par exemple, des types de magasins ou de centres commerciaux ont été créés aux États-Unis et n'ont pas forcément d'équivalents en France, en Allemagne ou en Amérique du Sud.

Enfin, l'établissement d'équivalences est souvent compliqué par le fait que les termes accompagnant une découverte, un nouveau procédé ou une nouvelle technique sont parfois créés dans une seule langue. L'exemple classique est l'informatique. Les termes dans ce domaine sont pour la plupart d'abord créés en anglais. Les autres langues, qu'il s'agisse du français, de l'allemand ou de l'espagnol, accusent souvent un certain retard pour proposer des équivalents.

Une solution aux lacunes terminologiques ?

Pour résoudre partiellement les problèmes évoqués dans les paragraphes précédents, des commissions de terminologie peuvent se prononcer sur le choix d'un équivalent (parmi plusieurs possibilités, s'il y en a). Elles peuvent même créer de nouveaux termes qu'on appellera alors des **néologismes**.

Ces sanctions officielles s'appuient sur un certain nombre de critères (comme le respect du système linguistique de la langue d'accueil, l'aptitude du terme à donner lieu à des dérivés, la prise en compte de l'usage – ce dernier critère étant, dans les faits, le plus important) et sont débattues au sein de comités composés de terminologues et de spécialistes.

Conclusion

En résumé, rappelons que le terme entre dans différentes structures terminologiques et que toutes sont utiles pour le décrire.

Deux premiers modes de classement ne concernent pas directement les sens des termes, mais sont mis à contribution dans leur description. Les classements thématiques focalisent sur l'organisation des domaines spécialisés. Les représentations conceptuelles, quant à elles, cherchent à montrer de quelle manière s'articulent les connaissances.

D'autres relations envisagent le terme directement dans ses interactions avec le sens d'autres unités lexicales. Un premier ensemble regroupe les relations trouvées dans les taxinomies, dans les méronymies, ainsi que la synonymie et l'antonymie. Un second groupe de relations, à savoir la dérivation syntaxique, les relations actancielles et circonstancielles, ainsi que les liens existant entre cooccurrents, engagent souvent des termes appartenant à des parties du discours différentes.

Enfin, on peut s'appuyer en partie sur la forme des termes pour faire des généralisations sémantiques et une dernière relation, à savoir l'équivalence, intervient entre des termes appartenant à des langues différentes.

Ce chapitre clôt la présentation des concepts fondamentaux de la terminologie et de la terminographie. Nous allons maintenant nous tourner vers des considérations plus techniques puisque les chapitres suivants sont consacrés aux différents outils informatiques qu'on fait intervenir en terminographie.

Suggestions de lectures

Les relations sémantiques retiennent l'attention de nombreux lexicologues, notamment Cruse (1986). L'auteur analyse, de manière très fine, les relations lexico-sémantiques classiques (taxinomies, méronymies, antonymie et synonymie). Les relations lexico-sémantiques sont également abordées par Lehmann et Martin-Berthet (1998, chapitre 4) et Palmer (1976, chapitre 4).

Dans Mel'čuk *et al.* (1984, 1988, 1992, 1995 et 1999) et dans le chapitre 7 de Polguère (2003), on trouvera, en plus des relations lexico-sémantiques classiques, toute une liste de relations qui ne sont pas abordées fréquemment dans les ouvrages de sémantique lexicale, notamment les relations actancielles, circonstancielles et collocationnelles.

Pour des réflexions plus précises sur les relations entre termes, voir Sager (1990), en particulier le chapitre intitulé « The cognitive dimension », et Kocourek (1991) dans le chapitre intitulé « Structure terminologique ». Otman (1996) est un ouvrage complet consacré à la description des relations entre termes et à leur représentation. Barrière (2002) et Nuopponen (1994) se penchent sur la relation cause-effet.

Sur la question de l'adjectif relationnel en terminologie, voir Daille (2001) et pour une analyse des liens entre verbes et nominalisations de verbes, voir Condamines (1998).

Les problèmes posés par l'établissement d'équivalences interlinguistiques sont abordés dans Van Campenhoudt (2001). Sur la question de la combinatoire des termes, voir Heid (1994), Heid et Freibott (1991) et L'Homme (2000).

4

LE CORPUS SPÉCIALISÉ

The concept of a corpus is now also increasingly understood as a computerised or electronic corpus, for which software are needed if processing as well as storage is to be automated, or, at least, semi-automated (Ahmad et Rogers 2001 : 726).

Le texte en terminographie

La recherche terminographique repose principalement sur le contenu de textes de spécialité. La collecte d'une documentation représentative du domaine dont on souhaite décrire la terminologie et son exploitation constituent les premières étapes d'une recherche en bonne et due forme. Il est désormais possible de réunir une documentation abondante en format électronique dans des délais raisonnables. L'utilisation de textes électroniques et d'outils d'interrogation allège considérablement le travail du terminographe. De nombreux renseignements deviennent ainsi immédiatement accessibles.

Le *texte spécialisé* est d'abord un vaste réservoir de termes. Le terminographe s'en sert pour repérer les unités susceptibles de faire partie du dictionnaire qu'il prépare.

L'extrait ci-dessous est tiré d'un corpus médical et renferme un certain nombre de termes. Les termes dignes d'intérêt varieront en fonction du dic-

tionnaire envisagé. Par exemple, si le dictionnaire porte sur les cardiopathies, il est probable que *cardiopathie* et *extrasystole* soient retenus. S'il porte
sur les instruments médicaux, *électrocardiogramme* et *onde T* retiendront
probablement l'attention.

*L'extrasystole ventriculaire se définit comme une dépolarisation ventriculaire pré-
maturée, non précédée par (ou sans relation chronologique fixe avec) une onde P,
le ventriculogramme étant large (supérieur à 0,12 s.), et déformé avec aspect soit
de bloc de branche droit s'il s'agit d'une extrasystole ventriculaire naissant du ventricule gauche, soit de bloc de branche gauche s'il s'agit plutôt d'une forme d'extrasystole ventriculaire qui naît du ventricule droit. La repolarisation est inversée
avec une onde T négative. Le diagnostic d'extrasystole ventriculaire est le plus souvent simple sur l'électrocardiogramme de surface, le seul « piège » étant une extrasystolie supra-ventriculaire avec bloc de branche fonctionnel.*

Les textes spécialisés fournissent des **attestations** des termes, c'est-à-dire
une preuve qu'ils existent et qu'ils sont effectivement utilisés par les spécialistes. De plus, ils informent sur la *fréquence* d'emploi d'un terme. Ici encore,
un terme fréquent risque fort de revêtir un intérêt pour la terminographie
(et, *a fortiori*, si cette fréquence s'observe dans plusieurs textes différents). Par
exemple, *extrasystole*, cité dans l'exemple qui précède apparaît 92 fois dans
12 documents différents dans un corpus médical composé de 500 000 mots.
Sa *fréquence* et sa *répartition* confirment qu'il s'agit d'un terme important
dans le domaine des cardiopathies.

En plus de fournir les termes eux-mêmes, les textes spécialisés renferment d'autres données terminologiques qui serviront à mieux saisir leur
sens ou à caractériser leur comportement. Les exemples ci-dessous constituent des illustrations de ces renseignements.

• Des *éléments définitoires* : Les contextes renferment souvent des renseignements sur le sens des termes et peuvent être utilisés pour préparer
une définition. Certains contextes sont même des *énoncés définitoires* ; les
auteurs de textes spécialisés éprouvent souvent le besoin de décrire des
concepts centraux de façon précise.

*Elle affecte la <u>rétine</u> – le tissu nerveux au fond de l'œil qui transmet les messages
visuels au cerveau.*

Le système d'exploitation permet de faire fonctionner le matériel qui compose votre système microinformatique : imprimante, unité de disques, clavier, modem ou tout autre périphérique ;· configurer votre matériel [...]

- Des **variantes terminologiques** : Le même contexte met parfois en lumière les diverses formes utilisées pour exprimer un sens, comme dans les exemples présentés ci-dessous.

Le DOS (Disc Operating System) : transmet efficacement les travaux aux différentes composantes tout en accomplissant lui-même certaines tâches.

L'utilisation de la méthode des temps d'éjection ventriculaire, corrélée à la mesure des taux plasmatiques, et la diminution du temps d'éjection du ventricule gauche.

- Des indices de **relations taxinomiques** : Les contextes établissent parfois un lien entre un *hyponyme* et un *hyperonyme*, comme le font les phrases reproduites ci-dessous. Ce type d'explicitation est fort utile pour dégager une partie des structures terminologiques.

La vis de transmission est une pièce de machine utilisée pour transformer un mouvement de rotation en un mouvement de translation.

Il existe de nombreux autres types de joints AR : joints à lèvre en caoutchouc synthétique (viton, silicone ou polyacrylate), placés dans un carter porte-bague.

- Des indices de **relations conceptuelles**, comme celles qui lient un *objet* à sa *fonction* ou une *cause* et un *effet* : Des contextes permettent d'acquérir ces renseignements qui peuvent aussi être utilisés dans les définitions. Par exemple, la première phrase ci-dessous renseigne sur l'effet de l'administration d'un médicament ; la seconde phrase fait référence à l'une des fonctions du système d'exploitation.

L'administration de ce médicament entraîne forcément des réactions secondaires indésirables.

Le système d'exploitation est chargé de la gestion des périphériques.

- Des **synonymes**, des **co-hyponymes** ou des **antonymes** : Il faut, en général, observer de nombreux contextes afin de dégager, pour une paire de termes, une relation de synonymie ou d'antonymie. Toutefois, il arrive que certaines phrases contiennent la mention explicite d'une de ces relations, comme le montrent ces exemples :

La *mémoire vive*, également appelée *mémoire RAM*, est active lorsque l'ordinateur est sous tension.

La *locomotive* s'oppose au magasin *satellite*.

Les co-hyponymes, quant à eux, apparaissent parfois dans une énumération.

On distingue généralement les *imprimantes laser*, les *imprimantes à jet d'encre* et les *imprimantes matricielles*...

- Des indices de **relations méronymiques** : Les liens entre **holonymes** et **méronymes** sont souvent explicités dans les domaines spécialisés où cette relation lexicale est importante. Les exemples suivants en témoignent :

   Un *disque virtuel* est une partie de la *mémoire* configurée comme une disquette.

   Un *moteur à piston* est constitué d'un *bloc de fonte* ou d'*alliage léger* percé de trous qui forment les cylindres. Dans ceux-ci, coulissent les pistons raccordés par les bielles au vilebrequin.

- Des termes et leurs **cooccurrents** : L'examen d'un grand nombre de contextes révèle les unités lexicales ayant avec un terme donné des affinités sémantiques. Les exemples ci-dessous montrent les unités lexicales qui se combinent avec *accusation* dans le domaine juridique.

   [...] on décide de *porter* une accusation différente, mais pour la même affaire ; ou encore lorsque, l'accusé ayant été libéré à la suite de son enquête préliminaire.

   Se référant au droit commun, il rappelle que dans une *mise* en accusation, on incorpore les faits reprochés et le droit spécifiquement enfreint.

   Il en va de même lorsqu'une nouvelle accusation est *portée* après que l'avocat de la poursuite eut ordonné d'arrêter les procédures.

   [...] comme dans le cas d'une fouille et même s'il s'agit d'une accusation *grave*.

   Et la *gravité* de l'accusation peut avoir cet effet aussi.

Le terminographe peut se pencher sur tous ces renseignements ou simplement sur une partie d'entre eux. Nous avons vu, au chapitre 1, que la nature des données terminologiques retenues varie considérablement d'un dictionnaire spécialisé à l'autre. Un premier répertoire jugera utile de donner des listes d'hyponymes ; un autre se penchera plutôt sur les cooccurrents, et ainsi de suite. La nature et le nombre de renseignements placés dans une description terminographique dépendent des objectifs qui ont été fixés au préalable et du public visé par la description.

Dans un autre ordre d'idées, les renseignements contenus dans les contextes spécialisés sont exploités de différentes manières par les applications informatiques, comme on le verra dans les chapitres 5, 6 et 7. Mais, d'une manière générale, les traitements automatiques focalisent sur un renseignement à la fois.

Il reste, cependant, que la qualité des données terminologiques repose principalement sur un corpus assemblé au moyen de critères rigoureux que nous examinerons dans les sections qui suivent.

Corpus « général » et corpus spécialisé

> *Since terminologies are domain specific, terminologists will generally need to build a new corpus each time they embark on building a new terminology* (Ahmad et Rogers 2001 : 732-733).

Au moment d'entreprendre une recherche, le terminographe réunit un ensemble de **textes représentatifs** du domaine dont il compte décrire la terminologie. L'ensemble constitué par ces textes est appelé *corpus*. On s'entend généralement pour dire qu'un ensemble de textes doit satisfaire les conditions suivantes pour former un corpus :

- Il constitue un ensemble de données linguistiques (des mots, des phrases, des morphèmes, etc.).
- Les données linguistiques en question doivent apparaître dans un environnement « naturel » (des mots sont combinés à d'autres, sont utilisés dans des phrases, les phrases s'agencent dans un texte, etc.) ; sur ce plan, le corpus se distingue d'ouvrages de référence comme les dictionnaires qui sont le résultat d'analyses faites par des spécialistes et qui reflètent certains choix faits par eux.
- La sélection des textes contenant ces données linguistiques doit reposer sur des critères explicites, ce qui permettra à un tiers d'interpréter les éventuelles généralisations faites à partir du corpus.

- L'ensemble des textes est représentatif de ce qu'on souhaite observer. Le corpus est assemblé en fonction de l'élément à étudier et doit comporter un nombre suffisamment élevé d'occurrences de cet élément.

Différentes communautés – la lexicographie et, plus récemment, les disciplines concernées par le traitement automatique des langues (TAL) – ont déployé d'immenses efforts pour confectionner des corpus dont certains atteignent des tailles impressionnantes (des centaines de millions de mots). Certains corpus peuvent être acquis ; d'autres sont interrogeables à distance par l'intermédiaire d'une interface Web.

Corpus dans d'autres disciplines

Les corpus sont exploités dans différentes communautés professionnelles et scientifiques : les littéraires, les linguistes, les lexicographes, les terminologues et les linguistes informaticiens. Le littéraire s'en sert pour obtenir les segments de textes correspondant à un thème. Les linguistes, les lexicographes et les terminographes les utilisent afin d'étudier une unité linguistique (un mot ou un terme, dans le cas des lexicographes et des terminographes). Les linguistes informaticiens ont recours aux corpus pour tester ou valider des applications relevant du traitement automatique de la langue (TAL) ou, encore, comme outil d' « apprentissage » pour la machine.

On observe aujourd'hui une volonté de mieux définir et d'unifier les méthodologies de compilation de corpus pour l'observation de données linguistiques contribuant à ce que certains appellent la *linguistique de corpus.*

Il existe peu d'entreprises comparables pour les besoins de la terminographie, ce qui s'explique pour différentes raisons.

- Chaque projet terminographique entraîne la confection d'un nouveau corpus comme l'ont souligné Ahmad et Rogers dans le passage reproduit au début de cette section. Par exemple, un corpus conçu pour décrire les termes de la micro-informatique ne sera pas valable pour décrire le vocabulaire des réseaux informatiques.

Il est parfois possible de récupérer une partie des textes ayant servi à un projet antérieur, mais il faut généralement repartir à la recherche d'autres textes pour parfaire et équilibrer un corpus spécialisé.

- Les corpus de grande taille confectionnés par les lexicographes contiennent souvent des textes spécialisés, mais leur caractérisation n'est pas assez fine pour en faire une utilisation efficace en terminographie. Par exemple, un corpus peut renfermer quelques textes portant sur la médecine, mais on n'y distinguera pas forcément les textes portant sur la cardiologie ou l'oncologie. Or, ces distinctions sont essentielles en terminographie.

Les terminographes doivent donc, le plus souvent, confectionner un corpus avant d'entreprendre le travail de collecte de données terminologiques et l'analyse de ces données. Les sous-sections qui suivent passent en revue les différents critères à considérer au moment de l'élaboration d'un corpus spécialisé.

Des corpus pour tous ?

Des organismes ont commencé à mettre à la disposition des chercheurs des corpus de grande taille préalablement construits. Parmi ceux-ci, citons :

- Frantext : corpus de textes français, essentiellement littéraires, de plusieurs millions de mots.
- Corpus du journal *Le Monde* : corpus de textes journalistiques français.
- Brown Corpus : corpus de textes anglais.
- Corpus Reuters : corpus de textes journalistiques anglais.

Par ailleurs, certains organismes réunissent toute l'information sur les corpus existants afin de la diffuser. Par exemple, l'Association européenne sur les ressources linguistiques, ELRA (*European Language Resources Association*), fournit des renseignements de ce type sur un site Web (http://www.elra.info/).

Critères de sélection des textes composant un corpus spécialisé

La valeur d'une recherche terminologique est directement fonction de la qualité de la documentation qui la fonde (Dubuc 2002 : 51).

En terminographie, le corpus répond sensiblement aux critères énumérés à la section précédente, c'est-à-dire qu'il doit constituer un ensemble représentatif de données linguistiques observables dans leur environnement « naturel ». Toutefois, la notion de **représentativité** revêt en terminographie une extension qu'elle n'a pas forcément dans d'autres disciplines.

Le corpus est le préalable à partir duquel toute la recherche terminographique s'organise. Pendant longtemps, on a cru important de limiter l'intervention du terminographe à sa plus simple expression. Tout ce qu'il pouvait dire sur les termes devait forcément apparaître dans un texte rédigé par un spécialiste ou dans un autre ouvrage de référence. On reconnaît aujourd'hui qu'une plus grande latitude est non seulement nécessaire, mais souhaitable.

Quoi qu'il en soit, une sélection rigoureuse des textes est garante de la qualité de la recherche menée par la suite, comme le souligne Dubuc dans la citation reproduite au début de cette section. Il convient donc de passer un certain temps à bien structurer un corpus spécialisé.

Premièrement, le terminographe sélectionne des textes spécialisés et notamment ceux qui portent sur le domaine dont il compte décrire les termes. Le terminographe peut également faire intervenir d'autres critères dont une liste est donnée ci-dessous. L'importance accordée à chacun d'entre eux varie en fonction du projet terminographique envisagé.

- *Domaine de spécialité* : Les textes sélectionnés doivent refléter le mieux possible le domaine délimité au moment de la définition des objectifs du projet terminographique. Par exemple, si on envisage la confection d'un dictionnaire sur le droit constitutionnel, les textes portant précisément sur cette thématique seront préférés aux textes généraux de droit.

- *Langue(s)* (et, le cas échéant, la *variété régionale*) : Il conviendra de sélectionner des textes dans chacune des langues faisant l'objet de la description (par exemple, l'anglais et le français). Si le projet terminographique prévoit rendre compte de diverses variétés régionales (par exemple, les usages ayant cours dans la francophonie), les textes devront refléter chacun de ces usages.

- *Langue de rédaction* : Comme nous avons déjà eu l'occasion de le souligner, les textes composant un corpus utilisé en terminographie ne doivent pas, en principe, être des traductions (par exemple, les textes anglais doivent être rédigés en anglais ; les textes français produits en français). On enfreint cette règle de plus en plus souvent, mais les traductions sélectionnées doivent refléter l'usage réel dans le domaine.

- *Niveau de spécialisation* : La spécialisation est souvent définie en fonction de l'auteur du texte et des destinataires. Pearson (1998) a identifié les niveaux suivants : a) expert à expert (article tiré d'une revue scientifique) ; b) expert à un expert d'un domaine connexe (par exemple, un médecin à des infirmiers, un technicien à un ingénieur) ; c) didactique (texte s'adressant à des spécialistes en devenir) ; d) vulgarisation (texte écrit par un expert ou un non-expert qui s'adresse à une personne ne possédant pas *a priori* les connaissances abordées dans le texte). Un projet terminographique peut faire appel à tous les niveaux de spécialisation ou, au contraire, cibler un niveau particulier.

- *Type de document*: La forme de la publication est souvent un reflet du niveau de spécialisation, mais ne doit pas être confondue avec lui. On distingue les documents suivants : manuel pédagogique, article de vulgarisation, norme, catalogue, actes de colloque, monographie, article scientifique, publicité, guide d'utilisateur, thèse ou mémoire, rapport. Encore une fois, un projet terminographique peut tenter d'incorporer divers types de documents ou en privilégier quelques-uns.

- *Support*: Pour des raisons pratiques, la recherche terminographique s'appuie presque toujours sur les textes écrits. Cette tendance se maintient d'autant plus dans un contexte où le terminographe fait appel à des traitements automatiques.

  Toutefois, l'écrit n'est pas le seul moyen de véhiculer des connaissances spécialisées. Les cours, les conférences, les conversations qui ont lieu dans une entreprise sont autant de sources valables. L'utilisation de données orales pose un problème d'accès si on envisage l'utilisation d'outils informatiques pour les interroger. Il conviendra de les convertir en format électronique. Cette conversion peut se faire au moyen de logiciels de reconnaissance vocale, mais elle nécessite encore beaucoup plus de temps que la conversion d'un document papier.

- *Date de parution*: Les textes récents sont normalement privilégiés en terminographie. Encore une fois, tout dépend du projet envisagé. Il est clair toutefois que, dans la plupart des domaines, la nouveauté des textes est incontournable.

- *Données évaluatives*: Aux critères précédents se greffent parfois des critères de nature évaluative, comme la renommée de l'auteur ou de la maison d'édition. Ces renseignements ne sont pas toujours immédiatement accessibles, notamment si les documents n'ont pas fait l'objet d'une publication officielle. Toutefois, ils se révèlent utiles dans certains projets terminographiques qui ont des objectifs de normalisation.

Taille et équilibre

> *[...] bigger is not always better [...]* (Bowker et Pearson 2002).

Outre les critères énumérés dans la section précédente, deux autres paramètres sont pris en considération lors de la confection d'un *corpus spécialisé*. Le premier est sa *taille*. À quel moment le terminographe peut-il s'arrêter d'amasser des textes ?

Il n'existe pas de véritable consensus en ce qui concerne la taille idéale d'un corpus spécialisé. Certains auteurs estiment que quelques centaines de milliers de mots sont suffisants. D'autres, au contraire, préconisent l'utilisation de corpus beaucoup plus volumineux. Ici encore, la taille du corpus dépend des objectifs du projet terminographique. Elle repose également sur le nombre de critères cités dans la section précédente qu'on fera intervenir.

Cela dit, soulignons que la taille des corpus réunis à des fins terminographiques est souvent plus réduite que celle des corpus utilisés en lexicographie pour les raisons suivantes :

- Comme nous venons de le voir, la sélection des textes s'appuie sur des critères rigoureux. Cette sélection fait en sorte que les textes retenus contiendront vraisemblablement les termes qui intéressent le terminographe et des renseignements sur ces termes.

- Comme le texte spécialisé porte sur un sujet bien ciblé, il fait appel à un nombre limité de termes. Le terminographe n'a donc pas à parcourir des millions de mots pour retrouver plusieurs occurrences d'un même terme.

La taille d'un corpus en format électronique est estimée en fonction du nombre de mots qu'il renferme. Ce nombre est calculé automatiquement en procédant à un décompte des *chaînes de caractères* délimitées par des espaces, des signes de ponctuation ou des symboles. La phrase suivante, par exemple, compte 19 mots.

> Elle / affecte / la / rétine / – le / tissu / nerveux / au / fond / de / l' /œil / qui / transmet / les / messages / visuels / au / cerveau / .

La chaîne de caractères ainsi définie sera appelée désormais *mot graphique* et elle ne correspond pas toujours aux notions d'*unité lexicale* ou de *terme* utilisées en lexicologie ou en terminologie. Les unités lexicales et les termes enfreignent souvent les paramètres graphiques que nous venons d'expliquer. Des unités sont contractées (*au, auquel, duquel*), d'autres contiennent un symbole comme un trait d'union ou une apostrophe (*gratte-ciel, système-expert*), d'autres, enfin, contiennent une espace (*mémoire vive, lampe témoin*).

Outre la taille en tant que telle, le terminographe doit tenir compte de l'*équilibre* d'un corpus spécialisé. Il convient, dans un premier temps, de sélectionner des textes différents pour assurer une certaine représentativité. Par exemple, un corpus de 500 000 mots contenant 20 textes (écrits par des auteurs différents) est plus équilibré, donc plus représentatif, qu'un corpus de même taille contenant trois documents volumineux. Un nombre élevé de textes différents constitue un repère plus fiable lorsqu'il est question de décrire des usages en cours dans un domaine spécialisé.

L'équilibre d'un corpus se définit également en fonction des critères de sélection des textes qu'on aura fait intervenir pour un projet spécifique. Par exemple, dans projet bilingue, il sera indispensable de réunir des textes comparables dans chacune des langues faisant l'objet de la description. De même, si un projet terminographique a comme objectif de tenir compte de tous les niveaux de spécialisation, il devra s'appuyer sur des documents représentatifs de tous ces niveaux.

Recherche de textes en format électronique

De nombreux textes spécialisés sont désormais accessibles en *format électronique*. Le terminographe peut donc tenter d'assembler un corpus en puisant à différentes sources.

Parmi les documents électroniques immédiatement accessibles, citons les fonds documentaires dont disposent certaines entreprises ou organismes publics. Ceux-ci acceptent parfois de mettre à la disposition des terminographes des rapports, des manuels ou autres documents internes.

Des maisons d'édition acceptent parfois de céder les versions électroniques des ouvrages qu'elles publient. Il ne faut toutefois pas compter uniquement sur cette source pour alimenter un corpus, puisque certaines maisons d'édition peuvent être réfractaires à l'exploitation même désintéressée de leurs documents par un tiers. Toutefois, on propose, depuis quelques années, des compilations de périodiques généraux ou spécialisés sur cédérom. Dans certains cas, les textes peuvent être récupérés, puis interrogés au moyen d'un concordancier.

Droits d'auteur

La récupération de documents ici et là pose inévitablement la question du respect des droits d'auteur.

Certains corpus sont largement diffusés mais leur utilisation est restreinte à la recherche scientifique. Pour les autres documents, il conviendra d'obtenir une autorisation avant de les incorporer à un corpus spécialisé.

Bowker et Pearson (2002) suggèrent de préparer une lettre expliquant clairement l'utilisation qu'on compte faire des documents. Les auteurs proposent même de placer un exemple de concordances pour permettre à un auteur ou à un éditeur de bien comprendre l'exploitation qui sera faite des contextes. Une autre solution, nettement plus lourde, consiste à citer la provenance exacte de chacun des contextes.

Aujourd'hui, le terminographe puise dans Internet des documents dont les auteurs permettent la copie sur un disque d'ordinateur. Ces documents constituent une véritable mine d'or, car ils sont déjà en format électronique, abordent des thématiques très diverses dans toutes sortes de langues et sont souvent mis à jour. Toutefois, il importe de procéder à une évaluation serrée avant de les incorporer à un corpus, car ils ne sont pas tous de qualité égale.

L'*évaluation* a toujours constitué une étape importante de la collecte de documentation en terminographie. Toutefois, elle est plus critique pour les documents puisés dans Internet. L'information placée sur le Web a un caractère instantané qui présente des avantages puisqu'elle est plus récente que celle qui se retrouve publiée dans un ouvrage papier. Toutefois, ce caractère immédiat a aussi des inconvénients, puisque l'information n'est pas toujours juste et le document n'a pas forcément été relu ou sanctionné par un comité éditorial.

Des petits trucs pour évaluer un document Web

Le site est-il signé (le nom et les coordonnées de son concepteur apparaissent-ils en clair) ?

Le site est-il celui d'une autorité confirmée ou d'un organisme public (université, gouvernement, périodique largement diffusé) ?

Le site mentionne-t-il la date de la dernière mise à jour ?

Y a-t-il une bibliographie ?

Le site comporte-t-il des liens vers d'autres sites gérés par des autorités renommées ?

D'autres sites pointent-ils vers ce site ?

(D'après Austermühl 2001.)

Corpus bilingues et multilingues

On s'intéresse de plus en plus à l'utilisation de corpus réunissant des textes en plusieurs langues. Les *corpus bilingues* (et, plus rarement, *multilingues*) ont été conçus à l'origine pour des besoins de traduction et ne sont pas toujours élaborés à partir de textes spécialisés. Ils constituent toutefois une ressource intéressante pour la terminographie bilingue ou multilingue.

Ces corpus un peu particuliers permettent aux terminographes travaillant sur plus d'une langue de retrouver plus rapidement les correspondances interlinguistiques. Ils font également l'objet de traitements automatiques spécifiques.

On distingue deux types de corpus multilingues, à savoir les corpus alignés et les corpus comparables. Ils sont décrits dans les sections qui suivent.

Corpus alignés

Les *corpus alignés* réunissent des textes de plusieurs langues dont une partie constitue la traduction de l'autre. Leur réalisation repose sur l'établissement (généralement automatique) de correspondances entre les composantes formelles des textes. Les segments choisis – le plus souvent des phrases – sont *alignés* et placés côte à côte pour en faciliter la consultation. La figure 4.1 montre comment deux courts textes sont alignés.

Des corpus alignés pour tous

Certains corpus alignés sont déjà construits et accessibles dans cette forme. L'exemple le plus connu est le Hansard Canadien qui regroupe les débats à la Chambre des communes du Canada. Il peut être interrogé en ligne au moyen d'un concordancier appelé ts-rali moyennant abonnement.

Il existe peu de corpus alignés spécialisés immédiatement accessibles. Une exception intéressante est un corpus résultant de l'alignement de textes en espagnol, en français et en anglais qui portent sur les télécommunications. Ce corpus appelé crater est géré par l'ucrel, un centre de recherche affilié à l'Université de Lancaster.

Les textes alignés peuvent être construits automatiquement au moyen de programmes prévus à cette fin, c'est-à-dire des *aligneurs*. Ceux-ci s'appuient sur les frontières de phrases (c'est-à-dire les ponctuations fortes comme le point, le point d'interrogation et les retours) ou, encore, sur des éléments formels, comme les limites des paragraphes ou la numérotation des sections.

Certains aligneurs commerciaux ne tiennent compte que de ces repères, mais cette stratégie est rarement suffisante. Il arrive fréquemment qu'une phrase source soit traduite par plus d'une phrase cible ou, inversement, qu'une seule phrase cible rende deux ou trois phrases sources. Ce décalage est illustré à la figure 4.1. Le segment 3 en français comporte deux phrases alors que sa contrepartie anglaise fait l'objet d'une seule phrase.

FIGURE 4.1

Construction d'un texte aligné

À ce jour, les résultats démontrent qu'ils ont réalisé des progrès considérables en vue d'atteindre les objectifs prévus. L'ensemble des 316 installations participant au programme ARET ont réduit de près de 26 358 tonnes leurs émissions de substances toxiques dans l'environnement, ce qui représente une réduction de 67 % sur une période s'échelonnant de l'année de base jusqu'en décembre 1998. Une réduction additionnelle de 3 052 tonnes est prévue d'ici l'an 2000. Par conséquent, la réduction totale à laquelle on peut s'attendre de la part des participants au programme ARET est de 29 410 tonnes, soit une diminution de 75 % par rapport aux niveaux de l'année de référence.

Environnement Canada :
http://www.ec.gc.ca/aret/homef.html

Results to date show that ARET participants have made significant progress toward the goals committed to in their action plans. Together, 316 facilities from companies and government organisations have reduced toxic substance emissions to the environment by 26,358 tons – a decrease of 67% from base year levels to December 1998. Participants also commit to further reduce their emissions of toxic substances by another 3,052 tonnes by the year 2000, for a total reduction of 29,410 tonnes, a 75 per-cent reduction from base-year levels.

Environnement Canada :
http://www.ec.gc.ca/aret/homef.html

1.	À ce jour, les résultats démontrent qu'ils ont réalisé des progrès considérables en vue d'atteindre les objectifs prévus.	Results to date show that ARET participants have made significant progress toward the goals committed to in their action plans.
2.	L'ensemble des 316 installations participant au programme ARET ont réduit de près de 26 358 tonnes leurs émissions de substances toxiques dans l'environnement, ce qui représente une réduction de 67 % sur une période s'échelonnant de l'année de base jusqu'en décembre 1998.	Together, 316 facilities from companies and government organisations have reduced toxic substance emissions to the environment by 26,358 tons – a decrease of 67% from base year levels to December 1998.
3.	Une réduction additionnelle de 3 052 tonnes est prévue d'ici l'an 2000. Par conséquent, la réduction totale à laquelle on peut s'attendre de la part des participants au programme ARET est de 29 410 tonnes, soit une diminution de 75 % par rapport aux niveaux de l'année de référence.	Participants also commit to further reduce their emissions of toxic substances by another 3,052 tonnes by the year 2000, for a total reduction of 29,410 tonnes, a 75 % reduction from base-year levels.

D'autres aligneurs ont recours à des repères additionnels, comme les noms propres ou les chaînes numériques. Comme ces chaînes sont rarement traduites, ils peuvent les utiliser pour aligner les deux phrases qui les renferment et parfois rectifier un mauvais alignement. Une dernière méthode consiste à procéder à une évaluation quantitative de la longueur des segments (calculée en nombre de mots ou en nombre de caractères) en tenant pour acquis que la longueur d'un segment source et celle de sa traduction ont les mêmes proportions du début à la fin du texte.

Malgré ces raffinements, l'alignement automatique n'est pas à l'abri des erreurs, et cela, même s'il fait appel à des stratégies plus perfectionnées. Toutefois, les résultats sont suffisamment intéressants (autour de 95 % d'alignements corrects pour un bon aligneur) pour rendre l'alignement automatique attrayant (notamment, si l'alternative consiste à faire le travail à la main).

Le plus souvent, l'alignement porte sur un seul couple de langues, comme le montre l'exemple de la figure 4.1, et donne lieu à un *bitexte*. Toutefois, il arrive que des organismes gérant des documents multilingues et possédant les traductions du même texte source dans plusieurs langues différentes construisent des corpus alignés pour un nombre supérieur de langues.

Corpus comparables

La notion de *corpus comparables* a fait son apparition assez récemment dans différentes communautés, notamment en lexicographie, en linguistique de corpus et en traitement automatique de la langue.

D'une manière générale, les corpus comparables sont composés de deux ensembles de textes (ou davantage) qui possèdent des caractéristiques communes. Dans les faits, les corpus comparables peuvent relever de la même langue, mais nous ne nous y intéresserons que dans la mesure où il s'agit d'ensembles de textes rédigés dans au moins deux langues différentes. Ils se distinguent des corpus alignés, car les textes qui les composent ne constituent pas des traductions, ni dans la première langue, ni dans la seconde.

La parenté des textes dans les corpus comparables est définie en fonction de critères différents : par exemple, le même niveau de langue, la même tranche chronologique ou la même variété régionale. Pour le terminographe, la parenté se définit en fonction des thématiques abordées dans les textes, à savoir le domaine de spécialité ou la subdivision d'un domaine générique.

D'une certaine manière, les terminographes ont de tout temps travaillé sur des corpus comparables, puisque les documents réunis dans le cadre d'un projet aborderont forcément la même thématique. La notion de *comparabilité* revêt toute son importance lorsqu'on fait appel à des traitements informatiques, par exemple, lorsqu'on tente d'établir des équivalences entre termes automatiquement, non plus à partir de textes alignés, mais à partir de textes comparables. La tâche, on s'en doute bien, est nettement plus ardue que si elle est menée sur un corpus aligné. Pour être comparables dans ce contexte, les textes doivent présenter un nombre très élevé de similitudes.

Étiquetage

Les corpus unilingues, bilingues ou multilingues peuvent être utilisés tels quels, et c'est ce qui se produit le plus souvent dans la pratique. Le terminographe les interroge en établissant des correspondances entre des chaînes de caractères non interprétées. Les corpus de cette nature portent le nom de *corpus bruts*.

Les textes peuvent, en outre, faire l'objet d'un enrichissement avant d'être interrogés ou exploités par d'autres formes de traitements automatiques. Cette section présente une technique couramment utilisée, à savoir l'*étiquetage*, qui consiste à attacher, à une chaîne de caractères apparaissant dans un texte, un renseignement de nature linguistique. Ce renseignement facilite le travail des outils informatiques par la suite. L'étiquetage donne lieu à des *textes* ou à des *corpus étiquetés*.

Pourquoi étiqueter les corpus ?

Comme nous l'avons déjà vu, les mots graphiques peuvent revêtir plusieurs sens et parfois jouer le rôle de plus d'une partie du discours. Ce problème appelé *ambiguïté* représente une réelle difficulté pour tout traitement automatique ou semi-automatique dont les points de repère sont d'abord des chaînes de caractères.

Les exemples ci-dessous contiennent des formes ambiguës. *Programme* est utilisé comme nom ou comme verbe dans les textes d'informatique ; de même, *informatique* a des emplois nominaux et adjectivaux.

Ce *programme* tourne dans un environnement LINUX. (nom)

Il a fallu le lancement de JAVA pour qu'on *programme* ce genre d'application. (verbe)

L'application *informatique* conçue pour traiter les documents est appelée logiciel de traitement de texte. (adjectif)

L'*informatique* n'est pas toujours le domaine dans lequel les étudiants souhaitent se spécialiser. (nom)

L'interrogation d'un corpus à partir de la chaîne *programme* mènera forcément le terminographe vers toutes ses occurrences sans distinction de la partie du discours. Il devra alors mettre de côté les contextes non pertinents. Par exemple, s'il s'intéresse au nom, il devra écarter les contextes où *programme* est utilisé comme verbe.

L'*étiquetage* cherche précisément à résoudre ce problème. L'étiquette attachée aux mots précise une partie de leurs propriétés linguistiques levant ainsi l'ambiguïté.

Les étiquettes varient en fonction de l'application visée ou du logiciel utilisé pour les attribuer, mais le plus souvent elles indiquent la ***partie du discours***. La figure 4.2 est un court extrait montrant comment la partie du discours est explicitée.

FIGURE 4.2

Extrait contenant des mots étiquetés

Cette$_{/DÉT}$ technique$_{/NC}$ consiste$_{/VERBE\,;\,CONJUG}$ à$_{/PRÉP}$ attacher$_{/VERBE\,;\,INF}$ à$_{/PRÉP}$ des$_{/DÉT}$ mots$_{/NC}$ contenus$_{/PART\,PASSÉ}$ dans$_{/PRÉP}$ un$_{/DÉT}$ texte$_{/NC}$. une$_{/DÉT}$ étiquette$_{/NC}$ destinée$_{/PART\,PASSÉ}$ à$_{/PRÉP}$ préciser$_{/VERBE\,;\,INF}$ une$_{/DÉT}$ partie$_{/NC}$ de$_{/PRÉP}$ ses$_{/DÉT}$ propriétés$_{/NC}$ linguistiques$_{/ADJ}$.$_{/PONCT}$

Nous aurons recours à cette présentation normalisée des étiquettes, à savoir une barre oblique suivie d'une abréviation rendant compte d'une partie du discours générique. Toutefois, il importe de préciser que les méthodes utilisées pour expliciter les propriétés des mots sont très variées quant à la forme de la notation, mais également quant à l'information fournie elle-même. Des exemples sont donnés plus loin.

Souvent, les étiquettes sont nettement plus précises que celles que nous avons utilisées à la figure 4.2. Il arrive qu'elles distinguent les déterminants (les articles, les possessifs et les démonstratifs) ; les formes verbales – en les classant en formes conjuguées et en formes infinitives ou, encore, en attribuant des étiquettes uniques aux auxiliaires *être* et *avoir*. Il arrive également que les étiquettes apportent des précisions sur la flexion (ex. *ordinateurs*$_{\text{/NC; masc. plur.}}$ *pourrait* $_{\text{/VERBE; cond. prés. ; 3e pers. sing}}$).

Les explicitations que nous venons d'énumérer sont regroupées sous le générique *étiquetage morphosyntaxique* qui constitue en fait la forme d'étiquetage la plus courante. Toutefois, on voit apparaître d'autres techniques qui tentent de décrire une partie de la structure syntaxique d'une phrase ou qui attachent de l'information sémantique aux mots.

Réalisation de l'étiquetage

Il est désormais possible de procéder à l'étiquetage automatique d'un texte ou d'un ensemble de textes au moyen de logiciels conçus à cette fin et appelés *étiqueteurs*. Il existe différentes techniques pour réaliser cette tâche et la description sommaire que nous donnons dans la présente section n'est qu'illustrative.

Pour produire une sortie semblable à celle de la figure 4.2, l'étiqueteur consulte d'abord un répertoire de mots déjà assortis d'étiquettes. Ce répertoire indique, comme le fait un dictionnaire usuel, toutes les parties du discours auxquelles les mots risquent d'appartenir. Par exemple, lors de l'analyse du texte de la figure 4.2, le mot *préciser* sera immédiatement étiqueté verbe ($_{\text{/VERBE}}$). De même, le mot *dans* sera assorti de l'étiquette préposition ($_{\text{/PRÉP}}$). Toutefois, le mot *étiquette*, pourra être assorti de deux étiquettes, à savoir nom commun ($_{\text{/NC}}$) et verbe ($_{\text{/VERBE}}$). De même, *contenus* est ambigu puisqu'il peut s'agir d'un participe passé ($_{\text{/PART PASSÉ}}$) ou d'un nom commun ($_{\text{/NC}}$) au pluriel.

Pour les mots ambigus, l'étiqueteur doit procéder à une *désambiguïsation*, c'est-à-dire prendre une décision et retenir une seule étiquette, idéalement la bonne. Celle-ci se fait généralement en examinant le contexte immédiat du mot ambigu (les deux ou trois mots qui le précèdent ou les deux ou trois mots lui succédant). En fait, pour être plus exact, il examine les étiquettes du mot ou des deux mots voisins et rectifie le tir en fonction d'elles.

La conception de la plupart des étiqueteurs repose sur la notion d'*entraînement*. Cela signifie qu'ils ont été mis au point à partir de corpus déjà étiquetés qui nourrissent les répertoires de mots et les règles. Les ressources utilisées pour réaliser l'entraînement ont donc des conséquences sur la qualité de l'étiquetage. Nous en examinons trois dans ce qui suit.

Le jeu d'étiquettes est celui du corpus ayant servi à l'entraînement ; ce jeu varie d'un étiqueteur à l'autre. Pour l'illustrer (figure 4.3), examinons d'abord la sortie d'un étiqueteur français, WinBrill[4].

L'exemple montre que l'étiqueteur WinBrill donne des renseignements sur le nombre, qu'il distingue les déterminants de groupe nominal des déterminants contractés et qu'il réserve une étiquette spéciale pour le verbe *être*.

Examinons maintenant les sorties de deux étiqueteurs de l'anglais. Le tableau 4.1 montre comment les mots contenus dans un court extrait sont étiquetés par la version anglaise de WinBrill et deux versions de TnT entraînées sur deux corpus différents. Le premier est le *Wall Street Journal* (*WSJ*) ;

FIGURE 4.3

Extrait étiqueté avec WinBrill et explication des étiquettes

Un$_{/DTN:sg}$ moteur$_{/SBC:sg}$ à$_{/PREP}$ piston$_{/SBC:sg}$ est$_{/ECJ:sg}$ constitué$_{/ADJ2PAR:sg}$ d$_{/PREP}$ ' $_{/'}$ un$_{/DTN:sg}$ bloc$_{/SBC:sg}$ de$_{/PREP}$ fonte$_{/SBC:sg}$ ou$_{/COO}$ d$_{/PREP}$ ' $_{/'}$ alliage$_{/SBC:sg}$ léger$_{/ADJ:sg}$ percé$_{/ADJ2PAR:sg}$ de$_{/PREP}$ trous$_{/SBC:pl}$ qui$_{/REL}$ forment$_{/VCJ:pl}$ les$_{/DTN:pl}$ cylindres$_{/SBC:sg}$ ·$_{/.}$ Dans$_{/PREP}$ ceux-ci$_{/PRO:pl}$ ·$_{/.}$ coulissent$_{/VCJ:pl}$ les$_{/DTN:pl}$ pistons$_{/SBC:pl}$ raccordés$_{/ADJ2PAR:pl}$ par$_{/PREP}$ les$_{/DTN:pl}$ bielles$_{/SBC:pl}$ au$_{/DTC:sg}$ vilebrequin$_{/SBC:sg}$ ·$_{/.}$

Explication des étiquettes :

ADJ : adjectif sauf participe passé
ADJ2PAR : participe passé non derrière auxiliaire
ADV : adverbe
COO : coordonnant
DTC : déterminant contracté
DTN : déterminant de groupe nominal
ECJ : verbe être ou auxiliaire conjugué
pl : pluriel
PREP : préposition
PRO : pronom
REL : relatif
SBC : substantif (nom commun)
sg : singulier
VCJ : verbe conjugué

4. Il s'agit d'un étiqueteur mis au point au départ par Brill (1992) qui a été plus tard adapté au français. La version française a été élaborée à partir d'une portion du corpus Frantext contenant des textes littéraires et quelques textes scientifiques (Lecompte 1998).

le second est une des versions d'un corpus appelé *Susanne* (deux versions du même corpus ont été utilisées pour entraîner l'étiqueteur).

Si on fait abstraction des erreurs d'étiquetage, on constate que les étiquettes ne sont pas les mêmes partout. En outre, certaines versions font des distinctions que d'autres ne font pas. Par exemple, la version *Susanne* de TnT distingue les adjectifs, ce que ne font pas la version *WSJ* ou WinBrill. Enfin, les deux premiers étiqueteurs indiquent le nombre des noms, mais pas la version *Susanne* de TnT.

La qualité de l'étiquetage est également fonction du nombre d'étiquettes que l'on tente d'attribuer automatiquement. Plus ce nombre est élevé, plus le risque d'erreur est grand. Par exemple, la version *Susanne* de TnT fait appel à 62 étiquettes, alors que la version *WSJ* n'en utilise que 45. Cette grande différence a des conséquences sur l'attribution des étiquettes.

Enfin, la qualité de l'étiquetage est affectée par l'absence de certains mots dans le dictionnaire consulté par l'étiqueteur. Le traitement des mots inconnus nuit forcément à l'analyse.

TABLEAU 4.1

Étiquettes attribuées par trois versions différentes

Mot	Étiquette TnT – version WSJ		Étiquette WinBrill		Étiquette TnT – version Susanne	
in	IN	prép.	IN	prép.	II	prép. gén.
atherosclerosis	NN	n. sing.	NN	n.sing.	NN	n. com.
deposits	NNS	n. plur.	VBZ	v., 3e pers. sing. prés.	NN	n. com.
of	IN	prép.	IN	prép.	IO	of
plaque	NN	n. sing.	NN	n. sing.	JJ	adj. gén.
build	VB	v. forme de base	NN	n. sing.	VV	v., forme de base
up	RP	particule	IN	prép.	RP	particule
along	IN	prép.	IN	prép.	II	prép. gén.
the	DT	dét.	DT	dét.	AT	art.
inner	JJ	adj.	JJ	adj.	JB	adj. attributif
walls	NNS	n. plur.	NNS	n. plur.	NN	n. com.
of	IN	prép.	IN	prép.	IO	of
large	JJ	adj.	JJ	adj.	JJ	adj. gén.
and	CC	conj. coord.	CC	conj. coord.	CC	conj. coord. gén.
medium-sized	JJ	adj.	CC	conj. coord. gén.	JJ	adj. gén.
arteries	NNS	n. plur.	JJ	adj. gén.	NN	n. com.
causing	VBG	gérond.	VBG	gérond.	VV	v. forme de base
thickening	NN	n. sing.	VBG	gérond.	NN	n. com.

L'étiquetage, même automatique, nécessite un certain investissement de temps puisqu'il faut faire tourner des programmes pour attribuer à chacun des mots d'un texte des étiquettes explicitant les parties du discours. En outre, la plupart des étiqueteurs nécessitent un prétraitement des textes ; par exemple, placer les mots sur des lignes différentes ou séparer les diacritiques et les ponctuations afin d'isoler les mots graphiques.

L'étiquetage, s'il est réalisé automatiquement, n'est jamais parfait, mais les taux d'erreur sont suffisamment faibles pour justifier le recours à cette technique en terminographie. Les taux de bon étiquetage, qui varient en fonction du texte et des facteurs énumérés plus haut, tournent autour de 95 %.

Certains outils vont un peu plus loin et procèdent à la *lemmatisation* des mots contenus dans les textes. La lemmatisation consiste à ramener les *formes fléchies* des mots variables à une *forme canonique*. Les noms sont ramenés au singulier, les adjectifs au masculin singulier et les verbes, à l'infinitif.

La figure 4.4 montre un court extrait dans lequel les mots sont assortis d'un lemme. Encore une fois, la présentation que nous en faisons est neutralisée, puisque les notations varient d'un lemmatiseur à l'autre.

L'attribution des *lemmes* constitue un autre enrichissement très utile puisqu'elle permet au terminographe de mener des interrogations sur les formes canoniques des termes et ainsi d'atteindre toutes les formes dans lesquelles ils se présentent dans les textes. La recherche de termes variables dans un texte non lemmatisé doit se faire sur chacune des formes prises isolément.

FIGURE 4.4

Mots assortis de lemmes

Les$_{/le\ ;\ DÉT\ MASC\ PLUR}$ étiquettes$_{/étiquette\ ;\ NC\ FÉM\ PLUR}$ peuvent$_{/pouvoir\ ;\ VERBE\ ;\ IND\ PRÉS\ 3e\ PERS\ PLUR}$ varier$_{/varier\ ;\ VERB\ INF}$ en$_{/en\ ;\ PRÉP}$ fonction$_{/fonction\ ;\ NC\ FÉM\ SING}$ de$_{/de\ ;\ PRÉP}$ l'$_{/le\ ;\ DÉT\ FÉM\ SING}$ application$_{/application\ ;\ NC\ FÉM\ SING}$ visée$_{/viser\ ;\ PART\ PASSÉ\ FÉM\ SING}$ mais$_{/mais\ ;\ CONJ\ COORD}$ elles$_{/il\ ;\ PRON\ FÉM\ PLUR}$ indiquent$_{/indiquer\ ;\ VERBE\ IND\ PRÉS\ 3e\ PERS\ PLUR}$ généralement$_{/généralement\ ;\ ADV}$ en$_{/en\ ;\ PRÉP}$ premier$_{/premier\ ;\ ADJ\ MASC\ SING}$ lieu$_{/lieu\ ;\ NC\ MASC\ SING}$ la$_{/le\ ;\ DÉT\ FÉM\ SING}$ catégorie$_{/catégorie\ ;\ NC\ FÉM\ SING}$ grammaticale$_{/grammatical\ ;\ ADJ\ FÉM\ SING}$ de$_{/de\ ;\ PRÉP}$ tous$_{/tout\ ;\ ADJ\ MASC\ PLUR}$ les$_{/le\ ;\ DÉT\ MASC\ PLUR}$ mots$_{/mot\ ;\ NC\ MASC\ PLUR}$ contenus$_{/contenir\ ;\ PART\ PASSÉ\ MASC\ PLUR}$ dans$_{/dans\ ;\ PRÉP}$ le$_{/le\ ;\ DÉT\ MASC\ SING}$ texte$_{/texte\ ;\ NC\ MASC\ SING}$

Conclusion

Un projet terminographique repose en premier lieu sur un corpus spécialisé bien construit. Celui-ci renferme non seulement les termes qui feront l'objet d'une analyse et d'une description, mais également une multitude de renseignements sur leur sens et leur comportement linguistique.

Différents critères doivent être pris en compte lors de la collecte de documents. Il importe de réunir des textes de provenances différentes et de s'assurer que le corpus est suffisamment volumineux pour être représentatif des usages à décrire. Il convient également d'équilibrer des corpus constitués de textes de natures différentes.

Le terminographe élabore des corpus unilingues ou multilingues. Il a de plus en plus souvent recours à des textes alignés, même si ces derniers vont à l'encontre d'un principe méthodologique qui veut que la description s'appuie sur des textes rédigés et non des traductions.

Enfin, les textes électroniques peuvent être exploités tels quels dans une série d'applications qui feront l'objet des chapitres 5, 6 et 7. Ils peuvent également être étiquetés, c'est-à-dire enrichis d'informations linguistiques. Cette forme d'enrichissement est mise à contribution par de nombreux traitements informatiques.

Nous verrons que les outils informatiques jettent des éclairages différents sur les données terminologiques et permettent au terminographe d'examiner les termes sous différents angles. Il importe toutefois de garder en tête que même le corpus le plus riche n'apporte pas toutes les réponses aux questions soulevées par la description des termes. Le terminographe doit constamment effectuer des choix parmi les renseignements proposés par les textes. Il doit également compléter ces renseignements par la lecture d'ouvrages de référence et la consultation de spécialistes.

Suggestions de lectures

Les lexicographes s'intéressent depuis déjà quelque temps aux questions entourant la mise en forme et l'exploitation des corpus. Sinclair (1991) est l'un des ouvrages les plus cités dans ce domaine. On trouvera également dans Barnbrook (1996) et dans McEnery et Wilson (1996) des éléments sur la confection de corpus.

Austermühl (2001) est un ouvrage destiné aux traducteurs, mais les premiers chapitres donnent une foule de renseignements utiles pour dénicher de la documentation dans Internet.

Des réflexions sur les conséquences de l'utilisation des corpus en terminologie sont donnés dans Ahmad et Rogers (2001), Meyer et Mackintosh (1996) et Pearson (1998). Le manuel préparé par Bowker et Pearson (2002) est un incontournable pour quiconque veut apprendre à utiliser des corpus spécialisés. Les chapitres 3 à 6 traitent des diverses questions liées à la mise en forme des corpus.

Pour une discussion sur les textes alignés, voir Isabelle et Warwick-Armstrong (1993) et Langé et Gaussier (1995). Des méthodes d'alignement sont décrites dans Habert *et al.* (1997) dans le chapitre intitulé « D'une langue à l'autre : les corpus alignés ».

Pour une explication plus détaillée des techniques d'étiquetage, voir Brill (1992) et De Loupy (1995). La question de l'intérêt et de la qualité de l'étiquetage pour les textes spécialisés est abordée dans L'Homme *et al.* (2002).

5

LE CORPUS SPÉCIALISÉ : INTERROGATION

Systematic terminology is now firmly corpus based, i.e. no longer extracted from pre-vious lists or by individual searches but from a corpus of material (Sager 1990 : 130).

Aborder les corpus sous des angles différents

Lorsqu'un corpus a été assemblé et documenté selon les critères passés en revue dans le chapitre précédent, il peut faire l'objet d'une foule d'interrogations dont une grande partie est abordée dans le présent chapitre.

Les techniques qui retiendront l'attention ici sont conçues pour aider le terminographe à entrer dans le corpus en empruntant des voies diverses. Elles sont mises à contribution pour obtenir les renseignements voulus plus rapidement et pour les ordonner de différentes manières. Dans tous les cas de figure, toutefois, c'est le terminographe qui définit les interrogations. Les recherches automatisées feront l'objet des chapitres 6 et 7.

Nous verrons que les différents types de corpus, à savoir les corpus unilingues ou les corpus multilingues (qu'il soient alignés ou simplement comparables) ou, encore, les corpus étiquetés, permettent différents types de fouilles.

Concordanciers : recherche, affichage et gestion des textes

La consultation d'un texte spécialisé en format électronique se fait généralement au moyen d'un logiciel appelé *concordancier*. Ce logiciel est conçu
pour retrouver les *occurrences* d'une ou de plusieurs *chaînes de caractères*
dans un ou plusieurs textes électroniques. Ces chaînes sont des *mots graphiques* (par exemple, *informatique*), des parties de mots (comme *inform-*)
ou des combinaisons de mots (*système informatique*).

Au sens étroit, le concordancier établit une liste de *concordances*, c'est-
à-dire une liste contenant la chaîne recherchée assortie de contextes. La
figure 5.1 présente les concordances de *virus* obtenues après l'examen d'un
court texte. Les concordances sont organisées dans ce qu'il est convenu d'appeler un *index* KWIC (pour *key word in context*) qui est la forme d'affichage
la plus courante. L'index KWIC extrait les contextes immédiats dans lesquels
la chaîne recherchée apparaît et les aligne pour une consultation rapide.

FIGURE 5.1

Concordances du terme *virus*

```
..s porteurs du virus. Un service    équivalent sera ouvert avenue R..
..nation par le virus. Une association de         soignants en ap..
..ansmission du virus ; une cible en termes de marketing,  expliqu..
..ettent pas de virus. Une « présence féminine » bien innocente, v..
..les stocks de virus variolique  conservés à travers le monde dev..
..urs stocks de virus variologique à Moscou et à Atlanta. La  déci..
..s restants de virus variologique d'ici à  décembre 1993 devrait ..
..rformances du virus  vecteur, de manière à intégrer au sein de s..
..e, « un petit virus venu de Hongkong, invisible à l'œil nu,  in..
.. que » si le  virus vient de rentrer, on peut peut-être le faire..
.. porteurs du  virus VIH.   (1) Le facteur VIII est le facteur de..
..orité par le  virus VIH) contre la dissémination du virus du sid..
..ficacité d'un virus VIH vivant  et « mutant ». Il est également ..
..tiosité de ce virus vis-à-vis de l'espèce  humaine. Ils se sont..
..à partir d'un virus vivant, « atténué » et mutant ? C'est  très ..
..it appel à un virus vivant atténué   le Canarypox,  sans danger ..
.. partir  d'un virus vivant « atténué ». Si cette méthode est fré..
..à partir d'un virus vivant inactivé (alors  que les vaccins de t..
..à partir d'un virus vivant mutant  Peut-on envisager de nouveaux..
..tilisation de virus vivants atténués. Néanmoins, la publication ..
.. paisibles en virus-tueurs. Le même virus,  alors qu'il cause le..
```

Dans un index KWIC, la longueur du contexte est calculée en tenant compte du nombre de caractères qui flanquent le mot recherché : *n* caractères à gauche, *n* caractères à droite. Normalement, la longueur du contexte peut être paramétrée par l'utilisateur. Il arrive également que la longueur soit calculée en fonction du nombre de mots qui flanquent celui qui fait l'objet de la recherche.

D'autres concordanciers utilisent comme point de repère non pas un nombre fixe de caractères ou de mots, mais plutôt des délimiteurs de phrases ou de paragraphes. C'est le mode d'affichage privilégié par les concordanciers interrogeant les *corpus alignés*.

Il existe un autre mode de présentation des contextes appelé *affichage plein texte*. Celui-ci reporte l'utilisateur directement dans le document fouillé en signalant la chaîne recherchée au moyen d'un dispositif graphique comme un jeu de couleurs ou un soulignement. L'utilisateur passe ainsi d'un contexte à l'autre sans les voir tous d'un seul coup d'œil. La figure 5.2 présente un affichage plein texte pour le mot graphique *moteur*.

FIGURE 5.2

Concordances en plein texte

Un **MOTEUR** à piston est constitué d'un bloc de fonte ou d'alliage léger percé de trous qui forment les cylindres. Dans ceux-ci, coulissent les pistons raccordés par les bielles au vilebrequin. Une extrémité du bloc-cylindres est fermée hermétiquement par la culasse. C'est elle qui, dans les **MOTEUR**s à 4 temps modernes, porte les soupapes et une partie de leur commande, ainsi que les bougies d'allumage.

Un carter de protection en tôle ou en alu coulé ferme l'embase de façon étanche. Sur la culasse, un autre carter de protection enferme les pièces mobiles. Ces blocs et carters constituent les éléments fixes du **MOTEUR** à piston. Que le refroidissement du **MOTEUR** soit assuré par une circulation interne d'eau ou par un flux externe d'air, les éléments qui constituent le **MOTEUR** à piston sont similaires. Le premier type de refroidissement étant le plus courant, nous analyserons principalement les éléments des **MOTEUR**s refroidis par liquide ; ceux des **MOTEUR**s à refroidissement par air feront l'objet de paragraphes complémentaires indiquant les particularités.

1.1. Le carter **MOTEUR** ou Bloc cylindres

En fonte, ou en aluminium, c'est une pièce de fonderie qui constitue le bâti du *MOTEUR* et dont la partie intérieure est usinée pour former les cylindres ou les logements de chemises s'il s'agit d'un *MOTEUR* à chemises rapportées. L'eau de refroidissement circule librement à l'intérieur du carter-*MOTEUR* (fig. 49 à 52).

Sa partie supérieure est dressée pour former un plan de joint. Le carter-*MOTEUR* comporte un certain nombre de bossages avec des trous filetés pour assurer la fixation de la culasse sur le dessus. La partie inférieure du carter-*MOTEUR* est particulièrement résistante et elle comporte des paliers en nombre variable appelés paliers de ligne d'arbre.

Il importe de noter que certains concordanciers combinent les deux modes de présentation. Un index KWIC est généré ; puis, si l'utilisateur sélectionne un contexte dans la liste produite, le concordancier affiche l'occurrence en plein texte. Cet affichage est illustré à la figure 5.3. À partir d'un index KWIC généré pour *abdomen*, l'utilisateur choisit d'accéder au contexte élargi de la troisième concordance.

La combinaison des deux modes d'affichage est sans conteste la solution optimale pour le terminographe. L'index KWIC permet de repérer rapidement les contextes intéressants ; l'affichage plein texte n'est activé que si un contexte le justifie. Il arrive qu'une concordance proposée par l'index KWIC ne soit pas suffisamment longue pour se faire une idée précise de l'information qui s'y trouve.

Par ailleurs, les concordanciers ne gèrent pas les textes d'un corpus tous de la même manière. Certains choix de concepteurs peuvent avoir des conséquences importantes pour le terminographe.

D'abord, il arrive que les interrogations ne puissent être réalisées sur plusieurs textes à la fois. Dans ce cas, le terminographe interroge les documents l'un après l'autre, ce qui est à la fois laborieux et problématique pour obtenir un portrait général du fonctionnement d'un terme dans un corpus spécialisé. Il peut également réunir tous les documents dans un seul fichier, mais il perd ainsi la trace du document dont est extraite une concordance.

FIGURE 5.3

Index KWIC combiné à une concordance plein texte

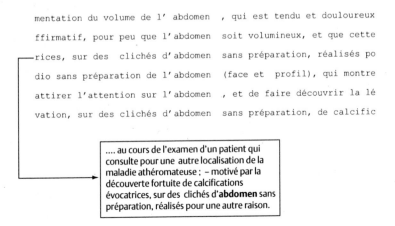

FIGURE 5.4

Indication du fichier d'origine

```
l'adulte alors que cette  maladie  dysmyélinisante se rencontre d    jiane.txt

e l'exploration vers une  maladie  locale. Cette radiographie des       tou.txt

as il faut évoquer cette  maladie  osseuse constitutionnelle dont    corel.txt

iter l'évolution vers la  maladie  postphlébitique. La streptokin    corel.txt

oleucodystrophie est une  maladie  récessive liée au sexe qui déb    corel.txt
```

De plus, les concordanciers qui permettent l'interrogation de plusieurs textes ne signalent pas toujours le document d'où a été prélevé un contexte. Ce renseignement est souvent très utile pour juger de la répartition d'un terme ou de certains usages.

Lorsque la trace du document d'origine est conservée, elle est associée au contexte extrait. La figure 5.4 montre le nom du fichier à la droite du contexte.

Interrogation d'un corpus unilingue

Le corpus spécialisé peut être investigué en utilisant un terme comme point de départ, comme l'ont illustré les exemples de la section précédente. Cette méthode est la plus courante. Toutefois, le terminographe peut s'y plonger en empruntant d'autres points d'entrée. Les textes spécialisés renferment des données extrêmement variées et le terminographe peut tenter de les isoler plutôt que de parcourir des longues listes de concordances indifférenciées.

La plupart des concordanciers permettent à l'utilisateur de localiser des contextes précis et de paramétrer la manière dont ils seront ordonnés. Nous verrons comment les mécanismes de recherche prévus sont mis à contribution pour ramener des données utiles pour la terminographie.

La plupart des premières méthodes décrites restent valables, qu'il s'agisse d'un corpus aligné ou d'un corpus étiqueté. Toutefois, nous focaliserons d'abord sur les textes unilingues. L'exploitation un peu particulière à laquelle se prêtent les autres corpus sera abordée plus loin.

Indexation

En général les concordanciers procèdent à une indexation des chaînes de caractères contenues dans les textes avant d'autoriser l'interrogation proprement dite.

L'indexation est réalisée de la manière suivante. Le texte est d'abord découpé en *mots graphiques*, c'est-à-dire en chaînes de caractères délimitées par des espaces, des ponctuations ou des symboles (comme la barre oblique ou le trait d'union). Les mots graphiques sont ensuite placés dans un registre appelé *index* qui indique les endroits précis où se trouvent les occurrences des mots. Ainsi, chacune des entrées de l'index est assortie d'une sorte d'adresse destinée à expliciter son emplacement dans le corpus.

Lors d'une recherche, le concordancier consulte l'index, établit la correspondance avec le texte, puis, présente le contexte à l'utilisateur. La figure 5.5 montre de quelle manière l'index est consulté au moment d'une requête sur *constitution*.

Il convient de signaler, toutefois, qu'il existe encore quelques concordanciers qui ne font pas une délimitation des *mots graphiques*. L'outil établit alors des correspondances entre des chaînes de caractères même si elles font partie de mots plus longs. La figure 5.6 montre les résultats d'une recherche à partir de la chaîne *gaze* au moyen d'un concordancier qui ne délimite pas les mots graphiques. Le concordancier indexeur ne retiendrait que les six premiers contextes et ne proposerait pas les trois derniers.

L'index est d'abord mis à contribution par le concordancier lors de l'interrogation pour atteindre les mots plus rapidement, mais il peut également

FIGURE 5.5

Consultation de l'index lors d'une requête

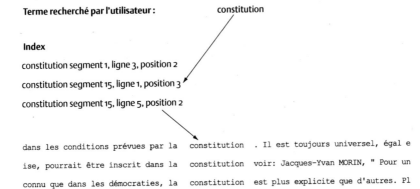

Terme recherché par l'utilisateur :   constitution

Index
constitution segment 1, ligne 3, position 2
constitution segment 15, ligne 1, position 3
constitution segment 15, ligne 5, position 2

dans les conditions prévues par la   constitution . Il est toujours universel, égal e

ise, pourrait être inscrit dans la   constitution voir: Jacques-Yvan MORIN, " Pour un

connu que dans les démocraties, la   constitution est plus explicite que d'autres. Pl

FIGURE 5.6

Concordances de la chaîne *gaze*

```
..right lateral gaze and hypesthesea of the first and secon
.. and vertical gaze palsy) and higher cortical dysfunction
..sy, an upward-gaze palsy, and left cerebellar ataxia. A b
..anestesia and gaze preference contralateral to the hemipl
..he horizontal gaze, rebound nystagmus, hypometria of the
..g interrupted gaze, which frequently was perceived as a r
..Combustion et Gazefication du Carbon, which was establish
..e targets and gazeous targets, e.g. hydrogen, even at red
..ed in the im. gazety Sotsialisticheskii Donbass mine at a
```

FIGURE 5.7

Index organisé par ordre alphabétique

a	203	absence	2
à	615	absolu	3
abord	2	absolue	3
abords	1	abusive	1
aboutissant	1	acceptable	1
abrogé	1	acceptée	1
abrogées	1	accepter	2
abroger	1	accepteront	2

être consulté par le terminographe lui-même. Tous les mots indexés sont organisés, soit par ordre alphabétique, soit par fréquence décroissante. La figure 5.7 montre la première partie d'un index organisé par ordre alphabétique à la suite de l'indexation d'un texte juridique. Le chiffre placé à la droite du mot indique sa fréquence dans le texte consulté.

Le *tri alphabétique* se révèle utile pour connaître le contenu d'un texte avant de lancer une recherche. L'index de la figure 5.7 réunit toutes les formes dont la première partie est la même, par exemple, les formes débutant par *accept-* (*acceptable, acceptée, accepter, accepteront*).

Les mots indexés peuvent aussi être réordonnés et présentés par *fréquence décroissante*. La figure 5.8 illustre la première partie d'un index produit à la suite de l'analyse d'un petit corpus de textes juridiques totalisant près de 50 000 mots graphiques. Chacune des formes est assortie d'une indication de sa fréquence. Dans ce type d'index, les mots ayant la même fréquence sont triés par ordre alphabétique.

FIGURE 5.8

Première partie d'un index des mots graphiques triés
par ordre de fréquence décroissante

de	2375	*un*	383
la	1907	*qui*	363
le	1225	*pas*	355
à	1049	*droit*	347
et	771	*il*	345
des	691	*pour*	327
les	664	*au*	323
que	631	*ne*	322
dans	624	*est*	307
en	585	*par*	382
du	548	*cour*	260
a	533	*ou*	252
une	444		

Ce deuxième index est certes utile pour faire émerger les mots à fréquence élevée, mais il revêt un intérêt moindre pour le terminographe. Comme le montre la figure 5.8, à l'exception de *cour* et de *droit*, la plupart des mots relevés sont des ***mots grammaticaux*** (prépositions, déterminants, les auxiliaires *être* et *avoir*, etc.) qui sont peu susceptibles de retenir l'attention d'un terminographe juridique.

Mots grammaticaux et mots lexicaux

Les mots sont souvent répartis dans deux catégories distinctes, à savoir les ***mots grammaticaux*** et les ***mots lexicaux***. Les mots grammaticaux font partie d'une liste fermée relativement courte et sont très fréquents dans les textes. Les mots lexicaux sont nombreux et font partie d'une liste ouverte, puisqu'on en crée constamment de nouveaux. En outre, ils ont un sens plein.

Cette distinction est importante pour la terminographie qui s'intéresse surtout aux mots lexicaux. Les mots grammaticaux, comme on le verra, notamment au chapitre 7, retiennent l'attention dans la mesure où ils font partie de termes complexes.

Toutefois, les mots très fréquents seront à peu près les mêmes dans tous les corpus, qu'ils soient spécialisés ou non. Ainsi, certains concordanciers permettent de les écarter en amont en les plaçant dans ce qu'il est convenu d'appeler une *liste d'exclusion*. Cette liste, qui est consultée au moment de construire l'index, contient les mots que l'on souhaite mettre de côté.

La figure 5.9 montre un index produit à la suite de la consultation d'une liste d'exclusion. Le corpus analysé est un corpus de textes juridiques contenant environ 500 000 mots. L'index indique la fréquence et le nombre de textes dans lesquels le terme apparaît. Nous avons reproduit les mots ayant une fréquence égale ou supérieure à 400.

On peut aisément constater que ce nouvel index est plus révélateur que le précédent (présenté à la figure 5.8). L'application d'une liste d'exclusion fait émerger plus clairement les thèmes centraux d'un corpus. De plus,

FIGURE 5.9

Index produit à la suite du traitement d'un corpus de droit et de l'application d'une liste d'exclusion

Forme indexée	Fréquence	Répartition	Forme indexée	Fréquence	Répartition
article	2928	33	personne	628	31
droit	2877	33	égalité	602	5
charte	2664	33	arrêt	572	22
droits	2192	33	constitutionnelle	564	29
cour	1770	33	dispositions	554	30
plus	1711	33	affaire	510	33
loi	1643	33	sens	503	32
juge	1293	32	protection	498	32
canada	990	32	application	495	33
cas	797	33	alinéa	470	16
fait	977	33	constitution	468	29
liberté	840	23	justice	466	31
effet	761	33	public	464	31
tribunaux	749	31	québec	464	32
principe	743	32	disposition	454	32
langue	719	18	gouvernement	451	27
libertés	719	24	mesure	433	32
interprétation	714	23	appel	432	31
canadienne	705	31	lois	425	28
question	696	33	tribunal	423	29
suprême	659	27	état	415	27
expression	653	28	judiciaire	400	29
pouvoir	641	33			

comme nous l'avons vu à quelques reprises, l'indication de la fréquence et de la répartition est un indice de l'importance des termes dans un domaine.

Recherche d'une partie de terme

La flexibilité d'un concordancier se mesure surtout par la variabilité des *requêtes* qu'il permet à l'utilisateur de formuler. La présente section et les suivantes présentent les requêtes les plus utiles en terminographie. La totalité ou une partie de ces requêtes peuvent être implantées dans les concordanciers commerciaux.

Les concordanciers permettent d'abord l'établissement de correspondances avec des parties de mots au moyen d'une technique appelée *troncature*. Celle-ci est représentée par l'astérisque (*) qui remplace une chaîne indéfinie de caractères, c'est-à-dire de 0 à *n*. Il est à noter qu'on peut également remplacer un seul caractère par le point d'interrogation (?) mais celui-ci est moins souvent utilisé pour fouiller les corpus.

La troncature est fort utile pour réunir toutes les *formes fléchies* d'un mot variable dans une seule requête. Ce type de recherche s'utilise notamment pour retrouver des formes verbales. (Les verbes français possèdent un nombre élevé de formes fléchies.) La figure 5.10 montre les résultats d'une recherche par troncature menée pour retrouver les variantes du verbe *quitter* dans un corpus de textes d'informatique.

FIGURE 5.10

Requête par troncature pour obtenir les concordances de *quitter*

REQUÊTE : *quitt* *

Si vous voulez simplement <u>quitter</u> cette base de données pour travailler

Donc, si vous désirez <u>quitter</u>, vous pouvez simplement utiliser la commande Quit,

Avant de <u>quitter</u> LOTUS prenez le temps de vérifier si vous avez sauvegardé votre document ...

<u>Quitte</u> un programme d'application (Windows).

lorsque vous accédez au mode interactif en <u>quittant</u> le système d'assistance,

<u>Quittez</u> ensuite le menu de sélection en appuyant sur la touche d'échappement.

[Ctrl-[End] sauvegarde le dernier enregistrement et <u>quitte</u> le mode d'entrée.

Toutefois, ce mode d'interrogation, on s'en doute bien, ne ramène pas toujours des variantes flexionnelles. La troncature trouvera inévitablement des mots ne relevant pas de la même partie du discours. Par exemple, la requête *configur** donne accès à *configurer, configurons, configuraient, configurera*, mais également à *configuration* et *configurable* (cette situation se corrige partiellement au moyen de l'opérateur SAUF dont il est question dans la section suivante).

Par ailleurs, la troncature ne ramène pas les mots dont le radical lui-même varie. Ainsi, une recherche du verbe *pouvoir* à partir de *pouv** ne localiserait pas *peut, peux* ou *peuvent*. Nous verrons, plus loin dans ce chapitre, que l'interrogation de corpus étiquetés et lemmatisés constitue une solution à ce problème.

La troncature est également utile pour réunir certains types de *variantes terminologiques* ou des *séries dérivationnelles*. Ici encore, la troncature peut ramener des formes sans intérêt. Une recherche de mots comportant le même morphème extrait bien entendu des séries de termes valables. Toutefois, elle produit d'autres mots dont la terminaison coïncide avec les critères de la requête, mais pas forcément avec ce que l'utilisateur avait en tête au moment de la formuler. Le tableau 5.1 montre une partie des résultats d'une requête à partir de **ite* dans un corpus médical.

Recherche de deux ou trois termes

Pour contourner les limites de la recherche avec troncature ou d'autres requêtes qui entraîneraient une surenchère de concordances, il est généralement possible d'exclure des chaînes de caractères. Les requêtes sont for-

TABLEAU 5.1

Résultats d'une recherche à partir de **ite* dans un corpus médical

Mots formés avec le morphème -*ite*	Mots se terminant par -*ite*
péritonite	droite
appendicite	petite
entérocolite	ensuite
ostéomyélite	circonscrite
sinusite	
arthrite	

mulées au moyen de l'*opérateur sauf*, qui élimine à l'avance un terme non souhaité dans les résultats.

La figure 5.11 montre comment obtenir toutes les formes fléchies du verbe *conditionner* au moyen d'une troncature en excluant au préalable les occurrences du nom *conditionnement*. Les contextes sont extraits d'un corpus médical.

L'*opérateur ou*, à l'opposé de l'opérateur précédent, ramène un plus grand nombre de concordances. Il permet de cumuler des termes différents et de les trouver tous au moyen d'une seule requête. La figure 5.12 montre les contextes obtenus à la suite d'une requête portant à la fois sur *constitutionalization* et *constitutionalisation* dans un corpus de droit.

Une recherche de ce type est utile pour repérer les contextes contenant des **variantes graphiques**. Toutefois, elle peut également servir à obtenir des contextes pour des **synonymes**, des **antonymes** ou d'autres paires de termes apparentés examinés au chapitre 3.

FIGURE 5.11
Recherche de formes fléchies avec exclusion d'un terme

REQUÊTE : *conditionn* * SAUF *conditionnement*

enfin cette durée d'action conditionne l'espacement des prises quotidiennes.

Une fixation protidique forte conditionne un délai d'action long

Trois facteurs conditionnent l'évolution et la répartition du débit coronaire sous B-bloquants.

existence ou non d'un cycle entéro-hépatique* conditionnent les voies d'élimination

de la maladie et pourrait conditionner de manière déterminante les indications thérapeutiques,

activité vaso-dilatatrice de la trinitrine est conditionnée par la présence de molécules de radicaux

FIGURE 5.12
Recherche de deux variantes graphiques au moyen de l'opérateur OU

REQUÊTE : *constitutionalization* OU *constitutionalisation*

the Court is rushing the process of constitutionalization of fault.

the significance of this status by saying that constitutionalisation of Aboriginal fishing rights,

the constitutionalization of the willful promotion of hatred would not only constitute a breach

The Constitutionalization of Freedom of Expression - The Lifeblood of Democracy.

(a) Principle One: Chartering Rights: The Constitutionalisation of Freedom ...

Opérateurs de proximité

Les recherches dont il est question dans cette section permettent de localiser des combinaisons de termes. Cependant, les modalités varient selon que les formes recherchées sont contiguës (c'est-à-dire placés côte à côte dans les contextes) ou non contiguës (c'est-à-dire plus ou moins éloignés dans les contextes).

L'accès aux mots contigus se fait au moyen de l'*opérateur* ADJAC qui précise que les chaînes recherchées doivent être placées côte à côte (et dans cet ordre). La figure 5.13 montre les résultats d'une recherche à partir de la combinaison *voie sublinguale*.

L'accès aux mots graphiques non contigus se fait en autorisant une *distance* entre eux. Celle-ci est exprimée en caractères ou en mots. La figure 5.14 montre comment les contextes contenant les cooccurrents *moteur* et *tourner* sont dénichés en autorisant l'insertion de 4 mots au maximum entre les deux. La dernière partie du verbe est tronquée afin de retrouver toutes ses formes dans le corpus. Une recherche de termes contigus n'aurait repêché que les trois derniers contextes et aurait laissé tomber les deux premiers.

FIGURE 5.13

Recherche de termes contigus

REQUÊTE : *voie* ADJAC *sublinguale*

Les effets de la trinitrine par voie sublinguale s'avérant fugaces,
des formes utilisables par voie sublinguale, de nombreuses formes sont commercialisées
dérivés nitrés d'action rapide utilisables par voie sublinguale sont utiles
à raison de 10 ou de 20 mg par voie sublinguale

FIGURE 5.14

Recherche de termes en autorisant une distance

REQUÊTE : *moteur* (4 MOTS) *tourn* *

pour amener à une même vitesse un moteur, qui, au départ, tourne à une certaine vitesse
permettre d'établir la communication entre un moteur qui tourne à une certaine vitesse
Si l'on prend par exemple un véhicule à l'arrêt, prêt à démarrer, son moteur tourne au ralenti.
à la suite d'un affolement des soupapes si le moteur tourne en surrégime.
provoquant le débrayage des clabots, et le moteur tourne à vide.

L'interrogation autorisant une distance entre les termes est utile pour retrouver des *collocations*. Comme nous venons de le voir à la figure 5.14, les combinaisons significatives engagent des termes séparés par d'autres mots. Elle sert également à retrouver les occurrences de *termes complexes* qui, comme on l'a vu dans le chapitre 2, peuvent être disjoints pour toutes sortes de raisons.

Recherche de contextes « riches en connaissances »

Même s'ils renferment le terme recherché, certains contextes n'en donnent qu'une simple attestation et ne fournissent pas sur lui des renseignements qui permettront de saisir sa signification. D'autres, en revanche, contiennent des fragments de définition, explicitent une relation lexico-sémantique, ou mentionnent une variante terminologique. Meyer (2001) a proposé l'appellation *contextes riches en connaissances* (de *knowledge-rich contexts*) pour désigner le second groupe de contextes.

Un certain nombre de chercheurs ont élaboré des stratégies visant à isoler ces contextes et ainsi écarter les autres jugés moins utiles. Ces stratégies consistent, le plus souvent, à utiliser le terme comme pivot et à l'assortir d'un *marqueur linguistique* considéré comme un bon indicateur de la nature du renseignement contenu dans le contexte.

Par exemple, la recherche d'*angiographie* précédé du marqueur *appel** (pour retrouver *s'appelle, appelé, on appelle*) risque fort de mener le terminographe vers des contextes où *angiographie* est assorti d'éléments définitoires.

> *On appelle angiographie la technique d'imagerie médicale qui consiste à injecter un produit de contraste [...]*
> *Cette technique d'imagerie s'appelle angiographie et consiste à [...]*

Certains marqueurs linguistiques sont étroitement associés à une relation sémantique ou conceptuelle précise. Par exemple, le marqueur *type de* indique fréquemment une relation d'hyperonymie ; le marqueur *sert à*, quant à lui, précède un segment de phrase où il sera question d'une fonction.

Le tableau 5.2 montre différents marqueurs répertoriés pour le français et qui signalent des liens d'*hyperonymie* et d'*hyponymie*, des liens d'*holonymie* et de *méronymie* ; ainsi que des renseignements sur la *fonction* et les liens de *cause* et d'*effet*. Ces marqueurs sont répertoriés dans Marshman (2002) et dans Marshman *et al.* (2002). Les exemples sont les nôtres.

TABLEAU 5.2

Marqueurs de relations sémantiques ou conceptuelles

Hyperonymie et hyponymie	
est un	*Le portable est un ordinateur de taille réduite.*
forme de	*la sclérose en plaques et autres formes de maladies dégénératives*
comme	*Certains programmes, comme cet éditeur, peuvent être téléchargés*
type de	*On distingue généralement deux types de mémoires : la mémoire vive et la mémoire morte*
sorte de	*Le moteur triphasé et le moteur à quatre temps sont deux sortes de moteurs couramment utilisés*
par exemple	*les relations lexicales, par exemple la synonymie, l'antonymie*
Holonymie et méronymie	
intégrer	*ce modèle de PC intègre un disque dur limité à 340 Mo.*
incorporer	*Sur les systèmes qui contiennent leur propre BIOSZ comme les cartes contrôleur SCSI (interface système pour petits ordinateurs), leur code BIOS sera incorporé au code BIOS du système.*
contenir	*Les acini parotidiens contiennent également des cellules myoépithéliales, éléments contractiles qui permettent un drainage actif de la salive.*
posséder	*Le parasympathique possède des fibres pré-ganglionnaires longues et des fibres post-ganglionnaires courtes*
composé de	*L'exercice des compétences législatives provinciales est confié par ailleurs aux législatures provinciales composées d'un lieutenant-gouverneur et d'une assemblée législative.*
Fonction	
permettre de	*Touches dites de « navigation », permettant de déplacer le curseur ou un objet graphique à l'écran. Exemple: choix d'un article dans un menu.*
servir à	*Keyb sert à configurer le clavier selon le pays (ici, la France et les pays francophones).*
destiné à	*Il possède à l'intérieur des alésages destinés à recevoir les commandes des soupapes (arbre à cames, poussoirs de soupapes, tiges de culbuteurs, etc.),*
Cause – effet	
provoquer	*La réserpine provoque un syndrome parasympathomimétique avec myosis, diarrhée et larmoiement.*
entraîner	*Une vaso-dilatation veineuse qui a pour conséquence une stase sanguine entraînant une diminution du retour veineux et une chute des pressions ventriculaires, une diminution de la taille du cœur.*

La connaissance de ces marqueurs est essentielle pour localiser les contextes directement utilisables dans la préparation d'une description terminographique. Toutefois, il importe de noter que les marqueurs ne sont pas tous univoques et qu'ils se retrouvent parfois dans des contextes peu intéressants de ce point de vue. Par exemple, le marqueur *est un* indique souvent une relation d'hyperonymie mais il peut relier deux termes entre lesquels n'intervient pas cette relation. Les exemples suivants en témoignent.

Si le second répertoire est un sous-répertoire du premier [...]

[...] ne contient que des cartes dont la vedette est un nom d'auteur.

En outre, et cela constitue une limite plus problématique, les contextes intéressants ne sont pas forcément signalés par des marqueurs linguistiques comme ceux qui apparaissent dans le tableau 5.2. D'abord, certains marqueurs sont étroitement liés à un domaine ou à un corpus spécifique. Par exemple, la fonction peut être exprimée par un verbe sémantiquement plein. Il est difficile alors de savoir à l'avance quels marqueurs insérer dans une requête afin de ramener les contextes appropriés. Ensuite, certaines explicitations sémantiques sont fournies entre parenthèses ou entre tirets. Ces indices constituent rarement des marqueurs fiables, puisque la ponctuation sert souvent à indiquer autre chose que des relations sémantiques.

Nous verrons, au chapitre 7, que certains chercheurs vont plus loin malgré les difficultés que nous venons de signaler et tentent de dépister les contextes riches en connaissances de façon automatique.

Organisation des contextes

Nous avons déjà vu que les concordanciers présentent les contextes dans un index KWIC ou en plein texte. Ils ont également recours à différentes techniques pour ordonner les contextes une fois qu'ils ont été dénichés. Certains concordanciers offrent plus d'une possibilité et permettent à l'utilisateur de paramétrer le mode d'organisation des résultats.

D'abord, ils peuvent présenter les contextes simplement en fonction de l'ordre dans lequel ils apparaissent dans le corpus. Certains concordanciers, utilisés davantage en recherche d'information, vont un peu plus loin et procèdent à une évaluation de la pertinence des textes. Cette dernière est estimée au moyen de critères comme le nombre d'apparitions de la chaîne recherchée dans les textes ou la distance qui sépare deux chaînes de caractères.

D'autres modes d'organisation, plus adaptés à la recherche terminographique, s'appuient sur la forme du terme recherché ou sur celle des mots voisins.

Une première méthode consiste à regrouper, dans des séries distinctes, les contextes dans lesquels apparaissent les formes correspondant à la requête. Dans l'exemple de la figure 5.15, le concordancier génère des listes distinctes pour les variantes flexionnelles de *programmer* (*programmant, programme, programmé, programmée, programmées, programmer, programmerait* et *programmez*). Bien entendu, la requête formulée de cette manière ramène des contextes contenant le nom *programme*.

FIGURE 5.15

Concordances ordonnées des variantes de programmer

REQUÊTE : *programm* SAUF *programmation*

programmant
Cette carte génère les caractères en programmant le rayon d'électrons du tube cathodique

programme
Microsoft lancera la nouvelle version de ce programme...
On programme la puce en fonction paramètres ...
Qu'on programme pour le plaisir ou professionnellement...
on utilise ce programme pour le traitement de données numériques

programmé
l'écran peut être programmé pour afficher les données sous forme graphique ou de texte

programmée
S'il s'agit d'une image que vous avez programmée entièrement...

programmées
les applications programmées de cette manière

programmer
Dans cette optique, programmer c'est construire un signe qui va trouver sa place...
Il n'est pas question de programmer le dessin d'une courbe par une imprimante matricielle.

programmerait
Par exemple CPL = 40 si l'on est en taille large, et l'on programmerait alors: LPRINT FN MIL$(40,"MODE d'EMPLOI")

programmez
Vous programmez l'impression de caractères graphiques de votre cru par ESC K ou ESC

Par ailleurs, certains concordanciers ordonnent les contextes en fonction des mots placés autour de la forme recherchée. Le tri se fait soit sur le mot placé à la droite de la forme, soit sur le mot placé à sa gauche. La figure 5.16 montre une série de contextes contenant *maladie*. Ils sont triés en fonction du mot placé à sa droite. La figure 5.17 refait le même exercice pour les concordances de *pulmonaire*. Cette fois-ci le tri est fonction du mot placé à gauche.

Ce dernier type d'organisation est fort utile pour dégager des séries de *termes complexes*. Il permet également de regrouper les *cooccurrents* significatifs lorsque ceux-ci apparaissent dans l'environnement immédiat du terme. Si un cooccurrent est fréquemment utilisé avec un terme donné, il s'agit d'un indice révélateur de son importance.

FIGURE 5.16

Concordances de *maladie* et tri du contexte droit

REQUÊTE : *maladie**

ement l'adulte alors que les	maladies	dysmyélinisantes se rencontrent h
êt de l'exploration vers une	maladie	locale. Cette radiographie des si
es leucodystrophies sont des	maladies	métaboliques d'origine enzymatiqu
demment, il faut évoquer les	maladies	osseuses constitutionnelles dont
d'éviter l'évolution vers la	maladie	postphlébitique. La streptokinase
drénoleucodystrophie est une	maladie	récessive liée au sexe qui débute

FIGURE 5.17

Concordances de *pulmonaire* et tri des chaînes placées à gauche

REQUÊTE : *pulmonaire*

il y a dilation de l'artère	pulmonaire	gauche. Dans 30 % des cas, on cons
dibulum et un tronc artériel	pulmonaire	étroit. Souvent, toutefois, l'infa
e ventricule unique, atrésie	pulmonaire	. Il se caractérise pas un aspect
n cas d'hypervascularisation	pulmonaire	avec l'augmentation de l'index tho
, l'infundibulum et le tronc	pulmonaire	sont hypodéveloppés et étroits mai
igure 2 : sténose valvulaire	pulmonaire	Trait plein : cœur normal. Trait p
comme la sténose valvulaire	pulmonaire	orificielles avec hypertrophies de
apprécier la vascularisation	pulmonaire	. Elle permet d'évoquer le diagnos

Interrogation de corpus alignés

Nous avons vu au chapitre 4 qu'un texte original et l'une de ses traductions peuvent être reliés formellement et constituer ce qu'il est convenu d'appeler un *corpus aligné*. Ce corpus permet au terminographe de travailler sur plus d'une langue à la fois. Il est utile pour repérer rapidement les équivalents d'un terme. De plus, si une forme est polysémique, la consultation des contextes facilite la désambiguïsation de ses sens et le choix de l'équivalent associé à chacun d'entre eux.

La figure 5.18 montre comment le verbe *carry* est utilisé dans un corpus d'informatique et une liste de traductions possibles pour ce verbe, à savoir *exécuter, transmettre, infecter* et *placer*. Les contextes facilitent la désambiguïsation des sens : *exécuter* rend *carry out*, *transmettre* convient lorsque l'objet direct de *carry* est *signal*, *infecter* rend le groupe *carry infection* et, *placer* traduit le verbe lorsque son objet est *information*.

Les textes alignés sont interrogés au moyen de techniques comme celles qui ont été décrites dans les sections précédentes. Toutefois, ils peuvent faire l'objet de fouilles particulières. Évidemment, cela suppose que le concor-

FIGURE 5.18

Concordances alignées à partir du verbe anglais *carry*

REQUÊTE : *carry*

Anglais	Français
[...] and the operating system will be unable to <u>carry</u> out the command it is given [...]	[...] et le système d'exploitation ne pourra exécuter les commandes qu'on lui transmet
A bus is a series of interconnected electrical leads that <u>carry</u> signals.	Un bus est constitué d'une série de conducteurs électriques qui transmettent des
A 32-bit bus can <u>carry</u> data along 32 lines.	Un bus 32 bits peut transmettre des données sur 32 voies simultanément.
[...] text files cannot <u>carry</u> an infection.	[...] les fichiers textes ne peuvent pas être infectés.
[...] information that you want to <u>carry</u> to a different location.	[...] de l'information qu'on souhaite placer à un endroit différent.

dancier mis à contribution est conçu pour repérer les segments associés à chacune des langues représentées.

D'abord, il importe que les recherches tiennent compte des distinctions interlinguistiques. Certains mots ont des formes identiques dans des langues distinctes (ex. *virus* ou *programmable* sont utilisés en anglais et en français). Si le concordancier ne fait pas cette distinction, il retrouvera des contextes dans les deux langues.

Par ailleurs, il est parfois utile de préciser des conditions de recherche dans chacune des langues. Dans un premier cas, la recherche porte sur un terme dans la première langue mais cible une traduction spécifique. Par exemple, la requête de la figure 5.19 montre une recherche sur le verbe *infect*, mais précise que le segment associé doit contenir le terme *infecter*. La requête fait appel à l'*opérateur ET* qui retourne des contextes où les deux conditions sont respectées. Les verbes anglais et français sont tronqués pour permettre l'extraction de contextes contenant également des formes fléchies. Une seconde possibilité consiste à rechercher un terme dans une première langue et à exclure une traduction. La figure 5.20 montre que le segment français ne doit pas contenir une forme du verbe *infecter*.

FIGURE 5.19

Recherche d'un terme anglais et d'une traduction spécifique

REQUÊTE : *infect** EN ANGLAIS ET *infect** EN FRANÇAIS

Anglais	Français
A virus which <u>infects</u> a .dll file will automatically infect ...	Un virus qui <u>infecte</u> un fichier .dll infectera automatiquement...[...]
... it comes as no surprise to find that the vast majority of known viruses <u>infect</u> program files...	... il n'est pas surprenant de constater que la grande majorité des virus connus <u>infectent</u> les fichiers système...
These software installations can be very helpful in restoring <u>infected</u> workstations.	Ces logiciels peuvent se révéler très utiles pour remettre dans leur état initial des postes de travail <u>infectés</u>.
If a user leaves an <u>infected</u> disk in the floppy drive, the PC will become <u>infected</u> as the result.	Si l'utilisateur laisse un disque <u>infecté</u> dans le lecteur, cela risque de contaminer l'ordinateur lui-même.

FIGURE 5.20

Recherche d'un terme anglais et exclusion d'une traduction

REQUÊTE : *infect** EN ANGLAIS SAUF *infect** EN FRANÇAIS

Anglais	Français
Downloading potentially <u>infected</u> files is too easy.	Télécharger des fichiers potentiellement contaminés est devenu trop facile.
This allows security-conscious organisations to remove <u>infected</u> files	Cette technique permet aux enterprises soucieuses de la sécurité de supprimer les fichiers contaminés.
RTF files cannot contain macros, so they cannot be <u>infected</u> with a macro virus.	Les fichiers .rtf ne peuvent pas renfermer de macros. Donc, ils ne peuvent être touchés par un virus conçu pour s'insérer dans les macros ...

Interrogation de corpus étiquetés

Les dernières techniques d'interrogation examinées dans le présent chapitre exploitent les *corpus étiquetés*. Même si elles sont étudiées à la toute fin, elles revêtent un intérêt de premier plan pour la terminographie.

Les concordanciers exploitent les corpus étiquetés de différentes manières. Les requêtes portent sur les étiquettes elles-mêmes (qui explicitent une partie du discours ou un lemme) ou, encore, elles combinent l'information contenue dans les étiquettes et les chaînes de caractères proprement dites.

Le premier intérêt de l'interrogation de textes étiquetés est la possibilité de formuler des requêtes sur des termes qui ont été désambiguïsés. Par exemple, une recherche de *cause* en précisant l'étiquette nominale dans un corpus de textes juridiques ramène les contextes pertinents et exclut les occurrences où *cause* est employé comme verbe. La figure 5.21 illustre ce type de requête et les contextes qu'elle ramène.

Ce type de recherche est également utile pour retourner une série de cooccurrents appartenant à une partie du discours. La figure 5.22 montre comment extraire les cooccurrents adverbiaux de *tourner* dans un corpus de mécanique. La requête précise qu'on souhaite obtenir les occurrences de *tourner* et de ses formes fléchies immédiatement suivies de mots graphiques étiquetés adverbes.

La recherche peut également porter sur les étiquettes en tant que telles. La figure 5.23 montre une série de contextes extraits d'un texte de droit

FIGURE 5.21

Recherche de *cause* étiqueté comme nom commun

REQUÊTE : *cause*$/_{NC}$

Les franco-catholiques portèrent leur <u>cause</u>$/_{NC}$ devant les tribunaux.

De plus, même si l'on se trouve en présence d'une <u>cause</u>$/_{NC}$ de discrimination qu'il ne pouvait constituer la « juste <u>cause</u>$/_{NC}$ » exigée par le texte constitutionnel.

Après avoir lui-même entendu la <u>cause</u>$/_{NC}$ le juge Hugessen condamna l'avocat fautif.

CONTEXTES NON RELEVÉS

S'il faut convenir avec Caron et Perret que le principe général selon lequel celui qui, par sa faute, cause$/_{VERBE}$ un dommage à autrui doit le réparer.

Le principe général selon lequel celui qui cause$/_{VERBE}$ un dommage à autrui.

FIGURE 5.22

Recherche des cooccurrents adverbiaux du verbe *tourner*

REQUÊTE : *tourn** ADJAC *$/_{ADV}$.

un rotor spiralé <u>tourne excentriquement</u>$/_{ADV}$ dans un stator hélicoïdal interne

Afin de les <u>tourner intérieurement</u>$/_{ADV}$ les segments sont ensuite introduits dans un mandrin creux

L'ensemble tourne rond$/_{ADV}$ si les trois éléments tournent rond$/_{ADV}$ (coaxialité).

de désengrener seulement la roue C en faisant <u>tourner légèrement</u>$/_{ADV}$ la tête de cheval

afin d'attendre que le baladeur et le pignon J <u>tournent rigoureusement</u>$/_{ADV}$ à la même vitesse.

un dispositif à deux douilles de même degré d'excentrement et pouvant <u>tourner concentriquement</u>$/_{ADV}$ l'une par rapport à l'autre.

L'un des pignons <u>tourne fou</u>$/_{ADV}$ sur son axe...

d'un engrenage moteur entraînant un engrenage <u>tournant fou</u>$/_{ADV}$ sur son arbre.

L'arbre à cames <u>tourne directement</u>$/_{ADV}$ dans le carter-moteur

FIGURE 5.23

Recherche de termes étiquetés comme adjectif dans un corpus juridique

REQUÊTE $/_{ADJ}$

```
e juge des moyens alternatifs moins attentatoires/ADJ  au droit des médias à la confidentia
e preuve n' est pas le seul facteur  constitutif/ADJ   d'une situation d'urgence. Il y a to
ir en prison ou lors d' un contrôle    douanier/ADJ    résulte de la situation dans laquell
it aussi de cet article un contrôle   judiciaire/ADJ   des expropriations . Ces cinq condit
torité qui délivre une autorisation   préalable/ADJ    doit se fonder pour le faire . Quand
```

FIGURE 5.24

Recherche de deux parties du discours

REQUÊTE */$_{VERBE}$ (1 MOT) */$_{NC}$

pour les efforts radiaux,	adopter/$_{VERBE}$	un	outil/$_{NC}$.	à arêtes perpendiculaires à
ent des axes broche-trou:	aligner/$_{VERBE}$	par	déplacement/$_{NC}$	de la table afin de réduire
à 50 (pour la fonte) ils	appliquent/$_{VERBE}$	le	coefficient/$_{NC}$	0,6). Le temps de manipulat
fraises-alésoirs en bout	calibrent/$_{VERBE}$	en	qualité/$_{NC}$	H 7 jusqu'au diamètre 60 mm
ilisation est incertaine,	desserrer/$_{VERBE}$	après	ébauche/$_{NC}$	et fixer à nouveau après re

FIGURE 5.25

Recherche du lemme *tourner*

REQUÊTE : VERBE_*tourner*

Le réglage s'effectue en faisant tourner/$_{VERBE\_tourner}$ la roue dans le sens marche avant

Pour obtenir des vitesses périphériques rigoureusement identiques on a tourné/$_{V\_tourner}$ la difficulté en utilisant des engrenages toujours en prise.

Même sous tension, la machine ne tourne/$_{VERBE\_tourner}$ pas à la main:

Le porte-tourillon tourne/$_{VERBE\_tourner}$ autour de l'axe vertical x

Contextes exclus (mais qui auraient été retenus dans une recherche à partir de tourn*)

l'organe de commande est constitué par un manchon tournant/$_{ADJ\_tournant}$ agissant

Ce cas de chargement correspond à celui qui se produit dans toutes les machines tournantes/$_{ADJ\_tournant}$

contenant des adjectifs[5]. La figure 5.24, quant à elle, montre des concordances contenant des verbes et des noms en autorisant l'insertion d'un élément entre les deux. Le corpus fouillé contient des textes de mécanique[6].

Enfin, si les textes étiquetés indiquent le *lemme*, l'interrogation permet de ramener toutes les formes différentes du même terme. Ce type d'interrogation a les avantages de la recherche avec troncature (puisqu'elle ramène des formes variables), mais n'en a pas les inconvénients (puisque les formes sont désambiguïsées, elle ne tient pas compte des autres formes linguistiques ayant des caractères en commun). La figure 5.25 montre les résultats d'une requête menée sur *tourner* dans un texte comportant des étiquettes de lemmes.

5. Ces concordances ont été extraites à l'aide d'un programme maison mis au point par Patrick Drouin.
6. Ces concordances ont été générées au moyen de Concorde++ mis au point par Denis L'Homme.

Conclusion

Les corpus spécialisés renferment toutes sortes de données utiles pour la terminographie. Les concordanciers font le tri dans un amas de chaînes de caractères au départ indifférenciées et ramènent les données dans un ordre défini par le terminographe.

L'indexation à laquelle procèdent de nombreux concordanciers produit des listes qui révèlent les termes les plus fréquents ou les termes apparentés formellement, et ce, avant de lancer une recherche proprement dite dans le corpus.

Le terminographe a également la possibilité de formuler des requêtes afin de cibler des termes ou des contextes spécifiques. La troncature retrouve les formes variables d'un terme ; les opérateurs OU et SAUF permettent de préciser deux termes dans une requête ; OU recherche toutes les occurrences des deux termes spécifiés ; SAUF exclut le second terme des résultats. Le terminographe peut localiser des termes contigus ou des termes séparés par quelques mots. Enfin, il isole des contextes « riches en connaissances » au moyen de requêtes qui incorporent des marqueurs linguistiques.

L'interrogation de textes alignés présente les équivalents possibles d'un terme dans une langue donnée. Les corpus étiquetés, quant à eux, offrent la possibilité de mener des interrogations à un niveau plus général puisque ces dernières sont formulées sur des parties du discours ou des lemmes.

Les contextes dans lesquels les termes apparaissent sont présentés et ordonnés selon des paramètres différents. Les index KWIC permettent de jeter un coup d'œil rapide aux occurrences d'un terme ; l'affichage plein texte offre un panorama plus large sur son environnement textuel. Les contextes sont ensuite ordonnés par ordre d'apparition dans le texte ou en fonction de la forme du terme recherché ou de celle des mots voisins.

Suggestions de lectures

On trouvera dans Barnbrook (1996) une présentation des différentes fonctions des concordanciers. Le chapitre 7 de Bowker et Pearson (2002) donne une foule de pistes pour exploiter les possibilités des concordanciers.

La recherche des contextes « riches en connaissances » est abordée dans Pearson (1998) et Meyer (2001). Marshman *et al.* (2002) dressent une liste des marqueurs linguistiques les plus significatifs pour le français.

Habert *et al.* (1997) abordent les techniques d'étiquetage et décrivent de multiples utilisations possibles des textes étiquetés.

6

EXTRACTION DE TERMES

There is no fully operational definition of terms (Gaussier 2001 : 168).

Automatiser le plus possible...

Les données terminologiques recherchées par le terminographe et que nous avons eu l'occasion de décrire aux chapitres 4 et 5 peuvent être extraites automatiquement. Un ensemble de techniques, dont il sera question dans le présent chapitre et le suivant, recherchent et ramènent une partie de ces données sans l'intervention préalable de l'utilisateur.

La plupart des programmes d'extraction de données terminologiques sont conçus pour retrouver les termes. Ces programmes appelés *extracteurs de termes* ratissent un corpus et sont censés proposer à un utilisateur les termes qui s'y trouvent. Ils doivent donc, comme le terminographe, prendre des décisions sur la nature des unités lexicales. Ils s'appuient, pour y parvenir, sur des indices qui diffèrent en partie de ceux sur lesquels se fonde le terminographe et que nous avons passés en revue au chapitre 2.

Nous aurons l'occasion de montrer qu'il est extrêmement difficile d'automatiser entièrement l'extraction de termes. Les extracteurs, même si de nombreuses améliorations sont apportées constamment, proposent à l'utilisateur des listes que celui-ci devra épurer ou enrichir. Nous verrons les difficultés principales sur lesquelles achoppent les extracteurs et certaines de leurs limites.

Quels sont les indices sur lesquels peut s'appuyer un extracteur de termes ?

L'objectif visé par un *extracteur de termes* est de trouver dans un texte ou un ensemble de textes les mots graphiques ou les suites de mots graphiques susceptibles d'être des termes. La figure 6.1 illustre ce que le terminographe attend de ce logiciel. Dans l'exemple choisi, il lui confie un texte d'informatique. Après l'avoir traité, l'extracteur doit produire une liste contenant les termes apparaissant dans le texte, comme *barre d'adresse, page Web* et *programme.*

La tâche est colossale, puisque c'est un outil informatique qui doit reconnaître les termes dans une masse au préalable indifférenciée d'unités lexicales. Même le terminographe peut éprouver des difficultés à se prononcer sur le *statut terminologique* d'une unité dans un domaine qu'il connaît encore mal.

Ainsi, on s'entend généralement pour dire que les extracteurs ramènent des *candidats-termes*, à savoir des mots ou des suites de mots qui sont susceptibles d'être des unités terminologiques. Les candidats-termes sont placés

FIGURE 6.1

Tâche confiée à un extracteur de termes

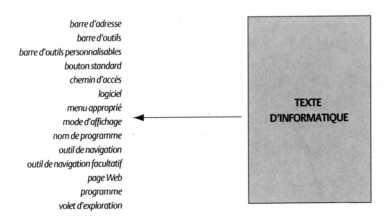

dans une liste que devra écrémer le terminographe. Par exemple, dans la liste de la figure 6.1, les suites *menu approprié* et *outil de navigation faculta-tif* ne sont pas des termes qu'on retiendrait dans un dictionnaire d'infor-matique. De plus, il est permis de s'interroger sur le statut terminologique des suites *bouton standard* et *nom de programme*.

Nous avons vu au chapitre 2 que l'identification d'un terme repose sur le lien qu'on peut établir entre son sens et un domaine de spécialité, donc sur des connaissances extra-linguistiques. Nous avons également eu recours à certains tests lexico-sémantiques afin de valider des intuitions sur le sens des termes. Or, il s'agit de renseignements que ne peut pas exploiter direc-tement un extracteur. La citation de Gaussier reproduite au début du pré-sent chapitre illustre bien la difficulté de fournir des paramètres opération-nels à un outil informatique. Celui-ci doit s'appuyer sur d'autres indices dont nous donnons un aperçu ci-dessous.

- La fréquence : La fréquence et la répartition d'une unité dans un ensemble de textes représentatifs constituent de bons indices de son sta-tut terminologique. Un terme significatif sera normalement utilisé à plu-sieurs reprises dans un texte spécialisé. L'évaluation de la fréquence, lors-qu'il s'agit de repérer des termes, repose, comme nous le verrons, sur des paramètres différents.

- La prédominance de termes de nature nominale : Nous avons vu, au cha-pitre 2, que la partie du discours privilégiée dans les travaux de termi-nologie est celle du nom. Un très grand nombre d'extracteurs de termes sont conçus pour rechercher des noms uniquement.

- La complexité des termes : De nombreux termes sont complexes (ex. *mémoire vive, ordinateur portable, varan de Comodo*) et certains croient qu'il s'agit du mode de formation le plus courant. Beaucoup d'extracteurs ne recherchent que les termes complexes en tenant pour acquis qu'ils dégageront ainsi la plus grande partie de la terminologie d'un domaine.

- Le nombre fini de séquences pouvant constituer un terme complexe : Des travaux ont montré que les termes complexes se construisent au moyen d'un nombre fini de séquences de parties du discours. En effet, la plupart des termes complexes français se composent d'un nom modifié par un adjectif (ex. *mémoire vive, droit constitutionnel*), par un autre nom (ex. *carte mère*) ou par un syntagme prépositionnel (ex. *droit des affaires, machine à calculer*). Des extracteurs sont conçus pour rechercher ces séquences.

Chaque extracteur de termes fait appel à une partie de ces indices et le fait de manière différente. Les sections suivantes décrivent les stratégies les plus courantes.

Repérer des termes fréquents par comparaison à un autre corpus

Le chapitre 5 a montré qu'une indexation et un tri par fréquence décroissante informaient le terminographe sur le contenu d'un texte ou d'un corpus. De plus, en écartant les mots grammaticaux et autres mots très fréquents au moyen d'une *liste d'exclusion*, il obtient un portrait des thèmes les plus importants (se reporter à la figure 5.9 pour un exemple appliqué à un corpus juridique). Dans les textes spécialisés, les thèmes centraux risquent fort de correspondre à des termes que retiendrait un terminographe dans un dictionnaire ou une banque de terminologie.

Cette première technique est relativement simple à mettre en œuvre et rend des services en terminographie. Toutefois, la fréquence n'est calculée qu'en fonction du nombre d'occurrences d'un mot dans un texte ou un ensemble de textes. Or, un mot peut être fréquent dans un texte sans forcément avoir un réel statut terminologique. À l'inverse, un mot peu fréquent peut être un terme central.

Une autre stratégie consiste à évaluer la fréquence des mots indexés dans un corpus spécialisé en la comparant à celle des mots apparaissant dans un *corpus de référence*. Le principe général de cette approche repose sur l'idée voulant que des termes spécifiques aient une fréquence « anormalement » élevée dans le texte spécialisé. Les formes plus fréquentes seront vraisemblablement centrales dans le texte comparé.

Pour être significative, la comparaison doit mettre en jeu des corpus de natures différentes. Par ailleurs, le choix des textes du corpus de référence est déterminant pour livrer des résultats significatifs. Normalement, ce dernier est composé de textes de natures diverses reflétant la langue prise dans son ensemble et est souvent plus volumineux que le corpus comparé.

La figure 6.2 illustre les principes généraux de la technique. Dans l'exemple choisi, on cherche à dégager les mots graphiques dont la fréquence est anormalement élevée dans un texte de mécanique.

La liste produite après la comparaison présente des résultats utiles pour le terminographe, puisque les formes de fréquence élevée risquent fort de cor-

FIGURE 6.2

Comparaison d'un document à un corpus de référence

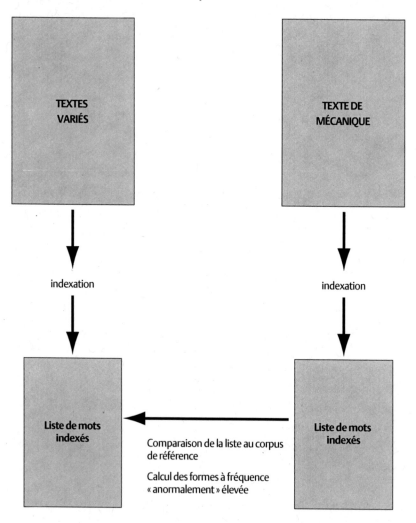

respondre à des termes. Le tableau 6.1 montre les 25 premières entrées produites à la suite de la comparaison d'un corpus de mécanique de 25 000 mots et d'un corpus de référence composé de textes de différentes natures (juridiques, informatiques, médicaux, etc.) contenant près de 1 800 000 mots[7].

La liste présente les formes indexées accompagnées de l'information suivante :

TABLEAU 6.1

**Liste produite à la suite de la comparaison d'un corpus
de mécanique et d'un corpus de référence**

Mot	1	2	3	4	5
moteur	154	0,61	255		1450,3
couple	106	0,42	49		1197,6
outils	99	0,39	201		219,0
rotor	59	0,23	0		774,0
pneumatiques	55	0,22	0		721,6
machines	72	0,29	127		684,5
vitesse	111	0,44	1 696		626,9
perceuse	45	0,18	0		590,3
piston	56	0,22	58		576,8
serrage	46	0,18	4		575,6
air	69	0,27	267		564,8
outil	47	0,19	14		530,3
de	1854	6,28	605 121	3,40	509,1
à	862	3,42	258 056	1,45	492,6
réglage	42	0,17	0		488,0
machine	58	0,23	248		464,5
rotation	68	0,27	557		463,7
poignée	35	0,14	0		459,1
puissance	61	0,24	441		430,1
comprimé	54	0,21	237		429,9
broche	33	0,13	2		417,6
opérateur	38	0,15	29		406,9
hz	33	0,13	5		403,3
dispositif	50	0,20	266		380,7
mm	84	0,33	2 350	0,01	378,1

7. La liste a été produite par une version de démonstration de WordSmith Tools.

- Colonne 1 : Nombre d'occurrences du mot dans le corpus comparé ;
- Colonne 2 : Pourcentage des occurrences du mot indexé par rapport aux autres mots contenus dans le corpus ;
- Colonne 3 : Nombre d'occurrences du mot dans le corpus de référence ;
- Colonne 4 : Pourcentage des occurrences du mot indexé par rapport aux autres mots contenus dans le corpus de référence (lorsque le pourcentage est trop faible ou nul, il n'est pas indiqué) ;
- Colonne 5 : Évaluation de la fréquence par rapport au corpus de référence : cette valeur tient compte de la fréquence du mot indexé dans le corpus comparé proportionnellement à celle observée dans le corpus de référence ;
- Colonne 6 : Les résultats sont ordonnés en fonction de l'évaluation de la fréquence par rapport au corpus de référence. La fréquence « anormale » la plus importante est placée en tête de liste.

Un examen attentif de cette liste montre qu'elle renferme de nombreux termes de mécanique, comme MOTEUR, COUPLE, PISTON ou ROTOR. Certains de ces termes sont carrément absents du corpus de référence, ce qui constitue un indice encore plus convaincant en ce qui concerne leur statut terminologique. D'autres termes, qui n'apparaissent que rarement dans le corpus de référence, sont proportionnellement beaucoup plus fréquents en mécanique.

Malgré l'intérêt que présente la liste de la figure 6.1, il ne faut pas taire ses limites. Les mots ainsi classés ne sont pas tous des termes de mécanique. *Vitesse* et *mm* ont des fréquences « anormalement élevées » dans le corpus comparé, mais il ne s'agit pas de termes qu'un terminographe retiendrait dans un dictionnaire de mécanique. Rappelons de plus qu'il s'agit de la première partie de la liste. Il est probable que moins le poids attribué aux mots est élevé, plus ceux-ci sont problématiques quant à leur statut terminologique.

Plus grave encore, il est probable que certains termes n'aient pas une fréquence suffisamment significative pour les placer assez haut dans la liste produite à la suite de la comparaison au corpus de référence. Les formes polysémiques peuvent être occultées complètement si une de leurs acceptions est aussi fréquente dans le corpus de référence.

On constate — et cette observation est valable pour toutes les listes de mots indexés que nous avons présentées jusqu'à maintenant qu'on procède ou non par comparaison — que les mots sont analysés un à un sans prise en compte de la variation flexionnelle. Par exemple, dans le tableau 6.1, les fréquences de *machine* et *machines* sont évaluées séparément. Le même calcul appliqué à des index de termes lemmatisés entraînerait des déplacements dans la liste. Il est vrai qu'il est tout à fait possible de faire cette comparaison entre des listes de mots lemmatisés, mais ce raffinement nécessite des traitements linguistiques supplémentaires.

Enfin, ces listes ne permettent pas de savoir si les mots relevés sont des *termes simples* ou plutôt des parties de *termes complexes*. Par exemple, jetons un coup d'œil aux entrées *air* et *comprimé*. S'agit-il réellement de deux termes simples dans tous les cas ? Il est permis de croire qu'une partie des occurrences de chacun servent à former le terme complexe AIR COMPRIMÉ.

Les extracteurs de termes abordés aux sections suivantes s'attaquent précisément à ce dernier problème. Toutefois, comme on le verra, les techniques mises en œuvre pour retrouver des termes complexes ne misent pas toutes sur les mêmes indices.

Extraire des chaînes de caractères apparaissant « souvent » ensemble

Groups of candidate terms of lower frequency have lower quality than groups of candidate terms of higher frequency ; and the most frequent strings recovered from technical text are almost always valid technical terms (Justeson et Katz 1995 : 8).

Pour corriger une des imperfections signalées à la section précédente, à savoir dénicher des termes complexes, certains programmes informatiques recherchent des *mots graphiques* qui apparaissent ensemble de façon récurrente dans un corpus spécialisé.

Nous examinerons deux techniques dans les sections qui suivent. Dans les deux cas, les traitements sont appliqués à des *textes bruts* et s'appuient sur des indices de fréquence. Nous avons déjà eu recours à des indices de ce genre pour retrouver des termes simples. Toutefois, nous verrons que les paramètres mis en œuvre pour dénicher des termes complexes ne sont pas les mêmes. Ici, ce n'est pas la consultation d'un corpus de référence qui permet de mesurer l'importance quantitative des mots graphiques, mais plutôt le fait que des suites composées de deux mots graphiques ou plus apparaissent souvent ensemble dans les textes spécialisés.

Rechercher des segments répétés

Une première technique étudiée dans cette section, appelée *calcul des segments répétés*, parcourt les textes spécialisés et recherche des suites de mots graphiques qui se succèdent un nombre déterminé de fois dans les textes spécialisés. Reproduisons, à la figure 6.3, un extrait de texte médical déjà cité au chapitre 4. Voyons quelles sont les séquences de mots graphiques apparaissant plus de deux fois.

Le calcul des segments répétés appliqué tel quel sans aucune autre forme d'intervention permet effectivement de dégager des séquences correspondant à des termes complexes, par exemple *extrasystole ventriculaire* et *bloc de branche*, puisqu'ils apparaissent trois fois dans le court extrait. Toutefois, il ramène des suites de mots qui ne sont pas des termes, par exemple *s'il s'agit*. De même, *bloc de branche* apparaît deux fois précédé de la préposition *de*. Il sera donc proposé dans la suite plus longue *de bloc de branche* avec la fréquence 2.

Pour rectifier le tir et retenir des suites de mots potentiellement intéressantes pour le terminographe, l'extracteur procède à un filtrage en faisant intervenir une *liste d'exclusion*. Si la recherche porte sur des termes complexes, cette liste écartera les suites dont le premier ou le dernier mot est un déterminant (*le, la*) ou une préposition (*de*) puisque ces mots graphiques placés avant ou après le segment relevé ne contribuent pas à former des termes. Pour les mêmes raisons, il mettra de côté les entrées qui renferment un verbe conjugué. Le filtrage réalisé pour le texte qui précède donne les résultats illustrés à la figure 6.4.

Le calcul des segments répétés nécessite l'établissement d'un seuil de fréquence minimal en deçà duquel les suites ne sont pas extraites. Ce seuil varie en fonction de la taille du corpus, mais il reste toujours arbitraire.

FIGURE 6.3

Extrait d'un texte médical

L'extrasystole ventriculaire se définit comme une dépolarisation ventriculaire prématurée, non précédée par (ou sans relation chronologique fixe avec) une onde P, le ventriculogramme étant large (supérieur à 0,12 s.), et déformé avec aspect soit de <u>bloc de branche</u> droit <u>s'il s'agit d'une extrasystole ventriculaire</u> naissant <u>du ventricule</u> gauche, soit de <u>bloc de branche</u> gauche s'il <u>s'agit plutôt d'une</u> forme <u>d'extrasystole ventriculaire</u> qui naît du ventricule droit. La repolarisation est inversée avec une onde T négative. Le diagnostic d'extrasystole ventriculaire est le plus souvent simple sur l'électrocardiogramme de surface, le seul « piège » étant une extrasystolie supra-ventriculaire avec <u>bloc de branche</u> fonctionnel.

FIGURE 6.4

Épuration d'un calcul des segments répétés

Séquences contenues dans la liste brute	Fréq.
extrasystole ventriculaire	3
de bloc de branche	2
s'il s'agit	2
bloc de branche	3

Liste d'exclusion

séquence commençant ou se terminant par une préposition

séquence commençant ou se terminant par un déterminant

séquence contenant un verbe conjugué

Liste définitive

extrasystole ventriculaire

bloc de branche

D'une manière ou d'une autre, cette technique ne ramène jamais des termes complexes qui n'apparaissent qu'une seule fois dans un corpus spécialisé. Donc, pour livrer des résultats intéressants, elle est exploitée sur des corpus de taille raisonnable. Par exemple, on remarque que l'application de cette technique au court extrait de la figure 6.3 ne ramène pas les séquences *extrasystolie supra-ventriculaire* ou *électrocardiogramme de surface* qui correspondent pourtant à des termes.

Mesurer le degré d'association

Un second ensemble de techniques cherche à mesurer, en mettant en œuvre différents calculs statistiques, le caractère non accidentel de la combinaison de deux mots graphiques. Ces techniques se fondent sur le principe que nous appellerons *association forte*, voulant que l'association récurrente de certains mots ne soit pas attribuable uniquement au hasard.

Pour illustrer le principe de l'association forte entre deux mots graphiques, reprenons l'exemple d'*air comprimé* cité plus haut. La séquence nous échappe si on compare une liste de termes de mécanique à un corpus de référence puisque les résultats nous donnent uniquement des mots graphiques.

Toutefois, un examen attentif de *comprimé* dans un corpus de mécanique de 50 000 mots révèle qu'il apparaît au total 85 fois. Dans 81 cas, il succède à *air*; dans les 4 cas qui restent, il est utilisé dans une autre combinaison. De même, *air* apparaît 123 fois et, dans 85 cas, il précède *comprimé*; il fait aussi partie de 38 autres combinaisons. Il est donc permis de penser que la combinaison *air* + *comprimé* est significative et se caractérise par une association forte.

Voyons maintenant comment mettre en œuvre un *calcul statistique* sur des paires de mots graphiques afin de valider l'intuition qu'on peut avoir sur le type d'association qui existe entre eux. L'idée générale est de voir si les mots d'une combinaison apparaissent plus fréquemment ensemble qu'ailleurs dans le texte dans d'autres combinaisons.

Notre calcul se fera sur des *couples* qui ne constituent pas forcément des mots graphiques contigus, contrairement au calcul des segments répétés. Les couples sont formés à partir de ce qu'il est convenu d'appeler une *fenêtre.*

Notre fenêtre contiendra un premier mot graphique que nous appellerons le *nœud.* De part et d'autre du nœud, apparaissent un nombre fixe de mots numérotés de 1 à n (et de -1 à -n). La taille de la fenêtre peut toutefois varier en fonction de ce qu'on tente d'extraire. Dans l'exemple de la figure 6.5, nous avons défini une fenêtre de 5 mots comprenant le nœud et d'autres mots.

L'étape suivante consiste à former des couples qui contiendront le nœud et les autres mots apparaissant dans la même fenêtre. Ainsi, on obtient pour le mot *air*, quatre couples contenant deux éléments que nous présentons

FIGURE 6.5

Définition d'une fenêtre autour d'un mot simple faisant l'objet d'un calcul

-2	-1	nœud	1	2
pressions	d'	air	comprimé	sont

au tableau 6.2. Évidemment, un texte spécialisé générera une multitude de couples semblables. De plus, plusieurs couples seront répétés.

Le calcul mis en œuvre porte sur les deux membres de chacun des couples. Il prend en compte les informations suivantes :

- Le nombre de couples où les deux éléments apparaissent ensemble (x et y) ;
- Le nombre total de couples où x est présent ;
- Le nombre de couples où y est présent ;
- Le nombre total de mots dans le corpus ; ce nombre servira de point de référence pour estimer une probabilité.

Reproduisons les valeurs obtenues pour les couples *air + comprimé* et *air + sont* dans le tableau 6.3. Nous avons construit des couples à partir d'un corpus de mécanique de 50 000 mots.

Différents calculs peuvent être appliqués aux valeurs du tableau 6.4. Nous aurons recours à un calcul qui permet de valider un principe théorique appelé *information mutuelle*. Le calcul, tel que nous le présentons, a été exploité par Church et Hanks (1990). Il est vrai que les chercheurs ne visaient pas des applications terminographiques (ils ciblaient plutôt la lexicographie), mais ces calculs ont inspiré de nombreux travaux de terminologie computationnelle. La formule utilisée par Church et Hanks (1990) est reproduite à la figure 6.6.

La *probabilité* associée au couple (x,y), d'une part, et à chacun des éléments du couple x et y, d'autre part, est estimée en tenant compte du nombre total d'occurrences de (x,y), de x et de y sur le nombre total des mots du corpus.

TABLEAU 6.2

Couples identifiés dans une fenêtre

Couple	Mot x	Mot y
air comprimé	air	comprimé
air sont	air	sont
d'air	d'	air
les air	les	air

TABLEAU 6.3

Valeurs associées à deux couples

	air comprimé	air sont
Nombre d'occurrences du couple (x, y)	81	2
Nombre total d'occurrences de (x)	123	123
Nombre total d'occurrences de (y)	85	512
Nombre total de mots dans le corpus	50 000	50 000

FIGURE 6.6

Méthode de calcul de l'information mutuelle

$$IM(x.y) = log_2 \frac{P(x.y)}{P(x)\,P(y)}$$

Où :
IM renvoie à information mutuelle
x renvoie au premier mot du couple
y renvoie au second mot du couple
P renvoie à une probabilité

Appliquons maintenant le calcul à partir des données reproduites dans le tableau 6.3. Les fréquences et les probabilités pour chacun des éléments et couples sont reproduites dans le tableau 6.4.

Le calcul donne un *poids* à chacun des couples. *Air + comprimé* obtient un poids plus élevé que *air + sont*, à savoir 8,6344 contre 0,6671, ce qui montre que le degré d'association entre les éléments du premier couple est plus élevé que celui observé dans le second. Selon Church et Hanks (1990), les couples qui obtiennent un poids plus élevé que 3 se révèlent intéressants, alors que les couples qui se situent sous cette barre le sont moins. Les chiffres du tableau 6.4 confirment cette observation.

Rappelons, cependant, qu'on ne cherchait pas précisément à extraire des termes complexes. Le calcul de l'information mutuelle — et cela reste valable pour d'autres calculs servant à mesurer le degré d'association entre des mots graphiques — ramène des termes complexes, mais également d'autres séquences. Parmi les couples cités par Church et Hanks (1990), se trouvent

TABLEAU 6.4

Fréquences et probabilités de couples et des éléments qui les composent

	Occurrences	P	IM
air	123	0,00246	
comprimé	85	0,0017	
sont	512	0,01024	
air comprimé	81	0,00162	8,6344
air sont	6	0,00004	0,6671
Nombre total de mots	50 000		

des couples comme *honorary doctor* et *doctor bills* qui sont effectivement des syntagmes nominaux. Toutefois, la mesure accorde un poids élevé à d'autres couples comme *doctors treat, examined doctor, doctor visits*, qui sont plutôt des collocations, ainsi que d'autres couples comme *doctors nurses* et *doctors hospitals* qui révèlent une relation sémantique. Même si les données ne sont pas distinguées les unes des autres, le calcul de l'information mutuelle présente l'avantage d'écarter les suites dont l'association est faible.

Les apports des stratégies d'extraction de mots apparaissant souvent ensemble

Les deux techniques examinées dans les sections qui précèdent, à savoir le calcul des segments répétés et le calcul de l'information mutuelle, présentent un certain nombre d'avantages puisqu'elles sont directement exploitables sur des textes bruts.

De plus, comme elles traitent des chaînes de caractères et non des informations linguistiques, elles ne sont pas rattachées à une langue en particulier. Les mêmes calculs peuvent être faits sur des textes rédigés dans des langues différentes.

Toutefois, nous avons vu que les deux méthodes dans leur plus simple expression repêchent des suites de mots graphiques qui ne sont pas des termes complexes que rechercherait normalement le terminographe. Il importe alors de mettre au point des filtrages pour nettoyer une première liste et retirer les éléments jugés inutiles pour une application donnée. Ces filtrages s'aligneront forcément sur la langue traitée. Nous verrons plus loin que les calculs peuvent s'étendre à des séquences dont l'extraction s'appuie préalablement sur des indices linguistiques.

Extraire des séquences de parties du discours

> *In technical text [...] lexical NPs are almost exclusively terminological* (Justeson et Katz 1995 : 2).

La recherche de mots utilisés souvent ensemble (par un calcul de segments répétés ou un calcul de l'information mutuelle) n'est pas l'unique méthode mise en œuvre pour retrouver des termes complexes. Un second ensemble de techniques ne met pas d'emblée l'accent sur la fréquence mais cherche à dégager des séquences régulières de *parties du discours*.

Ces techniques sont fondées sur l'hypothèse voulant que la plupart des termes complexes soient des *syntagmes nominaux*. Il s'agit d'un des indices cités au début de ce chapitre. La citation de Justeson et Katz reproduite au début de cette section montre que les chercheurs tiennent pour acquis que, dans un texte spécialisé, presque tous les syntagmes nominaux lexicalisés sont terminologiques.

En outre, et il s'agit d'un autre indice signalé plus haut, on tient pour acquis que les syntagmes nominaux susceptibles de constituer des termes font appel à un nombre fini de séquences de parties du discours.

Pour mettre en œuvre ces nouvelles techniques d'extraction, il faut disposer de renseignements sur la nature linguistique des mots graphiques. Nous aurons recours à des *corpus étiquetés* dans lesquels les mots sont assortis d'une indication de la partie du discours à laquelle ils appartiennent. La figure 6.7 présente l'extrait médical déjà cité qui, cette fois, est étiqueté.

Chercher des patrons typiques

Une technique d'extraction, appelée *identification de patrons typiques*, recherche certains types de syntagmes nominaux en tenant pour acquis que ceux-ci se composent de séquences de parties du discours régulières. Les *patrons* de base recherchés sont les suivants pour le français :

- un nom et un adjectif ;
- un nom et un autre nom ;

FIGURE 6.7

Extrait étiqueté

I$_{/DÉT}$ '|' extrasystole$_{/NC}$ ventriculaire$_{/ADJ}$ se$_{/PRON}$ définit$_{/VERBE:CONJUG}$ comme$_{/CONJ:SUB}$ une$_{/DÉT}$ dépolarisation$_{/NC}$ ventriculaire$_{/ADJ}$ prématurée$_{/ADJ}$ '|'. non$_{/ADV}$ précédée$_{/PART\ PASSÉ}$ par$_{/PRÉP}$ ($_{/PONCT.}$ ou$_{/CONJ:COORD}$ sans$_{/PRÉP}$ relation$_{/NC}$ chronologique$_{/ADJ}$ fixe$_{/ADJ}$ avec$_{/PRÉP}$)$_{/PONCT}$ une$_{/DÉT}$ onde$_{/NC}$ P$_{/NC}$ '|'$_{/PONCT}$ le$_{/DÉT}$ ventriculogramme$_{/NC}$ étant$_{/PART\ PRÉS}$ large$_{/ADJ}$ ($_{/PONCT.}$ supérieur$_{/ADJ}$ à$_{/PRÉP}$ 0$_{/CARD}$ '|'$_{/PONCT}$ 12$_{/CARD}$ s$_{/NC\ /PONCT}$)$_{/PONCT}$ '|'. et$_{/CONJ:COORD}$ déformé$_{/PART\ PASSÉ}$ avec$_{/PRÉP}$ aspect$_{/NC}$ soit$_{/VERBE\ CONJUG.}$ de$_{/PRÉP}$ bloc$_{/NC}$ de$_{/PRÉP}$ branche$_{/NC}$ droit$_{/ADJ}$ s$_{/CONJ:SUB}$ '|' il$_{/PRON}$. s$_{/PRON}$ '|' agit$_{/VERBE:CONJUG}$ d$_{/PRÉP}$ '|' une$_{/DÉT}$ extrasystole$_{/NC}$ ventriculaire$_{/ADJ}$ naissant$_{/PART\ PRÉS}$ du$_{/DÉT}$ ventricule$_{/NC}$ gauche$_{/ADJ}$ '|'$_{/PONCT}$ soit$_{/VERBE:CONJUG}$ de$_{/PRÉP}$ bloc$_{/NC}$ de$_{/PRÉP}$ branche$_{/NC}$ gauche$_{/ADJ}$ s$_{/CONJ:SUB}$ '|' il$_{/PRON}$ s$_{/PRON}$ '|' agit$_{/VERBE:CONJ}$ plutôt$_{/ADV}$ d$_{/DÉT}$ '|' une$_{/DÉT}$ forme$_{/NC}$ d$_{/PRÉP}$ '|' extrasystole$_{/NC}$ ventriculaire$_{/ADJ}$ qui$_{/PRON}$ nait$_{/VERBE:CONJ}$ du$_{/DÉT}$ ventricule$_{/NC}$ droit$_{/ADJ}$ '|'. la$_{/DÉT}$ repolarisation$_{/NC}$ est$_{/VERBE:CONJUG}$ inversée$_{/PART\ PASSÉ.}$ avec$_{/PRÉP}$ une$_{/DÉT}$ onde$_{/NC}$ T$_{/NC}$ négative$_{/ADJ}$ '|'$_{/PONCT.}$ le$_{/DÉT}$ diagnostic$_{/NC}$ d$_{/PRÉP}$ '|' extrasystole$_{/NC}$ ventriculaire$_{/ADJ}$ est$_{/VERBE:CONJUG}$ le$_{/DÉT}$ plus$_{/ADV}$ souvent$_{/ADV}$ simple$_{/ADJ}$ sur$_{/PRÉP}$ l$_{/DÉT}$ '|' électrocardiogramme$_{/NC}$ de$_{/PRÉP}$ surface$_{/NC}$ '|'. le$_{/DÉT}$ seul$_{/ADJ}$ «$_{/PONCT}$ piège$_{/NC}$ «$_{/PONCT}$ étant$_{/PART\ PRÉS}$ une$_{/DÉT}$ extrasystolie$_{/NC}$ supra-ventriculaire$_{/ADJ}$ avec$_{/PRÉP}$ bloc$_{/NC}$ de$_{/PRÉP}$ branche$_{/NC}$ fonctionnel$_{/ADJ}$ '|'$_{/PONCT}$

- un nom, une préposition et un autre nom ;
- un nom, une préposition, un déterminant et un autre nom ;
- un nom, une préposition et un verbe à l'infinitif.

Il s'agit donc de définir les patrons admissibles sous forme de règles et de demander à un extracteur de termes de localiser les séquences correspondantes, puis de les placer dans une liste. Le tableau 6.5 montre les patrons recherchés et les groupes correspondants dans le texte de la figure 6.7.

Les patrons implantés dans ce type d'extracteur de termes s'alignent forcément sur les jeux d'étiquettes. Nous avons vu au chapitre 4 que les jeux diffèrent d'un étiqueteur à l'autre autant sur le plan du nombre que sur le plan de la forme et des distinctions faites à l'intérieur d'une partie du discours. Rappelons également que les textes étiquetés de façon automatique contiennent environ 5 % d'erreurs. La qualité de l'extraction en sera forcément affectée.

Dans les faits, les extracteurs font appel à des patrons plus spécifiques en ce qui concerne les prépositions et les déterminants. Par exemple, plutôt que de rechercher la partie du discours « préposition », ils s'appuient sur une liste de prépositions admissibles (*à, de, sur*). Ils distinguent également les déterminants puisque certains d'entre eux sont peu susceptibles d'entrer dans un terme complexe. Ainsi, ils admettent les articles définis (*la, le, les*), mais pas les articles indéfinis (*un, une*) ou les démonstratifs (*ce, cette*).

TABLEAU 6.5

Candidats-termes extraits d'un texte médical

Nom commun (NC) + adjectif (ADJ)
branche fonctionnel *dépolarisation ventriculaire* *extrasystole ventriculaire* *extrasystolie supra-ventriculaire* *relation chronologique* *T négative* *ventricule droit* *ventricule gauche*
Nom commun (NC) + nom commun (NC)
onde P *onde T*
Nom commun (NC) + préposition (PRÉP) + nom commun (NC)
bloc de branche *diagnostic d'extrasystole* *électrocardiogramme de surface*
Nom commun (NC) + préposition (PRÉP) + déterminant (DÉT) + nom commun (NC)
aucune séquence correspondante
Nom commun (NC) + préposition (PRÉP) + verbe à l'infinitif (VERBE INF)
aucune séquence correspondante

Par ailleurs, une partie des séquences relevées dans le tableau 6.5 font en réalité partie de syntagmes nominaux plus longs. Par exemple, *bloc de branche* et *branche fonctionnel* apparaissent dans la séquence *bloc de branche fonctionnel*. Cet exemple illustre le problème posé par le *découpage du terme* que nous avons décrit dans le chapitre 2.

Le traitement réservé à ces séquences varie d'un extracteur à l'autre. L'outil pourra, comme le montre le tableau 6.5, s'en tenir aux patrons de base et présenter toutes les possibilités de découpage. Il peut également définir des patrons qui rendent compte de séquences plus longues et les présenter telles quelles dans une liste de candidats-termes. Ce cas de figure est illustré à la figure 6.8.

Des patrons différents pour des langues différentes

Les patrons de formation de termes complexes varient d'une langue à l'autre. Il faut donc définir des patrons différents en fonction de la langue qui fait l'objet de l'extraction.

Pour l'anglais, par exemple, la plupart des termes complexes sont composés d'un adjectif et d'un nom (ex. *volatile memory*) ou de deux noms (ex. *expert system*). En anglais, des syntagmes nominaux renferment également des prépositions (ex. *printing of document*). Ces séquences constituent plus souvent des séquences non terminologiques. Pour cette raison, de nombreux extracteurs n'en tiennent pas compte.

D'une manière ou d'une autre, cette technique ramène plus de candidats-termes que le calcul des segments répétés appliqué au même extrait. Ici, l'extraction ne repose pas *a priori* sur un corpus volumineux.

Isoler des termes au moyen de frontières

La seconde technique décrite dans cette section aborde la question des séquences de parties du discours à l'envers. Plutôt que de chercher des syntagmes nominaux correspondant à des patrons, elle pratique différentes coupes dans le texte en s'appuyant sur des parties du discours qui ne contribuent pas à former des termes. Elle arrive ainsi à isoler les séquences potentiellement terminologiques.

FIGURE 6.8

Extraction des séquences les plus longues

bloc de branche droit
bloc de branche gauche
dépolarisation ventriculaire prématurée
diagnostic d'extrasystole ventriculaire de surface
électrocardiogramme de surface
extrasystole ventriculaire
extrasystolie ventriculaire avec bloc de branche fonctionnel
onde T négative
relation chronologique fixe avec une onde P
ventricule droit
ventricule gauche

Cette technique, proposée à l'origine par Bourigault (1994) et implantée dans un logiciel appelé *Lexter* consiste à identifier des **frontières de termes** au moyen d'une série de repères dont nous donnons un bref aperçu ci-dessous. Les premiers indices sont définis comme des repères non ambigus. Il s'agit de :

- un signe de ponctuation ;
- un verbe conjugué ;
- une conjonction de subordination ;
- un pronom.

D'autres repères doivent faire l'objet d'une petite exploration contextuelle. Pour trancher, l'extracteur tient compte des mots placés devant ou après le repère ambigu. Par exemple, si un déterminant est précédé d'un verbe ou d'une ponctuation, il sera retenu comme frontière. En revanche, s'il est placé après une préposition, il sera interprété comme une partie de terme complexe. De même, si un participe passé est suivi d'une préposition, il constituera une frontière plausible.

Ces premières règles de coupe, appliquées telles quelles à une partie du texte cité plus haut, produisent le découpage illustré à la figure 6.9 et mettent au jour une liste de termes. Les coupes sont représentées au moyen du symbole #.

Le repérage de termes entre frontières fait appel à des techniques moins lourdes que l'identification de patrons typiques, puisque la liste de frontières est sans doute moins longue que celle des mots susceptibles de faire partie de termes. Par ailleurs, il est intéressant de noter que les coupes permettent de dégager des termes simples. Toutefois, il est permis de s'interroger sur l'intérêt que présentent les termes simples ainsi extraits. Nous verrons plus loin qu'une stratégie permet d'épurer une liste de termes simples retrouvés entre des frontières.

Les apports des stratégies d'extraction de séquences de parties du discours

Les deux techniques décrites dans les sections précédentes, à savoir l'identification de patrons typiques et le repérage de frontières entre termes, ne présentent pas l'inconvénient signalé pour les techniques qui tablent sur la fréquence puisqu'elles peuvent retrouver un terme complexe qui n'apparaît qu'une seule fois dans un texte. Elles soulèvent toutefois un autre problème.

FIGURE 6.9

Extraction de termes au moyen de frontières

la$_{/DÉT}$ # repolarisation$_{/NC}$ # est$_{/VERBE\ CONJUG}$ inversée$_{/PART\ PASSÉ}$ avec$_{/PRÉP}$ une$_{/DÉT}$ # onde$_{/NC}$ T$_{/NC}$ négative$_{/ADJ}$ # •$_{/PONCT}$
le$_{/DÉT}$ # diagnostic$_{/NC}$ d$_{/DÉT}$ '$_{/'}$ extrasystole$_{/NC}$ ventriculaire$_{/ADJ}$ # est$_{/VERBE\ CONJUG}$ le$_{/DÉT}$ plus$_{/ADV}$ souvent$_{/ADV}$ simple$_{/ADJ}$
sur$_{/PRÉP}$ l$_{/DÉT}$ '$_{/'}$ # électrocardiogramme$_{/NC}$ de$_{/PRÉP}$ surface$_{/NC}$ # •$_{/PONCT}$ le$_{/DÉT}$ seul$_{/ADJ}$ «$_{/PONCT}$ piège$_{/NC}$ «$_{/PONCT}$ étant$_{/PART}$
PRÉS une$_{/DÉT}$ # extrasystolie$_{/NC}$ supra-ventriculaire$_{/ADJ}$ avec$_{/PRÉP}$ bloc$_{/NC}$ de$_{/PRÉP}$ branche$_{/NC}$ fonctionnel$_{/ADJ}$ #
•$_{/PONCT}$

repolarisation
onde T négative
diagnostic d'extrasystole ventriculaire
électrocardiogramme de surface
extrasystolie supra-ventriculaire avec bloc de branche fonctionnel

De nombreux syntagmes nominaux sont formés de la même manière que des termes complexes, mais ne sont pas des termes. Le tableau 6.6 présente une liste de syntagmes nominaux nom + adjectif extraits d'un texte de mécanique. On voit facilement qu'une partie de ces syntagmes ne constituent pas des termes à proprement parler. Par exemple, *caractéristique générale, alésage successif* ou *procédé économique* ne seraient pas retenus dans un dictionnaire de mécanique. Toutefois, ils sont extraits puisqu'ils correspondent en tous points à un patron défini au préalable.

De plus, on reproche aux techniques qui recherchent des patrons d'être attachées à une langue en particulier et de reposer sur un appareil descriptif imposant. Cette dernière critique est moins justifiée en ce qui concerne le repérage de frontières. Toutefois, il reste que l'extension de ces techniques à de nouvelles langues nécessite invariablement une redéfinition de larges pans de l'extracteur.

Combiner les séquences de parties du discours à la fréquence

Les techniques d'extraction de termes passées en revue dans les sections précédentes sont fort différentes. D'ailleurs, elles sont généralement cataloguées sous *techniques statistiques* (pour celles qui misent sur la fréquence) ou *techniques linguistiques* (pour celles qui s'appuient sur l'information grammaticale) pour bien marquer l'opposition.

Bien qu'on distingue les deux méthodes, il ressort que, dans les faits, les extracteurs tentent de les combiner. Nous avons déjà vu que des techniques

TABLEAU 6.6

Séquences nom + adjectif extraites d'un texte de mécanique

Séquences Nom + adjectif extraites	Fréquence
alésage successif	1
bras coudé	2
caractéristique générale	1
conduite générale	2
contrôle géométrique	2
déplacement longitudinal	3
déplacement vertical	2
essai pratique	2
forêt torsadé	1
forêt hélicoïdal	3
fraisurage tronconique	1
machine pneumatique	2
méthode générale	1
montage indirect	2
opérations particulières	1
outil flexible	1
perceuse portative	3
procédé économique	1
travail unitaire	2
usinage multiple	2
vérification géométrique	4

définies comme étant statistiques nécessitent l'épuration d'une liste préliminaire au moyen d'une information linguistique minimale, à savoir une liste
de mots qui ne sont pas susceptibles d'apparaître dans un terme complexe.

De même, les extracteurs faisant appel à des techniques linguistiques font
souvent intervenir un critère de fréquence pour épurer une liste de candidats-termes. Souvent, la même séquence doit apparaître au moins deux ou
trois fois pour être retenue dans une liste. Parfois, c'est l'utilisateur qui fixe
un seuil avant de lancer l'extraction.

D'autres extracteurs font une intégration beaucoup plus étroite des deux
techniques. C'est ce qu'a proposé Daille (1994) au moyen d'une *approche*
qu'elle a qualifiée de *mixte*, dont nous donnons les grandes lignes ci-dessous.
Cette méthode a été implantée dans un logiciel appelé *Acabit*.

- L'extraction repose sur un texte préalablement étiqueté.
- L'extracteur ramène des séquences composées d'un nom suivi d'un adjectif, d'un nom suivi d'un autre nom (une préposition et un déterminant peuvent apparaître entre les deux noms).
- L'extracteur dresse une liste de séquences susceptibles d'être des termes ; les séquences sont présentées sous forme de *couples* contenant les mots lexicaux (nom ou adjectif). Les mots grammaticaux sont gommés afin de faciliter le calcul des occurrences par la suite. Cette technique permet de considérer comme un couple unique les séquences qui comportent les mêmes mots lexicaux, mais des mots grammaticaux différents (par exemple, *traitement de la parole* et *traitement de parole* représentent deux occurrences de *traitement + parole*). Nous verrons, au chapitre 7, que cette technique est fort utile pour regrouper des variantes terminologiques.

Jusqu'ici, l'approche mixte ne diffère en rien de celle qui s'appuie sur l'acquisition de patrons typiques, dont nous avons donné les grandes lignes plus haut. La production d'une première liste de candidats-termes repose effectivement sur la reconnaissance de parties du discours. Elle commence à s'éloigner de l'approche purement linguistique lorsqu'elle applique différents calculs statistiques sur la liste de candidats afin de déterminer leur statut terminologique. Voici comment on procède :

- Le nombre d'occurrences des séquences extraites au cours de la première étape est comptabilisé. Le calcul s'effectue sur les couples construits au cours des premières étapes et non sur tous les couples qu'il est possible de construire dans des fenêtres.
- Seules les séquences ayant une fréquence égale ou supérieure à 2 sont prises en compte ;
- Différents calculs statistiques sont appliqués sur les couples ; parmi ceux-ci, une série de calculs compatibles avec l'évaluation du degré d'association abordée plus haut. D'autres calculs cherchent à mesurer d'autres caractéristiques (la fréquence, le coefficient de vraisemblance, la diversité ou la variance).

Afin de vérifier la valeur de l'approche, Daille (1994) a comparé les résultats de l'extraction automatique (en tenant compte des différents *poids* accordés par les calculs statistiques) à une liste de référence construite à partir de termes tirés de la banque de terminologie EURODICAUTOM et d'une validation par des experts du domaine. La liste de référence et le corpus traité par l'extracteur contenaient des termes appartenant au domaine des télécommunications.

Les calculs statistiques livrent des résultats différents puisqu'ils privilégient certains couples par rapport à d'autres. Toutefois, les travaux de Daille démontrent clairement l'intérêt de combiner statistique et représentations linguistiques.

L'approche mixte évite premièrement d'extraire des couples statistiquement pertinents ou fréquents, mais qui ne correspondent pas à des patrons terminologiques. Ainsi, les collocations et les groupes de mots sémantiquement apparentés que ramenait, par exemple, le calcul de l'information mutuelle, sont écartés. Les calculs sont ici appliqués à des couples bien précis et non à tous les couples dégagés d'un corpus.

En outre, l'application de mesures statistiques valables permet d'épurer la liste de candidats-termes proposés à la suite d'une analyse des séquences de parties du discours. Ainsi, on comble les lacunes d'une méthode par les forces de l'autre.

Ordonnancement des termes extraits

L'extraction, qui s'appuie sur une des stratégies décrites dans les sections précédentes, produit des candidats ordonnés dans une liste qui est soumise à l'approbation de l'utilisateur. Les deux modes d'organisation les plus couramment utilisés sont le *tri alphabétique* et le *tri par fréquence décroissante*. Si les termes sont extraits au moyen de méthodes statistiques, ils sont alors classés en fonction du *poids* qu'ils obtiennent à la suite du calcul. Le terme ayant le poids le plus élevé sera placé en tête de liste.

La figure 6.10 présente la première partie d'une liste de termes complexes extraits d'un texte français portant sur la radiologie. Les termes sont ordonnés alphabétiquement à partir du nom de gauche qui, en français, constitue la tête du syntagme nominal. Le chiffre placé à droite représente la fréquence du groupe dans le texte dépouillé.

L'organisation des candidats extraits du même texte mais par fréquence décroissante produit une liste différente de la première (voir la figure 6.11). Nous n'avons pas retenu dans cette liste les candidats n'ayant qu'une seule occurrence.

FIGURE 6.10

Organisation des candiats-termes par ordre alphabétique

abcès du poumon	2
abcès primitif	1
abcès pulmonaire	2
acte agressif	1
adénopathie authentique	1
adénopathie hilaire	1
adénopathie médiastinale	4
affection abdominale	1
affection allergique	1
affection bactérienne	1
affection maligne	2
affection virale	1
agent cytotoxique	1
agent en cause	2
agent pathogène	2
agent transmis	1
aggravation de l'épanchement	1
altération de l'état	1
alvéole péri-bronchiolaire	1
analyse méthodique	1
analyse séméiologique	1
anomalie congénitale	1
antibiothérapie antibactérienne	1
appendicite aiguë	1
arc antérieur	1
arc costal	1
arc postérieur	1
aspect bigarré	2
aspect classique	1
aspect de cliché	1
aspect de pneumopathie	2
aspect en rayon	1
aspect miliaire	1
aspect radiologique	5
aspect évolutif	1
aspect particulier	1
aspect syndromique	1

Les listes servent à mettre en évidence des ensembles de séquences différentes. Le tri alphabétique réunit les termes dont la tête est la même. Le tri par fréquence décroissante regroupe les termes les plus importants dans le texte et permet au terminographe de les repérer rapidement.

FIGURE 6.11

Liste de candidats-termes organisée par fréquence décroissante et par ordre alphabétique pour les fréquences identiques

examen radiologique	10
épanchement pleural	7
atteinte pulmonaire	6
aspect radiologique	5
adénopathie médiastinale	4
examen radiographique	4
opacité alvéolaire	4
cardiopathie congénitale	3
corps étranger	3
emphysème obstructif	3
enfant immuno-déprimé	3
facteur favorisant	3
heure actuelle	3
infection respiratoire	3
infection virale	3
symptôme respiratoire	3
voie aérienne	3
atteinte bronchique	2
comblement alvéolaire	2
complication mécanique	2
condensation alvéolaire	2
coupole diaphragmatique	2
critères habituels	2
degré variable	2
existence de l'emphysème	2
lobe inférieur	2
lobule secondaire	2
pneumopathies bactériennes	2
pneumopathie virale	2
signe radiologique	2
surface pleurale	2
symptomatologie respiratoire	2
traitement efficace	2
virus respiratoire	2

Il existe des variantes à ces deux modes d'organisation de base. Par exemple, *LogiTerm*, qui est un environnement d'aide à la traduction et qui comprend un extracteur de termes anglais, effectue un tri sur le mot de droite qui constitue la tête des termes dans cette langue. La figure 6.12 montre comment les termes sont ordonnés dans la liste. La liste présente une partie des candidats-termes proposés à la suite de l'analyse d'un texte d'informatique.

Certains extracteurs vont même jusqu'à tenir compte des termes déjà répertoriés par un utilisateur. En effet, il arrive fréquemment qu'un terminographe dispose d'une base de données dans laquelle il consigne les termes sur lesquels il a déjà travaillé. Il est utile alors de les connaître afin de ne pas s'en préoccuper dans la suite de la recherche terminographique.

FIGURE 6.12

Ordonnancement de candidats-termes complexes anglais par LogiTerm

support multiple e-mail account
AK Mail support multiple e-mail account
mailing account
multiple account
Adobe Acrobat
digital business activity
normal business activity
W3C HTML activity
W3C's HTML activity
user interface activity
classified ad
ethernet adapter
3Com 905C ethernet adapter
PC's ethernet adapter
LAN adapter
network adapter
Token Ring adapter
welcome addition
real welcome addition
32-bit address
administered address
destination address
32-bit destination address
email address
IP address

FIGURE 6.13

Identification de termes déjà décrits dans un répertoire terminologique

LAN adapter
network adapter
*Token Ring adapter
welcome addition
real welcome addition
*32-bit address
administered address
destination address
32-bit destination address
*email address
*IP address

Les extracteurs proposant cette fonctionnalité effectuent un recoupement entre la liste de candidats-termes et les entrées du répertoire de l'utilisateur. Par la suite, ils identifient les termes trouvés au moyen d'une marque graphique. La figure 6.13 montre que les termes retrouvés sont signalés au moyen de l'astérisque.

Enfin, quelques extracteurs sont couplés à un concordancier et ramènent les contextes dans lesquels les termes extraits ont été trouvés. Du point de vue de l'utilisateur, cette fonctionnalité est fort utile, voire indispensable. La lecture des contextes est souvent nécessaire pour valider le statut terminologique d'un candidat.

Problèmes courants des extracteurs de termes

Comme nous l'avons déjà souligné à quelques reprises et de l'aveu même des concepteurs, les extracteurs de termes ne produisent pas des listes parfaites.

Les listes générées à la suite d'une extraction automatique renferment toujours des suites de mots qui n'intéressent pas l'utilisateur. Les candidats indésirables sont regroupés sous le générique *bruit*. Par ailleurs, l'extracteur peut omettre d'inscrire dans la liste des termes qui apparaissent dans le texte dépouillé. Les termes omis sont regroupés sous le générique *silence*. Les notions de bruit et de silence sont schématisées à la figure 6.14.

FIGURE 6.14

Bruit et silence

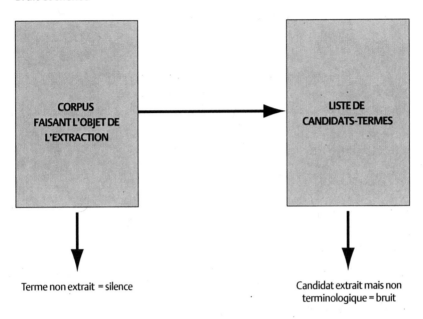

Terme non extrait = silence   Candidat extrait mais non
terminologique = bruit

Des mesures du bruit et du silence

Deux mesures permettent d'évaluer le bruit et le silence. Il s'agit de la précision et du rappel.

La **précision** estime la proportion de bons candidats extraits dans la liste de candidats-termes. Lorsque la précision est élevée, il y a peu de bruit.

Le **rappel** évalue la proportion de bons termes extraits parmi les possibilités dans le texte. Le rappel est élevé lorsqu'il y a peu de silence.

Il n'est pas toujours facile de connaître la performance réelle d'un extracteur de termes, notamment parce qu'elle est évaluée au moyen de méthodes différentes. Nous énumérons, ci-dessous, trois méthodes couramment utilisées.

• La liste de candidats-termes est comparée au contenu d'une banque de terminologie ou d'un dictionnaire spécialisé. Cette technique permet de mesurer le bruit et le silence, mais tient pour acquis que le répertoire est exhaustif dans le domaine de spécialité concerné, ce qui est rarement le cas. Ainsi, un terme correct proposé par l'extracteur mais non répertorié dans une banque de terminologie sera considéré comme du bruit.

• Un terminographe (ou un autre utilisateur visé par l'extracteur) valide la liste de candidats-termes. Cette technique mesure le bruit mais pas le silence.

• Un terminographe (ou, encore une fois, un autre utilisateur) dépouille un texte et dresse une *liste de référence*. Cette liste est comparée à la liste de candidats-termes. Il est souvent difficile de savoir si la liste de référence contient tous les termes d'un texte spécialisé ou une partie d'entre eux (par exemple, les termes complexes qu'est censé ramener un extracteur).

Une évaluation menée dans le cadre du projet *ATTRAIT* (Atelier de travail informatisé du terminologue) a eu recours à la dernière méthode. Un texte, préalablement dépouillé par un terminographe, a été soumis à quatre extracteurs de termes. La liste de référence contenait 208 termes. Les extracteurs ramènent tous un grand nombre de candidats (entre 760 et 1300). Dans tous les cas, le bruit est élevé et se situe entre 78 % et 94 %. Il faut également garder à l'esprit que, même s'ils font de nombreuses propositions, les extracteurs ne ramènent pas tous les termes présents dans la liste de référence. Le taux de silence le moins élevé était de 7 %.

Ces résultats sont fournis à titre purement indicatif puisque l'évaluation des extracteurs est très difficile à mettre en œuvre, en raison, notamment, des grandes différences existant entre les logiciels. Il mettent tout de même en évidence l'écart entre les attentes d'un utilisateur et l'aptitude d'un extracteur à les combler.

Il est clair que certaines limites des extracteurs de termes sont directement liées à leur conception. Par exemple, en choisissant de localiser exclusivement les termes complexes, on écarte *a priori* les termes simples. De même, en focalisant sur les noms ou les syntagmes nominaux, on omet *de facto* toutes les autres parties du discours.

D'autres limites sont liées à l'indice dont l'extracteur tient compte. En misant sur la fréquence, il écarte les termes qui n'apparaissent qu'une seule fois dans les textes. En tablant sur les patrons, il retient des suites qui correspondent à ces patrons mais qui ne sont pas des termes.

Les concepteurs d'extracteurs de termes doivent constamment tenter d'équilibrer les résultats en tenant compte du bruit et du silence, ce qui n'est pas une tâche facile. En diminuant le bruit (par exemple, en rectifiant un traitement particulier), ils augmentent la proportion de silence ; de même, en tentant de réduire le silence, ils augmentent sensiblement la proportion de bruit. Du point de vue de l'utilisateur, il est préférable de réduire le silence au maximum, quitte à augmenter le bruit de façon importante : il est plus facile d'épurer une liste contenant des candidats non souhaités que de retrouver un terme omis dans un corpus parfois volumineux.

L'autre difficulté titanesque à laquelle se heurtent les concepteurs de logiciels d'extraction est le fait que les utilisateurs de ces logiciels n'ont pas les mêmes attentes par rapport à eux. Nous avons vu au chapitre 2, alors que nous nous interrogions sur la nature du terme, que les définitions varient d'un spécialiste à l'autre. Ainsi, l'évaluation que fera un terminographe, un traducteur ou un documentaliste de la qualité d'une extraction ne sera pas la même.

Rectifier le tir de différentes manières

Outre les questions liées à la conception des extracteurs de termes et aux besoins des utilisateurs, l'imperfection des résultats tient également à la nature de la langue ou à la forme des termes complexes qui présentent, lorsqu'on essaie de les faire traiter automatiquement, toute une série d'embûches. Certains des problèmes particuliers posés par l'analyse des termes complexes sont abordés au chapitre 2.

Toutefois, des extracteurs proposent des solutions à une partie de ces problèmes. Nous en examinons quelques-unes dans les sections qui suivent.

a) Découper un syntagme nominal

Certains extracteurs s'attaquent au problème que présente le *découpage du terme*. Un terme fait parfois partie d'un syntagme nominal plus long et l'extracteur n'a pas toujours à sa disposition les paramètres lui permettant de le découper convenablement.

Voyons d'abord quelles sont les possibilités de découpage du syntagme suivant : *utilisateurs de systèmes de gestion de bases de données génériques*. Les découpages possibles sont reproduits à la figure 6.15.

FIGURE 6.15

Possibilités de découpage d'un syntagme nominal

données génériques
bases de données
bases de données génériques
gestion de bases
gestion de bases de données
gestion de bases de données génériques
systèmes de gestion
systèmes de gestion de bases
systèmes de gestion de bases de données
systèmes de gestion de bases de données génériques
utilisateurs de systèmes
utilisateurs de systèmes de gestion
utilisateurs de systèmes de gestion de bases
utilisateurs de systèmes de gestion de bases de données
utilisateurs de systèmes de gestion de bases de données génériques

Dans un premier cas de figure, l'extracteur propose tous les candidats-termes et laisse l'utilisateur faire le tri.

Une seconde solution, qui est automatisée — contrairement à la précédente —, consiste à utiliser l'information obtenue sur les autres candidats-termes pour guider ce découpage. Plutôt que de retenir toutes les possibilités, l'extracteur relève, dans une première étape, les syntagmes les plus longs apparaissant réellement dans le texte. Imaginons, par exemple, qu'un extracteur ramène les séquences suivantes après l'analyse d'un texte d'informatique et qu'il note leur fréquence :

5   *bases de données*

10   *système de gestion de bases de données*

1   *utilisateurs de systèmes de gestion de bases de données génériques*

L'extracteur compare les fréquences respectives des trois syntagmes nominaux. Si le syntagme le plus court a une fréquence égale ou inférieure à celle du syntagme le plus long, il est rejeté au profit du plus long. Par exemple, si *système de gestion de bases de données* apparaît 10 fois dans le texte, mais que *bases de données* a été relevé 5 fois, l'extracteur ne retiendra que *système de gestion de bases de données* en tenant pour acquis que *base de données* fait nécessairement partie du syntagme nominal le plus long.

b) Définir le statut terminologique d'un candidat-terme

Un second problème que nous n'avons pas manqué de signaler concerne la distinction entre un terme complexe et une autre séquence qui n'est pas terminologique. Une manière de rectifier le tir consiste à faire intervenir un seuil minimal de fréquence, seuil en deçà duquel les segments ne sont pas extraits.

De nombreux chercheurs concentrent leurs efforts autour de mesures statistiques dans le but de trouver celle qui permettra d'évaluer le *statut terminologique* des candidats. Ces calculs sont censés accorder un poids plus élevé aux véritables termes.

Une autre stratégie s'appuie sur les éléments entrant dans la composition d'un terme complexe. Cette technique est utilisée par un extracteur appelé *Nomino*, qui répartit les candidats-termes dans deux listes différentes. La première rassemble les candidats qui ont une structure jugée plus apte à donner lieu à des termes. Il s'agit des séquences composées d'un nom et d'un adjectif et celles qui sont composées d'un nom, des prépositions *à* et *de*, suivies d'un nom. La seconde liste réunit tous les candidats ; en plus des séquences déjà énumérées, elle présente des séquences dans lesquelles entre un déterminant ou d'autres prépositions comme *par* ou *avec*.

Une troisième technique propose de focaliser *a priori* sur les séquences à statut terminologique plutôt que d'intervenir *a posteriori*. Cette technique, proposée par Drouin (2003), repose sur l'acquisition de ce que le chercheur appelle des *pivots lexicaux* et a été implantée dans un logiciel appelé *TermoStat*.

En fait, il s'agit d'une combinaison ingénieuse de techniques dont nous avons déjà parlé dans les sections précédentes. L'extracteur dresse d'abord une liste de noms et d'adjectifs en comparant un corpus spécialisé contenant les termes qui nous intéressent à un *corpus de référence*. On tient pour acquis que les noms et adjectifs que fait émerger la comparaison sont susceptibles d'entrer dans la formation de termes complexes.

L'extracteur utilise donc les noms et adjectifs alors définis comme pivots lexicaux pour partir à la recherche de termes dans le corpus. Les techniques utilisées par la suite pour l'extraction de termes complexes s'appuient sur le repérage de *frontières*. La séquence des tâches effectuées par l'extracteur est illustrée à la figure 6.16.

FIGURE 6.16

Extraction de termes fondée sur les pivots lexicaux

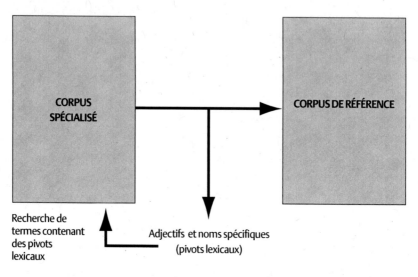

Drouin (2003) estime que la méthode d'extraction fondée sur l'acquisition préalable de pivots lexicaux permet de réduire le bruit de façon significative. En outre, la technique présente l'avantage de retenir des termes simples de nature nominale et adjectivale et ne focalise pas uniquement sur les termes complexes comme nombre de techniques qui ont été décrites jusqu'ici.

c) Des difficultés insurmontables ?

Les extracteurs se heurtent à bien d'autres difficultés pour lesquelles il ne semble pas exister de solution évidente.

L'une d'entre elles concerne les termes dont la structure n'est pas « habituelle », c'est-à-dire qui n'est pas inscrite dans la liste de patrons à repérer. Par exemple, il arrive qu'un terme complexe comporte un adverbe (ex. LANGAGE DE TRÈS HAUT NIVEAU, ORGANISME GÉNÉTIQUEMENT MODIFIÉ). Si le patron ne fait pas partie des séquences à identifier, l'extracteur ne dispose d'aucun moyen pour faire figurer les termes correspondants dans une liste.

Il s'agit d'un problème plus important pour les extracteurs qui font appel à des techniques linguistiques. En effet, un extracteur misant sur la fré-

EXTRACTION DE TERMES • 199

quence peut retenir les séquences de ce genre si elles apparaissent souvent dans le corpus analysé.

En ce qui concerne les extracteurs de patrons typiques, les solutions ne sont pas faciles à trouver. L'ajout d'un nouveau patron (par exemple, nom + adverbe + adjectif) permettra d'admettre *organisme génétiquement modifié*, mais ce faisant, on risque de retenir beaucoup d'autres candidats qui ne sont pas des termes et ainsi contribuer à faire augmenter la proportion de bruit sensiblement.

Une partie des variations que subissent les termes complexes, et que nous avons examinées au chapitre 2, sont particulièrement difficiles à faire traiter automatiquement. L'analyse systématique des termes *coordonnés* ou *juxtaposés* ou, encore, les termes dans lesquels on a *inséré* un autre mot ou dans lesquels une composante est *élidée*, fait appel à des analyses syntaxiques que peu de concepteurs ont implantées dans un extracteur jusqu'ici.

D'autres variantes terminologiques toutefois font l'objet de traitements spécifiques. Ceux-ci sont abordés au chapitre 7.

Conclusion

En résumé, rappelons qu'il existe différents manières d'extraire les termes automatiquement.

Un premier ensemble de méthodes, dites *statistiques*, misent principalement sur la fréquence des mots graphiques. La comparaison d'un corpus spécialisé à un corpus de référence permet de dégager des termes simples dont la fréquence est anormalement élevée. L'étude du degré d'association entre deux mots graphiques distingue des combinaisons dont l'association est forte des combinaisons fortuites.

Un second ensemble de stratégies, dites *linguistiques*, dégagent les termes complexes en repérant des parties du discours auxquelles appartiennent les unités. Certaines recherchent des séquences de parties du discours ; d'autres pratiquent des coupes pour isoler les candidats.

Les méthodes statistiques et linguistiques présentent toutes deux des lacunes qu'il semble possible de corriger partiellement en les combinant. Des méthodes mixtes génèrent des listes de candidats plus satisfaisantes.

Peu importe la technique implémentée, les extracteurs produisent tous une part importante de bruit et omettent de relever des termes intéressants, même si ceux-ci apparaissent dans les corpus. Ces imperfections s'expliquent par la complexité de la tâche, mais il faut également tenir compte du fait que les utilisateurs n'ont pas tous les mêmes attentes.

On se concentre actuellement sur des méthodes destinées à perfectionner l'extraction de termes et explorant de nouvelles voies. Certaines d'entre elles sont abordées au chapitre 7, mais on peut s'attendre à ce que les améliorations se multiplient dans les années à venir.

Suggestions de lectures

L'extraction de termes fait l'objet d'une littérature abondante. Nous retenons les travaux directement reliés aux questions abordées dans le chapitre.

Jacquemin et Bourigault (2003) présentent un résumé des techniques actuelles de dépistage de termes. On trouvera de nombreux articles sur des techniques récentes dans Bourigault *et al.* (2001). Par ailleurs, le chapitre 2 de Jacquemin (2001) fait une synthèse très complète des extracteurs faisant appel à différentes techniques. Les autres chapitres se concentrent sur la variation terminologique dont il sera question au chapitre 7.

L'article de Church et Hanks (1990) est souvent considéré comme une contribution phare en ce qui concerne l'utilisation de modèles statistiques pour mesurer le degré d'association entre les mots. Lebart et Salem (1988) et Muller (1977 ; 1992) abordent les questions de statistique lexicale dont certaines sont utilisées dans les techniques que nous avons décrites sommairement.

Chung (2003) et Lemay *et al.* (2004) présentent des méthodes d'extraction de termes par comparaison de corpus.

Une application de la technique des segments répétés à la terminologie est présentée dans Drouin et Ladouceur (1994).

Le détail de certaines techniques linguistiques est donné dans Bourigault (1994), Daille (1994) et Justeson et Katz (1995). Par ailleurs, Daille (1994) constitue une étude des différents calculs statistiques pouvant être appliqués à l'extraction de termes. Drouin (2003) décrit la méthode d'identification des pivots lexicaux.

On trouvera dans Lauriston (1994), L'Homme *et al.* (1996) et Otman (1991) des évaluations des traitements effectués par certains extracteurs de termes connus.

7

TROUVER D'AUTRES DONNÉES TERMINOLOGIQUES

La terminologie de chaque domaine constitue des systèmes et des sous-systèmes qui s'appuient sur les concepts et sur les référents de ce domaine. Par conséquent, la structure sémantique de la terminologie est plus prononcée, plus compliquée et mieux définie que la structuration du lexique usuel (Kocourek 1991 : 193).

Repousser les limites...

Les techniques d'extraction examinées dans le chapitre 6 rendent des services au terminographe, puisqu'elles traitent des corpus volumineux d'une manière systématique. Cependant, même si elles ramenaient tous les termes d'un domaine et uniquement ces termes — et nous avons vu que ce n'est pas le cas —, elles ne vont pas chercher toute l'information que les corpus spécialisés recèlent.

Les techniques en question se concentrent premièrement sur une partie des unités lexicales, à savoir celles qui peuvent prétendre au statut de terme. Qui plus est, elles focalisent sur les termes de nature nominale. Elles mettent ainsi de côté d'autres données terminologiques intéressantes, comme les adjectifs, les verbes ou les collocations. Deuxièmement, elles ont pour effet de couper le terme du réseau de relations sémantiques ou conceptuelles dont il fait partie. Le terminographe doit souvent retrouver leur trace lui-même en menant différentes interrogations manuelles.

Le présent chapitre décrit quelques travaux qui cherchent à repousser les limites de l'exploration automatique des corpus de différentes manières.

Nous verrons d'abord qu'il est possible d'appliquer les techniques d'extraction de termes à l'acquisition de collocations. Bien qu'elles aient été conçues pour la lexicographie, elles présentent un intérêt indéniable pour la terminographie. Ensuite, une autre série de travaux particulièrement ambitieux exploitent des corpus bilingues et cherchent à établir des équivalences entre deux listes de candidats-termes. Enfin, nous verrons que certains outils informatiques arrivent à dégager de l'information sémantique sur les termes, soit en construisant des classes, soit en identifiant une relation spécifique.

La plupart des techniques décrites dans le présent chapitre sont encore expérimentales et rares sont celles qui ont quitté les laboratoires. Toutefois, elles présentent un immense intérêt et trouveront certainement leur place en recherche terminographique dans un avenir rapproché.

Extraction de collocations

Les différentes *techniques linguistiques* ou *statistiques* étudiées au chapitre 6 ne sont pas utilisées uniquement pour extraire des termes complexes. On y a aussi recours pour ramener des *collocations*. En fait, il conviendrait de dire, pour respecter la chronologie des événements, que la mise au point des techniques d'extraction de collocations a précédé celle des termes complexes. Mais il vrai que le terminographe s'intéresse d'abord aux termes, ensuite il s'attarde sur les combinaisons dans lesquelles ils se trouvent.

L'*extraction de collocations* comporte aussi son lot de difficultés, puisqu'il s'agit de groupes d'unités lexicales se définissant par des affinités sémantiques et des questions d'usage. Il s'agit là de paramètres que ne peut exploiter directement un extracteur qui devra s'aligner sur d'autres indices.

Ces indices sont principalement : 1) la fréquence ; et 2) les parties du discours entrant dans la formation d'une collocation. On reconnaît ici les indices utilisés en extraction de termes. Toutefois, les collocations, comme il s'agit d'assemblages différents, soulèvent des problèmes d'une autre amplitude. Nous en examinons quelques-uns ci-dessous.

- Les unités faisant partie d'une collocation peuvent appartenir à différentes *parties du discours* et donnent lieu à des groupes de natures variées. Le terminographe s'intéresse le plus souvent aux groupes dans lesquels entrent un terme de nature nominale et une autre unité adjectivale (ex. *maladie grave*), verbale (ex. *administrer un médicament, enrayer une maladie*) ou nominale (ex. *administration d'un médicament*). Il s'intéresse aussi aux groupes dans lesquels entre un adverbe, notamment les groupes dans lesquels un adverbe modifie un verbe (ex. *tourner légèrement*) ou un adjectif (ex. *cliniquement mort*). Ainsi, contrairement à l'extraction de termes qui focalise sur les syntagmes nominaux, il faudra retenir ici des *syntagmes verbaux* et des *syntagmes adjectivaux*.

- Certaines collocations ont la même forme que les termes complexes, notamment les collocations composées d'un adjectif et d'un nom et celles comprenant un nom, une préposition et un autre nom. La distinction entre la collocation et le terme complexe, déjà difficile à pratiquer pour le terminographe, est pratiquement impossible à automatiser.
- La *variation flexionnelle* est plus importante dans les collocations, notamment celles qui comportent un verbe (ex. *administrer un médicament, administrons un médicament, administrez des médicaments*).
- Les *mots grammaticaux* servant à relier les unités de certaines collocations varient (ex. *administrer ce médicament, administrer le médicament, administrer un médicament*).
- Les unités qui constituent une collocation sont fréquemment disjointes (ex. *administrer ce médicament, administrer le médicament, administrer le nouveau médicament*). Il est vrai que certains termes complexes présentent également cette difficulté. Toutefois, elle est plus importante pour les collocations, notamment celles qui comportent un verbe.
- L'ordre des éléments entrant dans la formation de certaines collocations peut varier (ex. *administrer ce médicament, ce médicament doit être administré*).

Pour extraire automatiquement des collocations, on peut adapter les techniques linguistiques ou statistiques abordées au chapitre 6 et les rendre aptes à reconnaître ce nouveau type de groupement :

- La définition de *patrons typiques* permettra de retrouver des séquences correspondant à des collocations. Par exemple, si on s'intéresse aux groupes dans lesquels entrent un verbe et un terme de nature nominale, il suffira de définir des patrons correspondants.

204 • LA TERMINOLOGIE : PRINCIPES ET TECHNIQUES

- Le *calcul des segments répétés* ramène des unités qui s'utilisent souvent ensemble, où figureront vraisemblablement les collocations. Une liste d'exclusion adaptée servira à mettre de côté d'autres types de séquences.
- Les *techniques statistiques* servant à mesurer le degré d'association entre les mots graphiques extraient également des collocations. Les extracteurs de collocations les plus couramment utilisés font généralement converger différentes mesures statistiques pour évaluer la pertinence des groupes extraits.

Enfin, on peut combiner statistiques et linguistique. Smadja (1993) a exploité cette *approche mixte* dans un extracteur de collocations appelé *Xtract*. Nous avons choisi de décrire cet extracteur particulier, car il met bien en lumière les différents paramètres à prendre en compte pour ramener des collocations de façon automatique.

Nous donnons, ci-dessous, un aperçu de la technique proposée par le chercheur qui est divisée en trois étapes distinctes. Soulignons que Smadja n'a pas conçu son extracteur pour la terminographie. Toutefois, il en a fait l'évaluation sur un corpus de textes portant sur la bourse.

Étape 1 :

- L'extracteur construit d'abord des *couples* dans une *fenêtre* contenant 11 mots graphiques à partir d'un texte qui lui est soumis. La fenêtre comprend un *nœud* ainsi que 5 mots placés à sa gauche et 5 autres, placés à sa droite (ces 10 mots sont définis comme des *collocatifs*).
- La fréquence de chacun des couples est notée et tient compte du couple tel quel, mais également des positions respectives du nœud et du collocatif. Le tableau 7.1 illustre la notation des fréquences des couples (*takeover, possible*) et (*takeover, corporate*).
- Les couples ainsi extraits sont soumis à une évaluation de leur *degré d'association*. Il est estimé au moyen de calculs statistiques s'apparentant à ceux que nous avons déjà décrits dans le chapitre 6.

TABLEAU 7.1

Fréquences des couples et position du collocatif (Smadja 1993 : 154)

nœud	collocatif	Fréq.	pos -5	pos -4	pos -3	pos -2	pos -1	pos 1	pos 2	pos 3	pos 4	pos 5
takeover	possible	178	0	13	4	23	138	0	0	0	0	0
takeover	corporate	93	2	2	2	1	63	3	2	9	4	5

- Des collocations sont éliminées en fonction de critères comme la faible fréquence de certains collocatifs ou la faible fréquence de collocatifs dans une position spécifique.

Après cette première série de traitements, l'extracteur propose une liste de couples dont le degré d'association est significatif. Les couples sont accompagnés de l'information sur leur fréquence et la position des mots qui les composent. Toutefois, à cette étape, il ne relève que des couples. Une seconde étape permet de déterminer si ces couples ne font pas partie en réalité de séquences plus longues.

Étape 2 :
- L'extracteur retrouve les contextes dans lesquels apparaissent les couples retenus à la suite de la première étape.
- Il produit de nouvelles concordances à partir des couples et fait des relevés de fréquence des mots qui y apparaissent.
- Il retient de nouveaux groupements significatifs. Ceux-ci sont parfois plus longs que les couples retenus préalablement. Ils sont relevés s'ils apparaissent avec une fréquence supérieure à un certain seuil.

Cette seconde séquence de tâches retient toujours les couples significatifs, mais ramène également des groupements plus longs. De plus, l'extracteur peut déterminer si les couples produits au cours de l'étape 1 font systématiquement partie de groupes plus longs. Toutefois, il ne sait rien encore de la relation syntaxique qui lie les mots faisant partie des groupes extraits. Par exemple, si les deux premières étapes produisent un couple composé de *médicament* et *administrer*, rien n'indique si *médicament* est le sujet ou l'objet direct du verbe *administrer*. C'est ce qui intervient à l'étape 3.

Étape 3 :
- L'extracteur fait une ***analyse syntaxique*** des contextes dans lesquels apparaissent les groupes extraits pour déterminer la nature de la relation entretenue par les éléments. Par exemple, le couple (*rose, price*) produit les concordances annotées syntaxiquement comme celles qui apparaissent dans le tableau 7.2.
- L'extracteur tient compte de la fréquence d'un groupe extrait assorti de l'annotation syntaxique et détermine au moyen d'un calcul statistique si cet ensemble a une distribution significative. Ce calcul devrait — pour

TABLEAU 7.2

Concordances annotées syntaxiquement (Smadja 1993 : 163)

Concordance	Annotation syntaxique
... *when they rose pork prices 1.1 percent...*	VO (verbe, objet)
Analysts say stock prices rose because of a rally in Treasury bonds.	SV (sujet, verbe)
Bond prices rose because many traders took the report as a signal.	SV (sujet, verbe)
Stock prices rose in moderate trading today with little news...	SV (sujet, verbe)

FIGURE 7.1

Sortie de Xtract (d'après Smadja 1993 : 165)

sales fell -1
158 .... sales fell 158
TAG : SV
4   4

New home sales fell 2.7 percent in February following an 8.6 percent drop in January the Commerce Department reported.

le couple (*rose, price*) cité un peu plus haut — conserver le couple annoté SV et rejeter le couple annoté VO, si la première annotation est nette-ment supérieure à la seconde. Cette dernière analyse permet d'éliminer de nombreuses collocations préalablement retenues, mais qui ne sont pas significatives.

Après avoir appliqué ces différents traitements répartis en trois étapes, l'extracteur propose à l'utilisateur une sortie dont un exemple est reproduit à la figure 7.1.

La première ligne présente un couple avec l'indication de la distance entre les deux mots. Il s'agit des résultats des traitements de l'étape 1. La deuxième ligne indique le nombre de fois où le groupe est extrait dans cette forme. Le groupe (*sales fell*) a été retrouvé 158 fois dans cette forme et n'a pas été retrouvé régulièrement dans un groupe plus long. La deuxième ligne présente en fait les résultats de l'étape 2. La troisième ligne donne l'annota-tion syntaxique attribuée lors de l'étape 3. Enfin, un exemple tiré du cor-pus dans lequel se trouve la collocation extraite est proposé.

Les sorties de *Xtract* ont été évaluées par un lexicographe qui devait se prononcer sur la qualité des résultats livrés par les trois étapes de traitement. Cette évaluation révèle que 94 % des collocations identifiées comme de bons candidats par le lexicographe l'ont également été par l'extracteur (montrant que l'extracteur produit peu de silence). Par ailleurs, 80 % des collocations extraites automatiquement ont également été considérées par le lexicographe comme de bons candidats (les listes produites comportent peu de bruit). Ces résultats sont impressionnants surtout si on les compare aux résultats obtenus en extraction de termes.

Extraction bilingue

Nous avons déjà vu que la **terminographie bilingue** ou **multilingue** doit appuyer ses observations sur des corpus représentatifs de chacune des langues visées par la description. Elle peut avoir recours à des corpus alignés ou à des corpus comparables.

Des chercheurs proposent d'étendre les stratégies d'extraction de termes décrites dans le chapitre 6 aux **corpus bilingues**. L'idée ici est de proposer non seulement des candidats-termes au moyen de techniques qui s'apparentent à celles auxquelles on fait appel en extraction unilingue, mais deux séries de candidats dans chacune des langues faisant l'objet du traitement. À cela s'ajoute un travail supplémentaire qui consiste à établir des équivalences entre les deux séries de candidats. Ces différentes techniques sont regroupées sous le générique **extraction de termes bilingue**. L'extraction de candidats et la recherche d'équivalents ne s'ordonnent pas de la même manière d'un extracteur à l'autre.

L'extraction bilingue présente, on s'en doute bien, de nombreuses difficultés. À celles que nous avons déjà signalées pour l'extraction unilingue — la définition du statut terminologique, le découpage du terme, la coordination, l'élision, etc. — se greffent celles qui concernent l'établissement d'*équivalences*. Nous examinons quelques cas de figure ci-dessous.

- Un terme dans une langue A a plusieurs équivalents dans le corpus de la langue B. Par exemple, *intelligent terminal* peut se rendre par *terminal intelligent*, *terminal programmable* et *terminal avec mémoire* dans un corpus français. De plus, ces équivalences multiples, lorsqu'elles sont observées dans un corpus bilingue, s'établissent dans les deux directions, comme le montre la figure 7.2.

FIGURE 7.2

Équivalences multiples entre deux langues

- Les termes complexes ont, dans chacune des langues, des structures ou des longueurs différentes. Par exemple, *portable life support system,* qui comporte quatre noms, se traduit par *équipement de survie* composé de deux noms et d'une préposition.
- Un terme complexe dans une langue équivaut à un terme simple dans l'autre langue. *Computer-assisted terminography* se rend en français par *terminotique.* De même, *base de données* est rendu par *database* en anglais.
- Un syntagme nominal s'exprime dans l'autre langue par un syntagme d'une autre nature. Par exemple, *law suit* peut se traduire par *poursuite en justice.* Mais dans d'autres phrases, il donnera lieu à *poursuivre en justice.*
- Il arrive qu'une phrase d'un texte source comporte une mention explicite à un terme complexe, mais que la phrase du texte cible utilise plutôt une anaphore. Par exemple, *... the disk drive is identified...* peut se rendre par *... ce dispositif est identifié...* ou encore *... celui-ci est identifié...*

Il reste encore fort à faire avant qu'un extracteur bilingue puisse résoudre tous ces problèmes. Les techniques utilisées repèrent des séquences qui se ressemblent dans les langues traitées, mais arrivent encore difficilement à établir des équivalences avec certitude. Ces imperfections sont liées en partie aux techniques utilisées. Toutefois, si les corpus sont suffisamment volumineux, l'extracteur devrait arriver à produire une partie des équivalents corrects pour un terme donné.

L'extraction bilingue s'appuie le plus souvent sur des *corpus alignés* limitant ainsi la recherche des équivalences aux segments qui ont été préalablement mis en correspondance. La figure 7.3 montre comment ces segments servent de point de référence.

Une première technique d'extraction bilingue produit d'abord des listes de candidats-termes au moyen de techniques linguistiques, statistiques ou mixtes décrites dans le chapitre 6. À cette étape, l'extraction se fait sur chacune des langues séparément. Elle tente par la suite d'établir des équivalences en s'appuyant sur les textes alignés. La figure 7.4 illustre le fonctionnement de ce type d'extraction.

Cette première méthode présente l'avantage de n'avoir à traiter que les termes et à faire abstraction (dans une certaine mesure) de ce qui se trouve ailleurs dans les segments alignés. Toutefois, comme les équivalences sont établies à partir d'une liste de candidats, seuls les termes correspondant aux séquences recherchées par l'extracteur seront pris en considération. Par exemple, s'il recherche uniquement des syntagmes nominaux, les syntagmes verbaux (par lesquels les termes peuvent parfois se traduire) seront mis de côté.

Une seconde technique focalise en premier lieu sur l'établissement d'équivalences. Au moyen de techniques statistiques, on aligne tous les mots apparaissant dans les segments alignés. L'idée est de produire des alignements à un niveau plus fin que la phrase. On identifie par la suite les séquences pouvant correspondre à des termes dans la première langue et on recherche des équivalences dans la seconde. Cette méthode est plus souple que la première puisqu'elle admet des équivalences qui ne correspondent pas à des séquences de termes de base. Toutefois, elle repose en très grande partie sur la qualité de l'alignement des mots fait au préalable.

FIGURE 7.3

Extraction bilingue à partir d'un corpus aligné

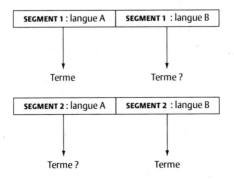

FIGURE 7.4

Une technique d'extraction bilingue

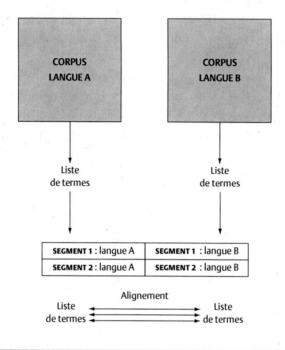

Extraction de termes à partir de corpus comparables

La plupart des extracteurs bilingues s'appuient sur des corpus alignés, ce qui représente déjà un travail fort complexe. Toutefois, certains travaux encore plus ambitieux ont tenté de procéder à des extractions bilingues à partir de corpus comparables.

Ces techniques reposent sur des calculs statistiques et sur les mots entourant les candidats afin d'établir des parallèles entre les résultats obtenus dans les corpus associés à deux langues différentes.

Trouver de l'information sémantique

Les différentes techniques dont nous avons parlé dans le chapitre 6 et dans les premières sections du présent chapitre produisent des listes de candidats de différentes natures. Qu'il s'agisse de termes simples ou complexes, de collocations ou d'équivalents, les candidats sont présentés tels quels et ne sont reliés entre eux d'aucune manière.

La présentation de termes par ordre alphabétique ou par fréquence décroissante a pour effet d'occulter les indices révélateurs d'une relation sémantique ou conceptuelle. Par exemple, une liste alphabétique fait perdre le lien sémantique entre des séquences : *courrier électronique* et *messagerie électronique* figureraient à des endroits forts différents dans une liste.

De même, l'ordonnancement par fréquence décroissante aura pour effet d'éloigner des termes complexes partageant des composantes communes. Par exemple, comment retrouver rapidement, à la suite du traitement d'un corpus médical, tous les candidats dans lesquels apparaît *conduction*, à savoir *temps de conduction, conduction auriculo-ventriculaire, trouble de conduction*, etc. ?

Certains programmes proposent des solutions à ces problèmes et tentent d'établir une relation entre deux ou plusieurs termes extraits au préalable de façon automatique. Nous verrons dans ce qui suit que la nature de la relation recherchée diffère d'un extracteur à l'autre.

Établir des relations à partir de la forme

Le chapitre 3 a montré que la *forme* des termes constitue parfois le symptôme d'une parenté sémantique. La construction de séries de termes simples ou complexes peut s'appuyer sur leurs composantes (un affixe ou un radical en ce qui concerne les termes simples ; la tête ou un modificateur en ce qui concerne les termes complexes). De même, certaines relations sémantiques régulières engagent des termes formellement semblables, mais appartenant à des parties du discours différentes (la dérivation syntaxique, les relations actancielles ou circonstancielles, etc.).

La parenté formelle est un indice que peut exploiter un outil informatique puisqu'il s'agit de retrouver des chaînes de caractères semblables. La forme sert d'amorce à la construction de séries de termes ou à l'établissement d'une relation spécifique. Deux ensembles de techniques sont décrits ci-dessous.

a) Séries de termes complexes

Une première technique cherche à construire des séries de termes complexes en s'appuyant exclusivement sur la similitude formelle de leurs composantes. À partir d'une liste de termes préalablement extraits, un programme réordonne les candidats et propose différents regroupements. Ces derniers permettent au terminographe de visualiser l'ensemble des termes qui ont des composantes identiques sans avoir à parcourir la liste manuellement.

L'exemple de la figure 7.5 montre comment des termes extraits d'un corpus juridique et triés alphabétiquement sont reliés à d'autres candidats. Dans l'exemple, le regroupement est illustré à partir du candidat *droit constitutionnel*. L'extracteur retrouve dans la liste les autres termes ayant des composantes communes, soit *droit* ou *constitutionnel*.

Certains extracteurs vont un peu plus loin et font une *analyse syntaxique* des groupes extraits en distinguant la *tête* et les *modificateurs*. Lexter (Bourigault 1994), dont nous avons déjà parlé au chapitre 6, fait ce genre d'analyse.

Le regroupement des termes par composantes, qu'il soit ou non assorti d'une analyse syntaxique, offre un point de vue fort différent sur les termes extraits. Il permet d'abord au terminographe de réunir les termes complexes qui partagent probablement des composantes sémantiques. Le terminographe peut ainsi se pencher sur des *classes sémantiques* et analyser les termes qui en font partie en parallèle. Par ailleurs, il pourra utiliser cette organisation pour amorcer une analyse distributionnelle afin de dégager des classes sémantiques pour des termes qui n'ont pas la même forme (l'analyse distributionnelle est abordée plus loin dans ce chapitre).

Le regroupement des termes permet également de valider, dans une certaine mesure, leur *statut terminologique*. Un candidat faisant partie d'une classe comportant de nombreux membres est plus susceptible d'être un terme qu'un autre candidat isolé.

Construire des séries de termes simples

Retrouver, dans une liste de candidats-termes, des termes simples susceptibles d'être sémantiquement apparentés est un travail plus compliqué que de construire des séries de termes complexes, si bien que peu de chercheurs se sont aventurés sur ce terrain.

Nous pouvons toutefois signaler une exception. Zweigenbaum et Grabar (2000) dressent des séries de termes simples en faisant l'hypothèse que la parenté

FIGURE 7.5

Termes ayant des mêmes composantes que *droit constitutionnel*

Liste de candidats

...

charte canadienne des droits

...

droit
droit à l'information
droit constitutionnel —————————————————┐
droit criminel   │
droit de la personne   │
droit de vote   │
droit du demandeur   │
droit linguistique   │
droit pénal   │
                                                            │
...   │
                                                            │
enchâssement constitutionnel   │
                                                            │
...   │
                                                            │
faculté de droit   │
                                                            │
...   │
                                                            │
litige constitutionnel   │
                                                            │
...   │
                                                            │
système constitutionnel   │
                                                            │
                         droit constitutionnel ─────────────┘

droit à l'information
droit criminel
droit de la personne
droit de vote
droit du demandeur   *litige constitutionnel*
droit linguistique   *enchâssement constitutionnel*
droit pénal
                   charte canadienne des droits
                         faculté de droit

morphologique contribuera à dégager une partie de la structure terminologique dans le domaine de la médecine. Par exemple, les termes ARTHRITE, ARTHROSE, ARTHROPATHIE, ARTHROPATIQUE sont à la fois sémantiquement et morphologiquement apparentés.

Les regroupements n'ont pas été effectués directement à partir de listes de candidats-termes, mais plutôt à partir de listes de termes déjà sanctionnés, ce qui diminue le risque d'erreurs de façon importante.

b) Variantes terminologiques

D'autres techniques font appel à une analyse linguistique un peu plus élaborée et proposent des regroupements de *variantes terminologiques*. Nous avons déjà vu que la forme des termes simples ou complexes subit différents types de variations. Certaines d'entre elles sont plus régulières que d'autres et sont par conséquent décelables automatiquement.

Pour bien comprendre le problème posé par les variantes terminologiques pour un extracteur, voyons d'abord comment des variantes relativement simples, à savoir les *variantes flexionnelles*, sont traitées. Comme la plupart des extracteurs recherchent des noms et des syntagmes nominaux, la flexion n'est déterminée que par le genre et le nombre.

Examinons, en premier lieu, les entrées que produirait un extracteur qui ne peut interpréter les variantes flexionnelles comme des formes différentes du même mot graphique. Le terme examiné est IMPRIMANTE À JET D'ENCRE. La figure 7.6 montre les différentes formes que prennent la tête *imprimante* et le nom dans le modificateur, à savoir *jet*, dans un texte portant sur les imprimantes.

L'extracteur qui n'est pas apte à reconnaître les formes fléchies considère que chacune des séquences présentées dans la figure 7.6 est différente et propose donc un nombre équivalent de candidats-termes. En outre, s'il mesure la fréquence des candidats, il le fera pour chacune des séquences prise séparément.

Pour faire reconnaître les variantes flexionnelles comme des réalisations différentes du même terme, les extracteurs font appel à des *corpus étiquetés* dans lesquels le *lemme* est indiqué. Cette technique permet d'appliquer les règles d'extraction non plus à la forme qui apparaît réellement dans le texte, mais à son lemme. De cette manière, l'extracteur est en mesure de traiter les formes fléchies comme des formes différentes de la même séquence. L'intérêt de l'indication du lemme est illustré à la figure 7.7.

FIGURE 7.6

Variantes flexionnelles de la séquence *imprimante à jet d'encre*

imprimante à jet d'encre	4
imprimante à jets d'encre	2
imprimantes à jet d'encre	8
imprimantes à jets d'encre	1

FIGURE 7.7

Indication du lemme et conséquences en extraction de termes

imprimante/imprimante; NC FÉM SING à/à; PRÉP jet/jet; NC MASC SING d'/de; PRÉP encre/encre; NC FÉM SING

imprimante/imprimante; NC FÉM SING à/à; PRÉP jets/jet; NC MASC PLUR d'/de; PRÉP encre/encre; NC FÉM SING

imprimantes/imprimante; NC FÉM PLUR à/à; PRÉP jet/jet; NC MASC SING d'/de; PRÉP encre/encre; NC FÉM SING

imprimantes/imprimante; NC FÉM PLUR à/à; PRÉP jets/jet; NC MASC PLUR d'/de; PRÉP encre/encre; NC FÉM SING

On peut aller un peu plus loin et neutraliser non seulement les variantes flexionnelles mais les mots grammaticaux entrant dans la formation des termes complexes. L'extracteur mis au point par Daille (1994), *ACABIT*, neutralise les *variantes syntaxiques faibles* en ramenant les séquences apparaissant dans le corpus sous forme de couples où les mots grammaticaux sont gommés. La figure 7.8 montre comment les couples sont formés.

Cette technique permet de traiter de la même manière (par exemple, de comptabiliser comme des occurrences du même terme) des termes complexes dont les différences ne tiennent que dans la forme des mots grammaticaux. Cependant, elle fait le pari que le gommage des mots grammaticaux n'a pas de conséquences sur le sens des termes.

D'autres extracteurs font appel à des connaissances linguistiques plus riches encore et établissent des liens entre des *variantes morphosyntaxiques*. Nous examinerons une variante qui appartient à cette catégorie, à savoir celle dans laquelle se retrouve un *adjectif relationnel*. Toutefois, d'autres méthodes de représentation des variantes morphosyntaxiques, par exemple un verbe et sa nominalisation, sont proposées dans Jacquemin (2001)[8].

FIGURE 7.8

Neutralisation de variantes morphosyntaxiques

imprimante laser, imprimante à laser, imprimantes laser
(imprimante, laser)   3

siège pour bébé, siège à bébé, sièges pour bébés
(siège, bébé)   3

traitement de la parole, traitement de parole
(traitement, parole)   2

8. Il est à noter que Jacquemin (2001) utilise une technique différente de celle que nous décrivons. Il génère d'abord une série de variantes terminologiques au moyen d'un système de règles linguistiques et recherche, par la suite, des correspondances dans le corpus.

Daille (2001) a mis au point une technique qui réunit un terme dans lequel apparaît un adjectif relationnel et un autre terme dont le modificateur est de forme préposition + nom en faisant l'hypothèse qu'ils ont le même sens. La technique exploite une propriété déjà évoquée de l'adjectif relationnel, à savoir que son sens se ramène à celui d'un nom. Quelques exemples sont donnés ci-dessous.

réseau neuronal	*réseau de neurones*
épanchement sanguin	*épanchement de sang*
extraction terminologique	*extraction de termes*
allergie alimentaire	*allergie aux aliments*

Pour réunir ces paires de termes de façon automatique, l'extracteur mise en premier lieu sur la parenté formelle entre l'adjectif relationnel et le nom dont il est dérivé. Il table ensuite sur la coexistence des deux termes dans le même corpus spécialisé. Voyons concrètement de quelle manière la reconnaissance se fait :

- L'identification des adjectifs relationnels se fait à la suite de l'extraction, c'est-à-dire à partir de la liste de candidats-termes ;
- Les couples dans lesquels se trouve un adjectif sont examinés afin de déterminer lesquels contiennent un adjectif relationnel ;
- L'identification des adjectifs relationnels repose sur une liste de suffixes productifs (par exemple, *-al, -estre, -ier, -ique*) ;
- Les adjectifs relationnels sont ramenés à une forme nominale (la plus probable) au moyen de règles de transformation. Par exemple, la règle *-ien/-ie* permet de ramener *bactérien* à *bactérie* (Daille 2001).

Il arrive que plusieurs noms soient générés à partir des règles de transformation appliquées à l'étape précédente. En effet, l'analyse des suffixes rattachés aux adjectifs relationnels peut donner lieu à plusieurs noms plausibles. Par exemple, l'adjectif *alimentaire* peut être rattaché à *alimentation* et à *aliment (allergie alimentaire -> allergie à un aliment ; habitude alimentaire -> habitude d'alimentation)*. L'extracteur épure ces résultats en s'appuyant sur la coexistence, dans le corpus, de termes complexes apparentés. Il s'y prend de la manière suivante :

- L'extracteur parcourt la liste des candidats-termes extraits ;
- Il recherche un couple qui comporte la même tête que celui dans lequel se trouve l'adjectif relationnel. Par exemple, nous avons vu que l'adjectif *ali-*

mentaire pouvait être associé à *alimentation* et à *aliment*. S'il se trouve dans la séquence *allergie alimentaire*, l'extracteur devrait rejeter *alimentation* lorsque *allergie aux aliments* se retrouve ailleurs dans la liste de candidats ;

• L'extracteur déduit que les candidats dans lesquels apparaît un adjectif relationnel (ex. *allergie alimentaire*) et les candidats qui sont liés aux premiers selon les stratégies déployées aux étapes précédentes (ex. *allergie aux aliments*) constituent des variantes terminologiques ;

• Il propose à l'utilisateur les deux variantes ramenées dans la même entrée.

Les techniques d'identification des variantes terminologiques font appel à des traitements linguistiques élaborés, du moins si on les compare à certaines méthodes d'extraction de termes décrites au chapitre 6. Elles sont donc fortement rattachées à la langue.

Toutefois, elles présentent un intérêt de premier plan pour la terminographie. Lorsque les variantes sont regroupées, il est plus facile de les envisager toutes en parallèle et éviter ainsi de perdre des paires synonymiques précieuses.

Établir des relations à partir du contexte

La forme des termes n'est pas le seul moyen de repérer une relation sémantique dans un corpus spécialisé. Une partie de cette information se trouve dans les contextes où apparaissent les termes.

Un second ensemble de techniques qui font l'objet des sections suivantes recherche les traces de l'information sémantique dans les contextes. Tout comme les premières méthodes qui tablaient sur la forme, ces techniques ont deux finalités : construire des ensembles de termes en faisant l'hypothèse qu'ils sont sémantiquement apparentés ou établir une relation sémantique spécifique.

a) Explorer la combinatoire

Une première méthode d'exploration contextuelle consiste à construire des classes de termes en étudiant leur **combinatoire** dans un corpus spécialisé. Les termes qui ont les mêmes **cooccurrents** risquent fort de former des **classes sémantiques**.

Les méthodes de construction automatique de classes de termes s'appuient toutes, de façon plus ou moins rapprochée, sur l'*analyse distributionnelle* décrite par Harris (1971, 1991) qui cherche à vérifier l'hypothèse selon laquelle la distribution des unités linguistiques constitue un reflet de leurs propriétés sémantiques.

L'analyse automatique de la distribution procède généralement à partir d'une liste de termes de nature nominale. Il peut s'agir d'une liste de candidats proposés par un extracteur ou d'une liste de termes déjà sanctionnée.

Les termes de nature nominale donnent accès à des cooccurrents de nature adjectivale, nominale ou verbale. L'identification automatique des cooccurrents est plus ou moins difficile à mettre en œuvre en fonction de leur nature grammaticale. Par exemple, l'adjectif est moins difficile à repérer que le verbe, puisque le premier se retrouve souvent placé à la droite du nom en français alors que le verbe en est parfois éloigné. Toutefois, si l'identification repose sur une analyse syntaxique, la relation entre le terme de nature nominale et son cooccurrent est dégagée avec plus d'assurance.

Nous allons illustrer l'intérêt que présente l'exploration de la combinatoire pour constituer des classes sémantiques à partir d'*extrasystole* qui désigne un « trouble du rythme ». Parmi les cooccurrents avec lesquels le terme se combine dans un corpus médical d'environ 500 000 mots, on retrouve *auriculaire*. Utilisons cet adjectif pour retrouver les autres noms qu'il modifie. Ceux-ci sont reproduits dans le tableau 7.3.

Cette première liste permet effectivement de mettre en évidence des noms appartenant à la même classe sémantique, à savoir *arythmie, fibrillation* et *tachycardie*. Toutefois, elle présente des noms rattachés à d'autres classes, *étage, fibre, myocarde, nœud, rythme,* par exemple.

Pour valider une classe sémantique potentielle, il convient de pousser plus avant l'exploration contextuelle et de trouver d'autres contextes communs aux termes relevés dans cette première étape. On peut supposer que plus le nombre de contextes communs partagés par deux termes est élevé, plus ceux-ci sont susceptibles d'appartenir à la même classe.

Nous allons voir maintenant si les noms dégagés dans le tableau 7.3 partagent d'autres contextes avec *extrasystole*. Nous nous en tiendrons aux adjectifs et aux verbes. Les résultats sont reproduits dans le tableau 7.4.

Ces résultats partiels permettent d'exclure *nœud* d'une classe sémantique à laquelle appartiendrait *extrasystole* puisqu'il ne partage aucun autre adjectif ou verbe avec lui. Par ailleurs, *étage, excitabilité, fibre* et *myocarde* n'ont que trois contextes en commun avec *extrasystole*. Il est donc permis de s'interroger sur leur parenté sémantique avec le terme d'origine.

D'une manière générale, cette seconde liste permet de valider la corrélation entre le nombre de contextes communs et la parenté sémantique. *Extrasystole, tachycardie, extrasystolie* et *arythmie*, qui partagent un nombre élevé de cooccurrents, appartiennent effectivement à une même classe.

Cependant, des termes échappent au test de la cooccurrence puisqu'il peut arriver que, dans un corpus, un terme spécifique soit peu fréquent ou n'ait pas été utilisé avec un cooccurrent productif. C'est ce qui se produit ici avec *flutter* et *tachysystolie* qui ont un petit nombre d'occurrences dans le corpus traité. En outre, certains cooccurrents moins spécialisés se combinent avec de vastes ensembles de termes (ex. des verbes comme *apparaître, pré-*

TABLEAU 7.3

Termes se combinant avec *auriculaire* dans un corpus médical

Adjectif	nom
auriculaire	activité
	arythmie
	automatisme
	contraction
	crise
	dépolarisation
	étage
	excitabilité
	extrasystolie
	fibre
	fibrillation
	flutter
	myocarde
	nœud
	pression
	rythme
	stimulation
	tachycardie
	tachysystolie

TABLEAU 7.4

Noms et adjectifs dans un corpus médical

Adjectif	Nom	Autres adjectifs se combinant également avec *extrasystole*
auriculaire	activité	ventriculaire, répétitif, atrial, isolé, diminuer, apparaître
	arythmie	ventriculaire, atrial, bénin, fréquent, engendrer, supprimer, traiter, nombreux, déclencher
	automatisme	ventriculaire, nodal, apparaître, diminuer
	contraction	ventriculaire, nombreux, supprimer, survenir, diminuer, présenter
	crise	isolé, fréquent, complexe, apparaître, entraîner, traiter, survenir
	dépolarisation	ventriculaire, prématuré, fréquent, survenir, apparaître, diminuer
	étage	atrial, ventriculaire, nodal
	excitabilité	atrial, ventriculaire, diminuer
	extrasystolie	atrial, ventriculaire, présenter, nodal, monomorphe, polymorphe, traiter
	fibre	ventriculaire, isolé, nodal
	fibrillation	ventriculaire, fréquent, engendrer, survenir, apparaître, traiter, apparaître
	flutter	survenir, traiter
	myocarde	atrial, ventriculaire, représenter
	nœud	
	pression	atrial, ventriculaire, présenter, diminuer
	rythme	atrial, ventriculaire, nodal, entraîner, traiter
	stimulation	atrial, prématuré, ventriculaire, induire, entraîner, représenter
	stimulation	atrial, ventriculaire, fréquent, bénin, traiter, diminuer, apparaître, nodal, apparaître, monomorphe, polymorphe, supprimer, naître, induire, survenir, observer, entraîner, déclencher
	tachycardie	survenir, traiter

Extrasystole :

ADJECTIFS : *atrial, bénin, bigéminé, fréquent, gênant, isolé, malin, momomorphe, nodal, nombreux, polymorphe, précoce, prématuré, répétitif, successif, ventriculaire*

VERBES : *(suj.) apparaître, déclencher, se définir, favoriser, naître, présenter, représenter, survenir, suivre ; (obj.) bloquer, déceler, diminuer, engendrer, entraîner, induire, observer, supprimer, traiter.*

senter). Enfin, nous n'avons pas mentionné le phénomène de la polysémie de certains cooccurrents qui pose inévitablement des problèmes importants dans ce genre d'approche.

La construction de classes sémantiques fondée sur l'analyse distribu-tionnelle permet effectivement de ramener des termes sémantiquement apparentés. Toutefois, comme on peut l'inférer à partir des fragments de résultats présentés au tableau 7.4, elle repose obligatoirement sur un cor-pus volumineux et homogène. En outre, il faut généralement faire interve-nir des critères de fréquence ou des mesures statistiques pour valider des classes sémantiques. Par exemple, le système *Zellig* (Habert *et al.* 1996, Nazarenko *et al.* 2001), dont l'analyse porte sur les cooccurrents adjectivaux et nominaux, regroupe les noms qui ont au moins neuf contextes en com-mun. Ce seuil variera en fonction de la manière dont les classes sont construites et de la taille du corpus. Dans un autre système, appelé *Sextant* (Grefenstette 1994), le nombre de contextes significatifs partagés par des termes est calculé en fonction du nombre total de contextes dans lesquels les termes en question apparaissent. Enfin, peu importe la méthode de calcul utilisée, les regroupements établis automatiquement font toujours l'objet d'une validation par un expert.

Si l'hypothèse formulée plus haut et selon laquelle la distribution consti-tue un reflet des propriétés linguistiques des termes fait une relative unani-mité et semble compatible avec l'intuition qu'on peut avoir sur les classes sémantiques, elle semble assez difficile à vérifier concrètement au moyen de procédures entièrement automatiques.

b) Dégager une relation à partir d'un marqueur linguistique

Outre la construction de classes sémantiques, le contexte est mis à contri-bution pour dégager une relation sémantique spécifique entre deux termes. Nous examinons ici des techniques qui s'appuient sur la notion de *mar-queur*, qui a déjà été examinée au chapitre 5. Il s'agit d'une nouvelle forme d'exploitation des marqueurs comme *est un, est un type de, une forme de* qui indiquent l'hyperonymie ou *comprend, est composé de* qui annoncent une relation de méronymie.

Des applications informatiques utilisent ces marqueurs pour dégager automatiquement des relations sémantiques entre termes. À partir d'une liste préalablement constituée, elles balaient les contextes dans lesquels des termes apparaissent pour voir si certains de ces termes partagent un lien sémantique.

La figure 7.9 montre comment un contexte est repéré à partir de marqueurs d'hyperonymie et d'hyponymie. L'identification est faite pour des termes apparaissant dans une liste de candidats et n'est autorisée que si les termes en question figurent dans la même phrase.

Comme pour la construction automatique de classes sémantiques que nous avons examinée à la section précédente, il faut généralement faire intervenir ici des critères de fréquence. Par exemple, une relation sémantique entre deux termes est validée si elle est exprimée par au moins deux contextes comportant un marqueur.

Cette approche repose principalement sur l'exhaustivité de la liste de marqueurs et sur la qualité de leur définition. Or, si certains marqueurs se retrouvent dans la plupart des corpus spécialisés, d'autres sont spécifiques

FIGURE 7.9

Identification automatique d'une relation sémantique

CANDIDATS : chaîne
chaîne à rouleaux
chaîne silencieuse

Marqueurs (hyperonymie)
x * [est|sont] * [le|un|les|des] y
x * [est|sont] * [|un|des] type de
etc.

Marqueurs (hyponymie)
x * [tel que] * y
x parmi [lequel|laquelle|
lesquels|lesquelles] y
type de x * [est|sont] * [un|des|le|les] y
etc.

Les types de [chaînes] les plus utilisés pour la transmission de la puissance sont les [chaînes à rouleaux] et les [chaînes silencieuses].

chaîne à rouleaux-est_un-chaîne
chaîne silencieuse-est_un-chaîne

à un domaine ou à un corpus. Plus grave encore, les marqueurs peuvent expliciter des relations de nature différente d'un corpus à l'autre.

Pour contrer une partie de ces problèmes, certains systèmes font d'abord émerger les marqueurs productifs d'un corpus avant de procéder à l'identification proprement dite. Cette approche, d'abord proposée par Hearst (1992), a par la suite été implémentée avec des variantes par Morin (1999) dans un extracteur appelé *Promothée* et par Séguéla (1999) dans un outil appelé *Caméléon*.

On procède généralement de la manière suivante.

• À partir d'une ressource externe (par exemple, un thésaurus ou une liste de termes déjà approuvée, voir la section suivante) où une relation sémantique a déjà été identifiée, l'extracteur recherche les contextes dans lesquels apparaissent les termes.

• À partir de ces contextes, l'extracteur dégage les marqueurs de relations les plus productifs et en constitue une liste.

• Cette liste est ensuite projetée sur le corpus pour retrouver les contextes où apparaissent d'autres termes.

Même si la recherche de marqueurs ne permet pas de dégager toutes les relations sémantiques entre les termes d'un corpus, elle a au moins le mérite d'étiqueter la relation qu'elles mettent au jour. L'analyse de la combinatoire, comme on l'a vu, permet de construire des classes, mais ne dit rien de la relation sémantique existant entre ses membres.

Utiliser des ressources externes

Certaines relations sémantiques échappent aux analyses qui s'appuient sur la forme du terme et sur des indices contextuels. La synonymie, par exemple, peut lier deux termes aux formes très éloignées. En outre, il est fort peu probable que des synonymes apparaissent dans le même contexte ou que la relation soit annoncée par un marqueur explicite.

Les remarques qui précèdent ne s'appliquent pas uniquement à la synonymie. D'autres termes peuvent partager une relation sémantique sans que cette dernière soit signalée dans le texte.

Pour pallier ce problème, on utilise de plus en plus des *ressources externes*, c'est-à-dire des dictionnaires généraux ou spécialisés ou, encore, des thésaurus en format électronique. Ceux-ci varient en fonction de l'application en vue et de la nature de la relation sémantique recherchée mais, d'une manière générale, ils servent à guider l'exploration automatisée du corpus spécialisé.

Un dictionnaire général, appelé *WordNet*, est fréquemment sollicité pour ce type de tâche puisqu'il décrit, pour un nombre relativement élevé de mots anglais, une multitude de liens sémantiques. En ce qui concerne les noms, par exemple, le dictionnaire explicite formellement tout un réseau de liens d'hyperonymie, d'hyponymie, de méronymie, d'holonymie, de synonymie et de co-hyponymie. Nous reparlerons de ce dictionnaire particulier au chapitre 8.

Les ressources externes sont exploitées pour dégager différents types de relations sémantiques. La section précédente a montré comment elles servaient à retrouver des contextes contenant les indices d'une relation sémantique. Nous présentons dans cette section une technique un peu différente qui vise à retrouver des liens de *synonymie*. La méthode, développée par Hamon *et al.* (1999) fait intervenir différentes ressources lexicales et notamment un dictionnaire général, à savoir, *Le Robert*. Voici comment on procède :

- Le système utilise comme point de départ une liste de candidats produite par un extracteur de termes et contenant, par conséquent, des syntagmes nominaux.

- Il a accès aux liens entre synonymes décrits dans le dictionnaire *Le Robert*. Les synonymes doivent obligatoirement appartenir à la même partie du discours (par exemple, *commande* donné comme synonyme d'*ordre*). Les liens établis dans le dictionnaire serviront à guider le regroupement éventuel des candidats.

- D'une manière générale, si la tête ou le modificateur est défini comme étant un synonyme d'une composante correspondante dans un autre terme complexe, les deux termes complexes sont définis comme étant des synonymes. Les cas de figures admis par le système sont les suivants (les exemples sont tirés de Hamon *et al.*, 1999).
  - Les composantes synonymes apparaissent comme têtes des syntagmes nominaux. En vertu de ce principe, la séquence *commande manuelle* est définie comme étant synonyme d'*ordre manuel*.
  - Les composantes synonymes sont des modificateurs. Ainsi, *action de protection* et *action de sauvegarde* sont considérés comme des synonymes.

- Deux composantes dans une séquence sont définies comme étant des synonymes, ce qui permet de traiter *classement d'équipement* et *classification de matériel* comme synonymes.

Cette méthode permet effectivement de relier des termes synonymes de façon automatique. Toutefois, les résultats annoncés par les chercheurs révèlent que certaines paires de termes identifiées comme synonymes partagent en fait une autre relation sémantique (un lien d'hyperonymie, par exemple). En outre, certains synonymes échappent à cette forme d'identification automatique puisque les termes ne sont pas tous répertoriés dans les ressources lexicales consultées. Ainsi, dans ce type d'approche, le regroupement dépend non seulement de la qualité de l'extraction de termes et de la couverture du corpus, mais aussi de l'exhaustivité des ressources externes mises à contribution.

On peut également faire appel à des ressources lexicales plus spécialisées pour détecter d'autres types de relations sémantiques, mais il ressort que les répertoires ont tous des lacunes lorsqu'on les envisage du point de vue de l'établissement des relations sémantiques à partir de corpus. Ils ont souvent été conçus en vue d'une application spécifique qui n'a rien à voir avec l'exploitation qu'on peut en faire sur des textes. Toutefois, il semble que la combinaison de différentes ressources externes constitue une avenue plus prometteuse.

Conclusion

Ce chapitre a montré qu'on pouvait faire beaucoup plus aujourd'hui qu'extraire des termes simples ou complexes et les organiser en listes triées alphabétiquement ou par fréquence décroissante.

Des outils informatiques retrouvent des collocations et permettent au terminographe de s'attarder sur les combinaisons dans lesquelles entrent les termes. D'autres extracteurs établissent des équivalences entre les termes à partir de corpus alignés.

En outre, différentes techniques sont mises à contribution pour mettre au jour une partie de la structure terminologique d'un domaine telle qu'elle est décrite dans un corpus spécialisé. Un nombre croissant d'extracteurs prennent en charge les variantes terminologiques. D'autres construisent des classes de termes en s'appuyant sur leur forme ou leur combinatoire. Des outils informatiques dégagent des relations sémantiques spécifiques entre deux termes ou plus en faisant appel à des inventaires de marqueurs ou en tentant de les faire émerger d'un corpus spécialisé. Enfin, l'exploration automatique des corpus est de plus en plus souvent guidée par une ressource externe.

Lorsque les termes simples ou complexes, les collocations, les équivalents et l'information sémantique s'y rapportant ont été extraits — à l'aide ou non de logiciels — et qu'ils ont été validés, ils peuvent être consignés et organisés sur support informatique. Les outils autorisant cette gestion font l'objet du huitième et dernier chapitre.

Suggestions de lectures

Un numéro spécial de la revue *Terminology* (2004) est consacré aux techniques qui ont fait l'objet du présent chapitre, à savoir l'extraction bilingue et la structuration des termes.

Une synthèse des méthodes d'extraction bilingue est présentée dans Gaussier (2001) et Hull (2001). En ce qui concerne l'extraction de collocations, l'article de Smadja (1993) est une lecture incontournable. Kilgariff et Tugwell (2001) présentent différentes mesures statistiques utilisées pour identifier des collocations dans les textes.

Le problème posé par les variantes terminologiques et leur traitement est abordé dans Daille *et al.* (1996) et dans Jacquemin (2001). Daille (2001) présente une méthode d'identification des adjectifs relationnels.

On trouvera dans Zweigenbaum et Grabar (2000) et Grabar et Zweigenbaum (2004) une méthode de regroupement de variantes morphologiques dans le domaine de la médecine.

La construction de classes de termes au moyen d'analyses distributionnelles est abordée dans Grefenstette (1994), Habert *et al.* (1996) et Nazarenko *et al.* (2001).

Des méthodes d'identification de relations sémantiques à partir de marqueurs linguistiques sont décrites dans Hearst (1992), Morin (1999) et Séguéla (1999). Garcia (1997) aborde la question des marqueurs de la causalité.

Des travaux d'identification de liens de synonymie sont présentés dans Hamon *et al.* (1999) et Hamon et Nazarenko (2001).

8

ORGANISATION DES DONNÉES TERMINOLOGIQUES

[...] *this shift of interest from dictionary to database is not something of quite recent nature, as it goes back to the seventies with the start up of Eurodicautom. In this sense, terminography is certainly ahead of lexicography, making clear that, if anywhere in dictionary land, it is here that paper is on the wave* (Martin et Van Der Vliet 2003 : 228-229).

Gérer des données terminologiques

Lorsque le terminographe a amassé les données terminologiques dont il a été question dans les chapitres 5, 6 et 7, il peut les placer dans un environnement qui facilitera leur gestion.

Le présent chapitre porte sur les techniques dont la fonction principale consiste à structurer les données terminologiques, c'est-à-dire à les ordonner d'une manière régulière et systématique. Elles sont mises à contribution pour préparer la description des termes et pour la diffuser lorsqu'elle est finalisée.

Le recours au support électronique pour gérer les termes et les données associées remonte aux années 1960. En fait, les terminographes se sont tournés vers le support électronique bien avant les lexicographes, comme le soulignent Martin et Van Der Vliet dans la citation reproduite au début du chapitre. Ce recours s'explique par la masse de données à traiter dans certains organismes, mais également par la nature des termes qui semblent bien se prêter à un encodage rigoureux et systématique. Le support électronique a même fortement teinté les techniques de description des données terminologiques dans les répertoires spécialisés, puisque normes d'encodage et support informatique allaient presque toujours ensemble.

Aujourd'hui, la description peut être publiée sur papier ou diffusée en format électronique. Mais dans un cas comme dans l'autre, les données transitent toujours par un environnement informatique.

Les conditions

Différentes techniques sont mises à contribution pour structurer les données et, bien qu'elles se différencient sur certains plans, elles reposent toutes sur quelques conditions fondamentales qui font l'objet de la présente section.

D'abord, les données à structurer doivent porter sur une même catégorie d'objets. Par exemple, les *données terminologiques* qui apparaissent dans un dictionnaire spécialisé ou une banque de terminologie concernent des termes. De même, les données qui apparaissent dans une bibliographie concernent des ouvrages.

Ensuite, ces données doivent être suffisamment apparentées, c'est-à-dire apparaître en nombre identique et être de même nature. Normalement, cette condition est satisfaite en ce qui concerne les termes. Un dictionnaire spécialisé retient les mêmes renseignements et les répète pour l'ensemble des entrées.

La figure 8.1 montre comment les termes sont décrits dans un vocabulaire d'Internet (INTERNET 1997). Ils sont accompagnés d'un certain nombre de données descriptives, à savoir des synonymes ou des termes apparentés, des équivalents français et l'information grammaticale qui s'y rattache, une définition et une note. Les données sont régulières et toujours présentées dans le même ordre.

Le principe de la répétition des données et de la régularité de la description s'applique également aux listes dans lesquelles on décrit des ouvrages. La figure 8.2 montre la première partie d'une bibliographie (il s'agit d'entrées de la bibliographie apparaissant à la fin de ce manuel). Chaque entrée précise le nom du ou des auteurs, l'année de publication, le titre, le lieu et la maison d'édition. Les informations — les *données bibliographiques* — sont toujours présentes et fournies dans cet ordre.

FIGURE 8.1

Termes décrits dans un vocabulaire d'Internet (INTERNET 1997)

314. *hit*
accès n.m.
Connexion effectuée sur un serveur Web pour consulter un document HTML.

Note. – On utilise parfois un compteur pour indiquer le nombre de fois qu'un document HTML a été visité, ceci pour mesurer son achalandage.

315. *hit*
occurrence n.f.
Quasi-syn. **résultat satisfaisant** n.m.
    réponse pertinente n.f.
Réponse qui correspond aux critères énoncés dans la question.

Note. – Lors d'une recherche dans Internet, les occurrences présentées par les chercheurs ne sont pas toujours pertinentes à cause du fait que l'interrogation automatique ne restitue que les termes correspondants aux mots clés qui constituent la question.

316. *home net box*
Syn. de *Internet box*

317. *home page*
start page
page d'ouverture n.f.
page de départ n.f.
Page d'accueil d'un document Web qui est automatiquement affichée quand on lance un navigateur Web.

Note. – La page d'ouverture par défaut est souvent la page d'accueil de la compagnie qui a conçu le navigateur Web utilisé, ou celle du fournisseur d'accès, mais l'internaute peut la configurer selon ses goûts ou ses besoins.

FIGURE 8.2

Description d'ouvrages dans une bibliographie

AUSTERMÜHL, F. (2001). *Electronic Tools for Translators*, Manchester : St. Jerome Publishing.

BARNBROOK, G. (1996). *Language and Computers. A Practical Introduction to the Computer Analysis of Language*, Édimbourg : Edinburgh University Press.

BÉJOINT, H. et P. THOIRON (dir.) (2000). *Le sens en terminologie*, Lyon : Presses universitaires de Lyon, « Travaux du CRTT ».

BERGENHOLTZ, H. et S. TARP (dir.) (1995). *Manual of Specialized Lexicography*, Amsterdam / Philadelphie : John Benjamins.

Toutefois, la structure des données terminologiques et bibliographiques, reproduite aux figures 8.1 et 8.2, n'est pas conçue pour être directement exploitée par un outil informatique. Il est vrai qu'elle est matérialisée par un jeu de codes typographiques. Par exemple, l'équivalent français des entrées terminologiques est signalé par des caractères gras. De même, l'année de publication de la bibliographie est placée entre parenthèses. Toutefois, l'unique fonction de ces conventions typographiques est de permettre au lecteur de repérer rapidement le renseignement qui l'intéresse.

Dans ces deux premiers exemples, les données terminologiques et bibliographiques ne sont pas individualisées formellement. Les différentes méthodes que nous examinons dans les sections qui suivent permettent précisément de réaliser cette organisation formelle.

Environnement « contraint » :
le système de gestion de bases de données

Le support informatique traditionnellement utilisé pour stocker et gérer les données terminologiques et bibliographiques est la *base de données*. La base de données recueille et organise de l'information sur des objets logiquement reliés. Elle est pilotée par un *système de gestion de base de données* (SGBD), c'est-à-dire un ensemble de programmes conçus pour créer les bases, les gérer et les interroger.

La structure de données définie dans une base accueille les renseignements accompagnant une entrée dans un modèle uniforme pour chaque entrée. Elle comporte un certain nombre de *champs* qui recevront les données de nature différente. Ces renseignements sont ainsi identifiés de manière précise et séparés du reste.

L'ensemble des champs communs à une entrée constitue un *enregistrement*. La figure 8.3 montre comment structurer formellement les données terminologiques de la figure 8.1. Une partie des données bibliographiques est présentée à la figure 8.4.

La structuration en champs entraîne des modifications par rapport à la présentation plus classique reproduite aux figures 8.1 et 8.2.

- Il n'est plus nécessaire de préciser la nature des données dans chaque entrée (par exemple, *Quasi-syn.* ou *Note. —*), puisque c'est l'intitulé du champ qui en rend compte. Par ailleurs, les conventions typographiques ont disparu, puisqu'elles sont désormais inutiles, du moins pour exploiter les données.

FIGURE 8.3

Structure de données pour des termes d'Internet (INTERNET 1997)

CHAMPS

ID	Entrée anglaise	Quasi-syn. anglais	Entrée française	Quasi-syn. français	Définition	Note
314	HIT		ACCÈS, n.m.		Connexion effectuée sur un serveur Web pour consulter un document HTML.	On utilise parfois un compteur pour indiquer…
315	HIT		OCCURRENCE, n.f.	résultat satisfaisant n.m. réponse pertinente n.f.	Réponse qui correspond aux critères énoncés dans la question.	Lors d'une recherche dans Internet, les occurrences présentées par les chercheurs ne sont pas toujours pertinentes…
316	HOME PAGE ; START PAGE		PAGE D'OUVERTURE, n.f. ; PAGE DE DÉPART n.f.		Page d'accueil d'un document Web qui est automatiquement affichée quand on lance un navigateur Web.	La page d'ouverture par défaut est souvent la page d'accueil de la compagnie qui a conçu le navigateur Web utilisé…
317	INTERNET BOX ; HOME NET BOX	NET BOX	BOÎTIER INTERNET, n.m. ; DÉCODEUR INTERNET, n.m.	console Internet, n.f.	Boîtier décodeur qui, associé à un téléviseur ou à un magnétoscope et relié à une ligne téléphonique, permet un accès limité au réseau Internet.	Le développement des moyens de connexion à Internet est en plein boum actuellement. Parmi…

- Un système de renvois (HOME NET BOX, *syn. de* INTERNET BOX) devient inutile ainsi que la duplication de certains termes puisque toutes les données deviennent accessibles à partir d'un seul point.

- Il n'est plus nécessaire, dans le cas d'un dictionnaire bilingue comme celui que nous avons utilisé jusqu'à maintenant, de prévoir un index des termes français qui reporte l'utilisateur à l'entrée anglaise, puisque les termes français sont directement accessibles à partir de cette structure.

- L'ordre canonique des données n'est pas important ou, du moins, il n'est pas significatif. Il peut varier en fonction des besoins.

Par ailleurs, comme les données sont placées dans des champs et isolées les unes des autres, elles sont toutes exploitables directement.

D'abord, les champs se prêtent à différentes formes de permutation. Par exemple, le tri des données peut se faire à partir du terme anglais, mais également à partir du terme français ou de l'indication de domaine. De même,

FIGURE 8.4

Structure pour des données bibliographiques

Année	Auteur(s)	Titre	Collection	Lieu	Éditeur
1995	BERGENHOLTZ, H. et S. TARP (dir.).	Manual of Specialized Lexicography		Amsterdam / Philadelphie	John Benjamins
1996	BARNBROOK, G.	Language and Computers. A Practical Introduction to the Computer Analysis of Language		Édimbourg	Edinburgh University Press
2000	BÉJOINT, H. et P. THOIRON (dir.)	Le sens en terminologie	Travaux du CRTT	Lyon	Presses universitaires de Lyon
2001	AUSTERMÜHL, F.	Electronic Tools for Translators		Manchester	St. Jerome Publishing

les données bibliographiques sont présentées à la figure 8.4 en fonction de leur année de publication, mais une organisation à partir du premier auteur ou de l'éditeur est facilement envisageable.

Une structure de données pré-établie peut aussi donner lieu à de multiples sous-ensembles plus petits. Cette fonctionnalité est particulièrement utile pour la diffusion définitive des articles terminographiques. La base originale contient souvent une foule de renseignements qui ne sont pas tous diffusés. Par exemple, on peut décider de ne retenir que les champs {entrée anglaise} et {entrée française} ainsi que la {définition} et de ne pas tenir compte de la note. De même, on peut extraire toute l'information se rapportant aux termes français et omettre les renseignements rattachés à l'anglais.

Par ailleurs, une première structure peut faire l'objet d'enrichissements multiples sans qu'il y ait besoin de la reprendre dans sa totalité. Par exemple, l'ajout de données relatives à une troisième langue peut se faire ultérieurement sans que cela affecte en profondeur l'organisation d'une première structure.

Enfin, chacun des champs peut faire l'objet d'une recherche. Ainsi, dans l'exemple de la figure 8.3, les entrées descriptives sont accessibles à partir des champs {entrée anglaise}, {quasi-synonyme anglais}, {entrée française}, {quasi-synonyme français} et même à partir de la {définition} ou de la {note}. Par ailleurs, les possibilités de recherche dans un environnement informatique sont plus nombreuses que dans un répertoire papier. Nous en donnons un aperçu ci-dessous (une partie des techniques de recherche a été abordée au chapitre 5, puisqu'elles s'appliquent également à la recherche dans les corpus).

- Recherche à l'intérieur d'un champ au moyen de la *troncature* symbolisée par * : par exemple, quelles sont les définitions {définition} qui contiennent *Web*? Réponse : « Connexion effectuée sur un serveur Web pour consulter un document HTML » et « Page d'accueil d'un document Web qui est automatiquement affichée quand on lance un navigateur Web ».

- Recherche d'entrées correspondant à deux critères au moyen de l'*opérateur ET* : par exemple, quel est le HIT qui correspond au français OCCURRENCE (HIT dans {terme anglais} ET OCCURRENCE dans {terme français})? Réponse : HIT (315).

- Recherche de deux critères et affichage des entrées qui correspondent soit au premier, soit au second, au moyen de l'*opérateur OU* : par exemple, quelle est l'entrée qui renferme CONSOLE INTERNET dans {entrée française} OU dans {quasi-synonyme français}? Réponse : INTERNET BOX (317).

Environnements « flexibles » : documents structurés

L'organisation des données terminologiques se fait de plus en plus souvent dans des *documents structurés* réalisés au moyen de *langages de structuration de documents* plutôt que dans les bases de données à proprement parler. Deux langages ont tendance à s'imposer, à savoir le *Standard Generalized Markup Language* (SGML) — qui est une norme de l'International Standardization Organization (ISO) émise en 1986 — et l'*eXtensible Markup Language* (XML) qui est un dérivé plus récent du SGML.

Les documents structurés partagent beaucoup de points communs avec les bases de données lorsqu'ils sont utilisés pour organiser les termes. Nous énumérons ci-dessous les principales similitudes.

- La description prévue est reprise systématiquement pour l'ensemble des entrées.
- Les données sont signalées et distinguées au moyen de *champs*.
- Toutes les données distinctes peuvent faire l'objet d'une exploitation comme une extraction ou une recherche.

La différence entre les documents structurés et les bases de données réside principalement dans le fait que c'est dans le texte lui-même et non dans des cellules fermées que les « champs » sont signalés. Ceux-ci sont marqués au

moyen de *balises*. Les figures 8.5 et 8.6 montrent comment les données terminologiques et bibliographiques reprises depuis le début de ce chapitre
sont structurées au moyen de balises simplifiées. Pour produire un document structuré, le terminographe insère lui-même des balises ou a recours
à un éditeur conçu pour les gérer.

Ce nouveau type de structuration se distingue toutefois des bases de données sur un certain nombre de plans. Les différences principales sont les
suivantes :

- Longueur variable des champs : Dans une base de données, la taille prévue
  pour un champ est valable pour la totalité de la structure. L'espace inoccupé
  est tout de même réservé. Un document structuré peut contenir des
  champs d'une longueur très variable tout en demeurant exploitable.

- Présence ou absence de certains champs : La structure prévue dans une
  base de données pour accueillir des descriptions terminologiques ou des
  descriptions bibliographiques est reproduite dans sa totalité et avec toutes
  ses caractéristiques pour l'ensemble des entrées. Ainsi, si une entrée ne fait
  pas appel à un champ, ce dernier reste vide, mais est tout de même réservé.
  La figure 8.3 illustre un problème de ce genre. Le champ {quasi-synonyme}
  est prévu dans la structure, mais n'est occupé que dans le quatrième enregistrement. Un document structuré, bien qu'il doive contenir des champs
  réguliers, peut très bien omettre une catégorie de données dans un certain
  nombre d'entrées sans que cela nuise à la cohérence de l'ensemble.

- Hiérarchisation de certains champs : L'intérêt principal des documents
  structurés est la possibilité de hiérarchiser les champs. Un champ peut en
  contenir d'autres qui lui sont subordonnés. Les figures 8.5 et 8.6 donnent
  quelques exemples de hiérarchisation. La balise <entrée française> contient
  deux sous-entrées, soit <entrée principale française> et <information
  grammaticale française>. De même, la balise <auteur> est subdivisée en
  <prénom> et <nom>.

L'organisation hiérarchique se prête à de nombreuses autres extensions.
Nous en donnons un nouvel exemple ci-dessous.

La figure 8.7 montre comment l'information apparaissant à la suite de la
balise <définition> est subdivisée en secteurs plus précis. Par exemple, des
sous-balises <hyperonyme>, <méronyme>, <holonyme> et <fonction>
isolent des fragments spécifiques à l'intérieur de l'énoncé définitoire.

FIGURE 8.5

Structuration de données terminologiques au moyen de balises

```
<article>
<numéro d'article>314.</numéro d'article>
<entrée anglaise>
        <entrée anglaise principale>hit</entrée anglaise principale>
</entrée anglaise>
<entrée française>
        <entrée française principale>accès
<information grammaticale entrée principale française>
                n. m.
        </information grammaticale entrée principale française>
        </entrée française principale>
</entrée française>
<définition>Connexion effectuée sur un serveur Web pour consulter un document
HTML.</définition>
<note>On utilise [...] </note>
</article>
```

FIGURE 8.6

Structuration de données bibliographiques au moyen de balises

```
<Entrée bibliographique>
<auteur>
            <nom>Austermühl</nom>
            <initiale du prénom>F. </initiale du prénom>
</auteur>
<année de publication>2001</année de publication>
<titre>Electronic Tools for Translators</titre>
<lieu d'édition>Manchester</lieu d'édition>
<maison d'édition>St. Jerome Publishing </maison d'édition>
</Entrée bibliographique>
```

Les champs ainsi hiérarchisés peuvent faire l'objet d'exploitations particulières. Par exemple, l'examen des définitions contenant un champ <holo-
nyme> au moyen d'une requête comme «Quels sont les entrées dont l'holonyme est SYSTÈME D'EXPLOITATION?» ramènerait RÉPARTITEUR et d'autres
termes dont la définition comporte ce terme défini comme holonyme.

De même, il devient possible de localiser tous les termes dont un des
méronymes est POSTE DE LECTURE. Pour arriver à ces résultats dans un système de gestion de base de données comme celui qui a fait l'objet de la section précédente, les informations pertinentes doivent être reproduites dans
de nouveaux champs.

FIGURE 8.7

Subdivision des éléments dans une définition

```
<article>
            <entrée>chemin de lecture</entrée>
            <définition>Dans un
                      <holonyme>lecteur</holonyme>
                      <hyperonyme>chemin</hyperonyme>
                      comportant un
                      <méronyme>poste de lecture</méronyme>
            </définition>
</article>

<article>
            <entrée>répartiteur</entrée>
            <définition>
                      <hyperonyme>programme</hyperonyme>
                      du
                      <holonyme>système d'exploitation</holonyme>
                      ou toute autre
                      <holonyme>unité fonctionnelle</holonyme>
                      dont l'objet est de
                      <fonction>répartir</fonction>
            </définition>
</article>
```

L'environnement hypertexte

Les dictionnaires publiés sur cédérom ou diffusés dans le Web représentent souvent les données terminologiques au moyen d'*hyperliens*. En outre, les systèmes de gestion de bases de données et les documents structurés peuvent les intégrer facilement.

L'hyperlien sert à lier formellement deux composantes textuelles. Ces dernières peuvent se trouver dans deux documents différents ou dans des parties éloignées d'un même document.

Ce principe est exploité de différentes manières pour représenter les données terminologiques. Soulignons toutefois qu'il ne permet pas une véritable gestion des données, mais un accès rapide aux liens établis préalablement par le terminographe. Il est surtout utile pour la diffusion finale des descriptions terminographiques.

Le plus souvent, l'hyperlien met en correspondance un index et les articles qui présentent la description des termes. La figure 8.8 montre comment les entrées de la lettre *B* sont affichées après une sélection faite par l'utilisateur.

FIGURE 8.8

Hyperliens entre un index et les entrées d'un dictionnaire spécialisé

A | B | C | D | E | F | G | H | I | J | K | L | M | N | O | P | Q | R | S | T | U | V | W | X | Y | Z

banque de terminologie
Angl. *term bank*
Répertoire informatisé constitué de données terminologiques réunies dans une structure généralement appelée fiche de terminologie et reliées à une grande variété de domaines spécialisés.

bibliothèque
Angl. *library*
Ensemble organisé de collections de documents, livres, périodiques et autres documents, et généralement d'un service de gestion, d'acquisiton, d'organisation et de mise en place des protocoles d'accès à ces *documents.

bibliothèque gouvernementale
Angl. *government library*
Bibliothèque servant principalement les différents organismes gouvernentaux (parlement, ministères, etc.) se caractérisant par des collections utiles dans la gestion gouvernementale (manuels de droit, de jurisprudence, rapports de recherche, etc.).

bibliothèque nationale
Angl. *national library*
Bibliothèque responsable, en priorité, de l'acquisition et de la conservation d'exemplaires de toutes les publications éditées dans le pays; elle bénéficie le plus souvent du dépôt légal.

bibliothèque publique
Angl. *public library*
Bibliothèque mise sur pied et gérée par une administration municipale pour le bénéfice de ses citoyens.

bibliothèque universitaire
Angl. *university library*
Collection de livres à l'usage des étudiants et du corps professoral d'une université ou d'une grande école (GDT).

bibliothécaire
Angl. *librarian*
Professionnel ayant reçu une formation et un grade universitaire en bibliothéconomie et responsable de la gestion des documents dans une bibliothèque.

La figure 8.9, quant à elle, montre comment les termes contenus dans des définitions sont reliés, au moyen d'hyperliens, aux articles où ces termes sont définis. On reconnaîtra les définitions citées plus haut.

FIGURE 8.9

Hyperliens dans les définitions

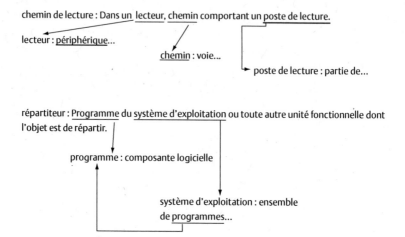

Environnements spécialisés : logiciels de terminologie et banques de terminologie

Les terminographes ont souvent recours, pour structurer les données terminologiques et les gérer, à des logiciels spécialisés commerciaux appelés *logiciels de terminologie*. Ceux-ci ne diffèrent pas, du moins en ce qui concerne leurs principes de fonctionnement, des environnements dont nous venons de parler puisqu'ils en constituent des spécialisations. Ils adaptent des fonctionnalités propres aux systèmes de gestion de bases de données et aux documents structurés afin de faciliter le travail du terminographe. Ce dernier se concentre sur la saisie des données et sur leur organisation plutôt que sur la manipulation de structures ou de requêtes complexes.

Il existe une multitude de logiciels de terminologie commerciaux et chacun présente des particularités. Toutefois, d'une manière générale, ils comportent des structures préconstruites ou adaptées à la gestion de données terminologiques. Par exemple, l'utilisateur, plutôt que de construire une structure de données de toutes pièces, sélectionne des champs à partir d'une liste. Ce scénario est reproduit à la figure 8.10.

D'autres fonctionnalités viennent généralement faciliter le travail du terminographe. Par exemple, des requêtes et des formulaires d'impression déjà
construits lui sont proposés.

La prise en charge en amont des fonctions liées à la gestion des données
terminologiques présente un avantage indéniable puisqu'elle facilite gran-
dement l'utilisation du logiciel. Toutefois, dans certains contextes, une définition trop rigide peut vite devenir un problème. Il est parfois difficile de
modifier en profondeur des structures de données déjà proposées ou de
créer des modèles de requêtes qui n'ont pas été prévues.

Utilisateurs des logiciels de terminologie

Les traducteurs sont les plus grands utilisateurs des logiciels de terminologie.
Il s'en servent pour conserver les résultats de recherches qu'ils ont menées
dans le cadre de projets de traduction. Toutefois, les traducteurs s'intéressent
souvent à d'autres types d'unités et non uniquement à des termes. Ils jugent
souvent utile de répertorier des expressions figées ou fréquentes afin de les
retrouver facilement.

Les logiciels de terminologie sont souvent combinés à des environnements de
traduction, à savoir les mémoires de traduction, pour permettre la récupération d'équivalents rapidement.

FIGURE 8.10

Sélection de champs dans un logiciel de terminologie

Choix de champs	Sélection
[domaine]	[domaine]
[terme anglais] ⟶	[terme anglais]
[terme français] ⟶	[terme français]
[terme espagnol]	[définition]
[terme allemand]	[note]
[définition]	
[note]	
[sources]	
[illustration]	
[sources]	

Il arrive également que des organismes publics ou privés disposant d'un service de terminologie, de traduction ou de rédaction conçoivent eux-mêmes leur outil de gestion et d'organisation des données terminologiques. Dans ce contexte, le terminographe est appelé à alimenter une *banque de terminologie* prédéfinie.

La structure de données est imposée et les terminographes doivent enrichir la banque en souscrivant à un protocole établi. C'est ce qui se produit dans les services chargés d'alimenter des banques de terminologie largement diffusées, comme le GDT, TERMIUM et EURODICAUTOM.

Environnements intégrés : extraction et gestion de données terminologiques

Il arrive qu'un outil conçu pour gérer les données terminologiques soit intégré à un environnement dans lequel se trouvent d'autres outils informatiques, par exemple, un concordancier ou extracteur de termes.

Yvanhoé, un environnement de rédaction de fiches utilisé au Bureau de la traduction du Gouvernement canadien, amalgame un concordancier et un module de préparation d'articles terminographiques. Le terminographe marque, dans des textes bilingues, les termes qui l'intéressent. Il peut également récupérer, s'il le souhaite, les phrases dans lesquelles les termes apparaissent. *Yvanhoé* gère lui-même toutes les questions relatives à la notation des sources.

Adepte-Nomino — un autre modèle du genre — comprend un extracteur de termes, un concordancier et un système de gestion de bases de données. L'extracteur propose d'abord une liste de candidats-termes qui peuvent, par la suite, faire l'objet d'une recherche dans le corpus au moyen du concordancier. Enfin, le terminographe copie un candidat ou un contexte directement dans une sorte de fiche de travail. La figure 8.11 illustre les diverses composantes de l'environnement Adepte-Nomino.

Les modèles d'encodage des données terminologiques

Peu importe la technique à laquelle il aura recours, à savoir un système de gestion de bases de données, un modèle de document structuré ou, encore, un environnement spécialisé, le terminographe doit définir une structure qui

FIGURE 8.11

Environnement intégré : extracteur, concordancier, système de gestion de bases de données

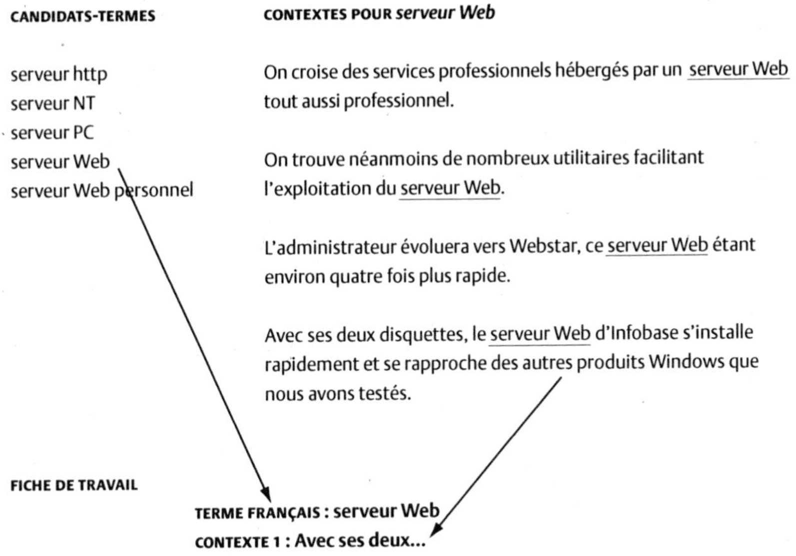

CANDIDATS-TERMES · CONTEXTES POUR *serveur Web*

serveur http
serveur NT
serveur PC
serveur Web
serveur Web personnel

On croise des services professionnels hébergés par un serveur Web tout aussi professionnel.

On trouve néanmoins de nombreux utilitaires facilitant l'exploitation du serveur Web.

L'administrateur évoluera vers Webstar, ce serveur Web étant environ quatre fois plus rapide.

Avec ses deux disquettes, le serveur Web d'Infobase s'installe rapidement et se rapproche des autres produits Windows que nous avons testés.

FICHE DE TRAVAIL

TERME FRANÇAIS : serveur Web
CONTEXTE 1 : Avec ses deux...

servira à représenter le mieux possible les données terminologiques dont il veut rendre compte.

Il importe en tout premier lieu de distinguer les données elles-mêmes des catégories de données. Les *données* sont les informations spécifiques rattachées à l'objet décrit. Par exemple, *n.m.* est une donnée accompagnant l'entrée ACCÈS. De même, « La page d'ouverture par défaut est souvent la page d'accueil de la compagnie qui a conçu le navigateur Web utilisé, ou celle du fournisseur d'accès, mais l'internaute peut la configurer selon ses goûts ou ses besoins » est une donnée terminologique qui accompagne PAGE D'ACCUEIL.

Les données décrites en terminographie appartiennent à deux groupes principaux, à savoir les *données terminologiques*, qui sont rattachées aux termes, et les *données bibliographiques*, qui accompagnent les ouvrages. On distingue également les *données administratives*, comme la date de saisie d'une fiche terminologique ou le nom du rédacteur, sur lesquelles nous ne reviendrons pas dans le présent chapitre.

Les données terminologiques se répartissent plus spécifiquement dans des catégories plus fines énumérées ci-dessous.

- *Données conceptuelles* : On regroupe ici la définition, l'indication de relations avec d'autres concepts, le domaine de spécialité et, au besoin, des notes techniques et des illustrations, etc.

On peut aussi parler de *données sémantiques* si on adhère à une optique lexico-sémantique.

Rappel d'une autre distinction importante

Comme nous l'avons vu au chapitre 1, la distinction entre données conceptuelles et données sémantiques n'est pas triviale et a des répercussions sur la manière de décrire les termes et les relations entre termes. Par exemple, une représentation conceptuelle permet difficilement d'appréhender les relations entre dérivés syntaxiques, cooccurrents ou certains synonymes. La prise en compte de ces relations passe forcément par une distinction établie à partir du sens des termes. Nous en verrons une illustration concrète plus loin lorsque nous décrirons des relations sémantiques.

- *Données linguistiques* : Ce second groupe comprend la ou les formes linguistiques proprement dites (termes, synonymes, variantes, etc.), l'information grammaticale qui s'y rattache, et, au besoin, des marques d'usage.
- *Données pragmatiques* : Il s'agit ici des contextes servant à illustrer l'emploi des termes, des indications de langue, ou toute autre mention relative aux conditions d'utilisation des termes.
- *Données relatives aux équivalents* : Les données linguistiques rattachées aux équivalents dans une autre langue font partie de cette dernière catégorie.

Cette subdivision, proposée à l'origine par Sager (1990), n'est pas purement pédagogique ; elle sous-tend les modèles d'encodage formels[9]. Nous verrons que cette division — même si on convient de son importance théorique depuis un certain temps — n'a pu être implantée formellement que vers le début des années 1980, c'est-à-dire plus d'une décennie après la mise sur pied des premières entreprises d'encodage des données terminologiques

---

9. Il est possible que nous nous éloignions de la répartition de Sager quelque peu dans les pages qui suivent, mais cela ne remet pas en cause son importance.

sur support informatique. Aujourd'hui, le terminographe dispose de tout un arsenal de méthodes pour formaliser toutes les distinctions qu'il juge utiles.

Les données, peu importe leur nature ou la distinction qu'on souhaite établir, sont regroupées dans des *catégories de données*. Par exemple, une catégorie intitulée *information grammaticale* contiendra des données comme *n.m., n.f., loc. verb.* Une autre catégorie, intitulée *terme anglais* contiendra des données comme COMPUTER, LAPTOP, PRINTER, etc.

Enfin, les catégories de données sont organisées dans une *structure de données* qui est répétée pour l'ensemble des objets à décrire. Les notions de données, de catégories de données et de structure de données sont illustrées à la figure 8.12.

Les données terminologiques sont placées dans des structures dont l'articulation peut varier considérablement. Nous en verrons de nombreux exemples dans les dernières sections de ce chapitre.

Depuis le début des années 1980, divers groupes ont tenté de s'entendre sur un modèle. d'encodage uniforme et de produire une norme à laquelle souscriraient les principaux organismes de gestion des données terminologiques, notamment ceux qui alimentent des banques de terminologie. Comme les banques ont été élaborées au sein d'organismes séparés, leurs structures sont rarement parfaitement compatibles. L'incompatibilité se manifeste à tous les niveaux : les données retenues, les noms réservés aux catégories de données, leur répartition dans les catégories, etc.

Ce travail d'uniformisation est fort utile pour faciliter les échanges de données entre environnements différents. Toutefois, il ressort de ces tra-

FIGURE 8.12

Données, catégories de données et structure de données

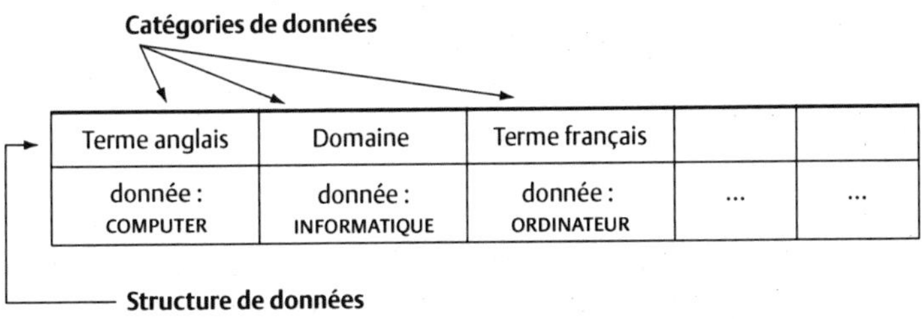

vaux qu'il est extrêmement difficile de s'entendre sur une seule structure. Les disparités s'expliquent par les objectifs des projets de description terminographique et par la nature des données qu'on souhaite inclure dans les entrées.

Par ailleurs, les techniques actuelles sont suffisamment souples pour accommoder toutes sortes de données et de structures. Toutefois, nous verrons que cela n'a pas toujours été le cas.

Le modèle « plat »

Les premières entreprises d'encodage des données terminologiques sur support électronique souscrivaient à un *modèle* que nous qualifierons de *plat*. Celui-ci réunit toutes les données terminologiques dans une structure unique.

Il faut rappeler que les premières banques de terminologie ont vu le jour au milieu des années 1960 et que le modèle plat était la seule manière d'encoder et de gérer des données apparentées. Il n'était pas possible, par exemple, de faire des recherches dans plusieurs structures à la fois. Cette limite technique a eu des conséquences importantes sur la manière d'envisager l'encodage.

Le modèle plat prévoit un nombre de catégories de données dont certaines sont systématiquement comblées, d'autres sont facultatives. Le tableau 8.1 montre le modèle utilisé pendant longtemps par la *Banque de terminologie du Québec* (banque dont le GDT est issu). Nous avons supprimé les renseignements de nature administrative pour nous concentrer sur les données terminologiques. L'information est tirée de Duplain (1979).

En outre, la plupart des données fournies dans les champs du tableau 8.1 sont accompagnées de renvois à la source d'où provient l'information. Les sources sont codées et apparaissent à la fin de la structure terminologique (un exemple est donné dans le tableau 8.2). Les codes sont explicités dans une autre structure de données.

Le modèle plat présente trois problèmes principaux que nous examinons ci-dessous :

- D'une manière générale, le modèle plat n'autorise pas la distinction formelle des catégories de données.

TABLEAU 8.1

Modèle de fiche de la Banque de terminologie du Québec

Numéro	Catégorie de données	Description
060	Domaine générique	Domaine de spécialité. Normalement, les intitulés de domaines sont prédéfinis et gérés de façon serrée.
065	Domaine spécifique	Subdivision du domaine générique en sphères d'activités plus précises
105	Entrée anglaise	Entrée principale anglaise
110	Information linguistique	Information sur la langue, la catégorie grammaticale et, le cas échéant, l'aire géographique; ce champ indique également une pondération ou la sanction d'un organisme de normalisation.
115	Définition	Définition anglaise
120	Contexte	Contexte anglais
125	Note	Note(s) anglaise(s)
130	Synonyme	Synonyme(s) anglais accompagné(s) d'information(s) linguistique(s)
131	Information terminologique	Contexte, définition ou note accompagnant un synonyme anglais
135	Entrée additionnelle	Terme utilisé comme synonyme mais sans être un synonyme parfait ou véritable
136	Information terminologique	Contexte, définition ou note accompagnant une entrée additionnelle anglaise
140	Abréviation anglaise	Abréviation(s) anglaise(s) accompagnée(s) d'information(s) linguistique(s)
141	Information terminologique	Contexte, définition ou note accompagnant une abréviation anglaise
145	Variation orthographique	Variante(s) orthographique(s) anglaise(s) accompagnée(s) d'information(s) linguistiques(s)
146	Information terminologique	Contexte, définition ou note accompagnant une variation orthographique anglaise
150	Forme fautive	Forme(s) anglaise(s) dont l'usage est déconseillé

TABLEAU 8.1

Modèle de fiche de la Banque de terminologie du Québec (*suite*)

Numéro	Catégorie de données	Description
151	Information terminologique	Contexte, définition ou note accompagnant une forme fautive anglaise
155	Autre(s) langue(s)	Termes appartenant à des langues autres que l'anglais ou le français mais utilisés couramment dans le domaine
156	Information terminologique	Contexte, définition ou note accompagnant un terme d'une autre langue
160	Renvoi	Renvoi(s) à d'autres termes anglais
205	Entrée française	Entrée principale française
210	Information linguistique	Langue, aire géographique d'utilisation ; catégorie grammaticale, genre, pondération
215	Définition	Définition française
220	Contexte	Contexte français
225	Note	Note(s) française(s)
230	Synonyme	Synonyme(s) français accompagné(s) d'information(s) linguistique(s)
231	Information terminologique	Contexte, définition ou note accompagnant un synonyme français
235	Entrée additionnelle	Terme utilisé comme synonyme mais sans être un synonyme parfait ou véritable
236	Information terminologique	Contexte, définition ou note accompagnant une entrée additionnelle française
240	Abréviation anglaise	Abréviation(s) françaises(s) accompagnée(s) d'information(s) linguistique(s)
241	Information terminologique	Contexte, définition ou note accompagnant une abréviation française
245	Variation orthographique	Variante(s) orthographique(s) française(s) accompagnée(s) d'information(s) linguistiques(s)
246	Information terminologique	Contexte, définition ou note accompagnant une variation orthographique française
250	Forme fautive	Forme(s) française(s) dont l'usage est déconseillé
251	Information terminologique	Contexte, définition ou note accompagnant une forme fautive française
260	Renvoi	Renvois à d'autres termes français

TABLEAU 8.2

Codage des sources

Renvoi	Source	Année	Volume	Numéro	Mois	Page	Mention
a	003389	1975		16	02	ap	
b	005673	1976				170	

- La structure doit contenir l'ensemble des champs nécessaires à l'accueil des données terminologiques. Il faut donc prévoir un nombre de champs suffisants pour rendre compte de l'enregistrement qui en a le plus. Les champs facultatifs restent vides dans certaines fiches. Par exemple, il est fort probable que certains termes n'aient pas d'abréviation ou de variante orthographique correspondantes.

- Il faut imposer des limites quant à certains types de données. Par exemple, il pourrait être utile de reproduire un grand nombre de contextes pour un terme donné. Toutefois, comme un seul champ est prévu pour lui, le terminographe aura à faire un choix parmi les contextes qu'il a extraits pour en placer un petit nombre dans la structure de données.

Les problèmes que nous venons d'énumérer sont corrigés par d'autres modèles d'encodage, notamment le modèle relationnel, qui fait l'objet de la section suivante.

Le modèle relationnel

Il devient vite avantageux de diviser les ensembles de données et de les organiser dans des structures distinctes. Les données de nature différente sont mieux décrites dans des structures qui sont spécifiquement adaptées. Comme nous venons de le voir, une répartition dans une seule structure entraîne de nombreux problèmes.

Nous allons en illustrer un nouveau en inscrivant des données terminologiques et bibliographiques dans une même structure. Le tableau 8.3 donne un exemple de cet encodage. Comme on peut facilement le constater, l'inscription des deux familles de données au même endroit entraîne une répétition puisque la même source est utilisée pour documenter des termes différents.

TABLEAU 8.3

Données terminologiques et bibliographiques dans la même structure

Anglais	Français	Définition	Auteur	Titre	Année
COMPUTER	ORDINATEUR	appareil...	Doe, John	Dictionnaire d'informatique	1992
PRINTER	IMPRIMANTE	périphérique...	Doe, John	Dictionnaire d'informatique	1992
MODEM	MODEM	périphérique...	Doe, John	Dictionnaire d'informatique	1992

Les premières banques de terminologie avaient déjà dégroupé ces deux catégories. Un code représentait un ouvrage dans la fiche ; ce code était par la suite explicité au long dans une autre structure. Toutefois, la recherche simultanée dans plusieurs structures n'a pas toujours été permise, si bien que le terminographe qui voulait connaître une référence au long à partir d'un code relevé dans une fiche de terminologie devait entreprendre une nouvelle recherche dans le fichier bibliographique.

Cette limite technique a disparu avec l'avènement des *bases de données relationnelles*. Ces dernières permettent de réunir deux ou plusieurs structures au moyen d'une *relation* formelle.

Pour illustrer le principe des bases de données relationnelles, reprenons l'exemple du tableau 8.3 et répartissons les données terminologiques et bibliographiques dans deux structures différentes. Les champs {terme anglais}, {terme français} et {définition} sont placés dans une structure terminologique. Les champs {auteur}, {titre} et {année}, quant à eux, sont placés dans une structure bibliographique.

Pour permettre l'établissement d'une relation, un champ doit comporter de l'information commune aux deux structures. Ajoutons un champ {source} dans la structure terminologique et un champ {code} dans la structure bibliographique. Ces champs contiendront les codes associés aux ouvrages qui servent à appuyer l'information fournie dans la fiche de terminologie. Comme ce code est le même dans les deux structures, les fiches portant sur COMPUTER, PRINTER et MODEM sont automatiquement associées à l'ouvrage écrit par John Doe, dont la description apparaît une seule fois dans la structure bibliographique. La figure 8.13 montre comment la relation est créée entre les deux structures.

FIGURE 8.13

Établissement d'une relation entre codes de source

Terme anglais	Terme français	Définition	Source
COMPUTER	ORDINATEUR	appareil...	0032
PRINTER	IMPRIMANTE	périphérique...	0032
MODEM	MODEM	périphérique...	0032

Code	Auteur	Titre	Année
0032	Doe, John	Dictionnaire d'informatique	1992

L'intérêt de la division des données va se soi lorsqu'on l'applique aux données terminologiques et aux données bibliographiques, puisque les descriptions s'appliquent à des objets différents. Mais les bases de données relationnelles sont utiles pour formaliser les distinctions faites plus haut entre les différentes catégories de données terminologiques. Les relations sont établies entre une catégorie de données et une autre (un à un), entre une catégorie de données et plusieurs autres (un à plusieurs) ; ou, encore, la relation engage plusieurs catégories de données dans les deux directions (plusieurs à plusieurs). Nous verrons, dans cette section, des illustrations de ces cas de figure.

On a de plus en plus souvent tendance à dégrouper les *données linguistiques* et une partie des *données pragmatiques*, plus précisément, les *termes* et les *contextes*. La figure 8.14 montre comment une première structure de données contenant un terme et l'information grammaticale qui s'y rapporte est liée à une seconde structure contenant les contextes dans lesquels les termes sont utilisés. Les contextes sont accompagnés d'un code de source. La relation entre les deux structures est autorisée, car le terme est répété aux deux endroits.

Cette répartition dans des structures distinctes permet de retenir un nombre de contextes différents sur chaque terme sans avoir à prévoir un nombre maximal au moment de définir une structure (ce qui serait obligatoire dans un modèle « plat »). Le terminographe peut ainsi retenir tous les contextes jugés utiles au moment de la collecte de données.

FIGURE 8.14

Dégroupement des données linguistiques et des contextes

Entrée	inf. gram.	Marque d'usage
PROGRAMMABLE(1)	adj.	...
PROGRAMMATION(1A)	n.f.	...
PROGRAMMATION(2A)	n.f.	...
PROGRAMME(1)	n.m.	...
PROGRAMME(2)	n.m.	...

Entrée	Contexte	Source
PROGRAMMABLE(1)	Les ROM ont petit à petit évolué de mémoires mortes figées à des mémoires programmables....	INORDI
PROGRAMMABLE(1)	Puis vint l'apparition des mémoires programmables électroniquement, c'est-à-dire des mémoires pouvant être modifiées.	OPTREP
PROGRAMMABLE(1)	Elles regroupent : ((...)) les mémoires mortes programmables.	PIERRE1
PROGRAMMATION(1A)	La programmation en langage conventionnel	REVOINFO
PROGRAMMATION(1A)	Cette phase correspond à la programmation proprement dite des fonctions sur la base des informations précises venant de la phase de conception.	GENILO
PROGRAMMATION(1A)	La programmation est l'activité centrale, et la plus connue, du cycle de développement du logiciel.	GENILO
PROGRAMMER(1)	Programmer, c'est agencer les données et les instructions en vue d'un but qui est la résolution du problème.	GENILO
PROGRAMMER(1)	Une de ces particularités est de vous faire connaître les tags HTML tout en ne programmant pas avec.	ROLLAN
PROGRAMMEUR(1)	L'aptitude à sentir ce qui risque d'être modifié, et agir en conséquence, est un trait caractéristique de la psychologie des bons programmeurs.	GENILO
PROGRAMMEUR(1)	On dit ainsi du programme original (tel que conçu par le programmeur) qu'il est le programme source et que le résultat de la compilation est le programme objet.	MSPCDOS1
PROGRAMMEUR(1)	Le programmeur est avisé de toutes les erreurs de syntaxe rencontrées par le diagnostic.	BEGUPA

Les bases de données relationnelles formalisent également la distinction entre les *données conceptuelles* et les *données linguistiques*. Par exemple, les termes et l'information qui s'y rattache, à savoir l'information grammaticale et, le cas échéant, les marques d'usage, sont placés dans une première structure. La définition est reproduite dans une structure distincte. La relation est établie au moyen d'un identificateur unique placé dans les deux structures. La figure 8.15 explique comment la définition et les termes sont réunis. Les données utilisées proviennent de DISTRIBUTION (2000).

L'intérêt de la division entre les données conceptuelles et les données linguistiques ressort clairement dans les bases de données multilingues. La définition, qui représente toujours l'explication du concept, est placée dans une première structure. Les données linguistiques sont stockées dans des structures dont le nombre total correspond au nombre de langues décrites. La figure 8.16 montre comment des termes français, anglais et espagnols sont décrits dans des structures séparées. Le lien avec la définition est réalisé au moyen d'un identificateur unique. Les données proviennent d'une version informatisée multilingue de DISTRIBUTION (2000).

À ce modèle multilingue, le terminographe peut greffer de nouvelles structures pour décrire d'autres langues (l'allemand, le russe, le chinois) sans avoir à repenser le modèle original. Il suffira de reprendre l'identificateur unique dans les structures associées à ces langues.

Une autre utilisation des bases de données relationnelles consiste à décrire les relations qu'un concept entretient avec d'autres concepts du même domaine. Comme le nombre de relations varie considérablement d'un terme à l'autre, il est difficile d'en rendre compte dans une seule structure de données. Le tableau 8.4 montre comment une partie des relations existant entre le concept de « gravure » et d'autres concepts sont représentées. Les données sont empruntées à Meyer et McHaffie (1994) cités dans Otman (1996).

Bases de connaissances terminologiques

La description et la représentation formelle des relations entre concepts ont donné lieu à ce qu'il est convenu d'appeler des *bases de connaissances terminologiques*. La paternité du terme est attribuée à Meyer *et al.* (1992). Les bases de connaissances sont des bases de données terminologiques enrichies, en ce sens qu'elles décrivent, de manière systématique et régulière, les relations

FIGURE 8.15

Relation entre termes et définition

Terme	Inf. gramm.	Id. sémantique
COMMERÇANT AFFILIÉ(1)	n.m.	AF1
COMMERÇANT ASSOCIÉ(1)	n.m.	AF1
DÉTAILLANT AFFILIÉ(1)	n.m.	AF1
DÉTAILLANT ASSOCIÉ(1)	n.m.	AF1

Détaillant indépendant qui fait partie d'une chaîne volontaire ou d'une coopérative de détaillants.	AF1

FIGURE 8.16

Dégroupement de la définition et des informations linguistiques rattachées à différentes langues

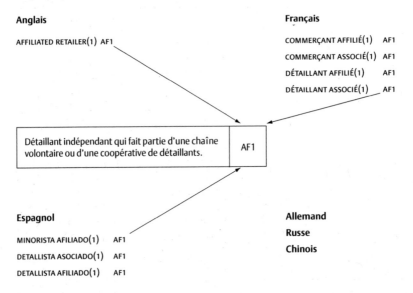

Anglais

AFFILIATED RETAILER(1) AF1

Français

COMMERÇANT AFFILIÉ(1)   AF1

COMMERÇANT ASSOCIÉ(1)   AF1

DÉTAILLANT AFFILIÉ(1)   AF1

DÉTAILLANT ASSOCIÉ(1)   AF1

Détaillant indépendant qui fait partie d'une chaîne volontaire ou d'une coopérative de détaillants.	AF1

Espagnol

MINORISTA AFILIADO(1)   AF1

DETALLISTA ASOCIADO(1)   AF1

DETALLISTA AFILIADO(1)   AF1

Allemand

Russe

Chinois

TABLEAU 8.4

Relations conceptuelles (d'après Meyer et McHaffie : 1994)

Concept	Relation	Concept apparenté
gravure	sortie	disque maître
	entrée	ruban maître
	matériel	laser
	lieu	usine de fabrication
	matériel	encodeur

FIGURE 8.17

Description des relations sémantiques entre termes

Terme	Inf. gramm.	Marque d'usage
ORDINATEUR(1)	n.m.	...
PROGRAMMER(1)	v. tr.	...
MÉMOIRE(1)	n.f.	...
ANALOGIQUE(1)	adj.	...
COMPILER(1)	v.tr.	...

Relation sémantique	Terme 1	Terme 2
activité qui consiste à verb-er	PROGRAMMER(1)	PROGRAMMATION(1)
activité qui consiste à verb-er	COMPILER(1)	COMPILATION(1)
antonyme	COMPATIBLE(1)	INCOMPATIBLE(1)
cesser de faire fonctionner	ORDINATEUR(1)	ÉTEINDRE(1) ~
de nouveau	PROGRAMMER(1)	REPROGRAMMER(1)
de nouveau	COMPILER(1)	RECOMPILER(1)
faire fonctionner	ORDINATEUR(1)	FAIRE TOURNER(1) ~
faire une activité	ORDINATEUR(1)	TRAITER(1)
hyponyme	ORDINATEUR(1)	MICRO-ORDINATEUR(1)
hyponyme	ORDINATEUR(1)	PORTABLE(1)
hyponyme	ORDINATEUR(1)	SERVEUR(1)
hyponyme	MÉMOIRE(1)	ANTÉMÉMOIRE(1)
instrument	COMPILER(1)	COMPILATEUR(1)
quasi-synonyme	ORDINATEUR(1)	APPAREIL(1)
résultat	PROGRAMMER(1)	PROGRAMME(1)
l'objet peut être verb-é	PROGRAMMER(1)	PROGRAMMABLE(1)
l'objet peut être verb-é	COMPILER(1)	COMPILABLE(1)

existant entre les concepts d'un domaine de spécialité. À terme, elles constituent des modèles de représentation des connaissances souvent complexes.

Dans les bases de connaissances terminologiques, certains concepts peuvent être hiérarchisés, notamment ceux qui entrent dans une relation générique-spécifique (voir la section suivante).

Enfin la base relationnelle sert à décrire les relations sémantiques existant entre des termes d'un domaine. La figure 8.17 montre comment des termes appartenant au domaine de l'informatique sont reliés (les relations sémantiques illustrées ici sont décrites dans le chapitre 3). La relation est établie grâce à la répétition de l'un des termes dans les deux structures.

Le modèle hiérarchique

Un dernier modèle d'organisation des données terminologiques, conçu pour représenter des relations sémantiques particulières, est examiné dans ce chapitre. Il s'agit du *modèle hiérarchique*.

Le modèle hiérarchique repose principalement sur la notion d'*héritage*. Il s'agit d'un principe voulant que toutes les *propriétés* rattachées à un *nœud* mère soient automatiquement attribuées à un nœud fille. L'héritage permet une économie dans les descriptions puisque l'énumération des propriétés attribuées à la mère n'a pas à être reprise dans chacun des nœuds filles.

Le principe d'héritage peut s'appliquer à la classification des insectes dont nous avons parlé au chapitre 3 et que nous reprenons partiellement ici. Toutes les propriétés rattachées à « insecte », à savoir le fait d'avoir six pattes, une tête munie d'antennes et un corps divisé en trois parties, sont valables pour « coléoptère » et « diptère ». De même, les propriétés rattachées à « coléoptère » sont héritées par « scarabée » et « coccinelle », celles décrites pour « diptère » sont héritées par « mouche » et « moustique ». La figure 8.18 montre de quelle manière l'héritage est réalisé.

Le modèle hiérarchique rend également compte de relations taxinomiques à plusieurs niveaux dans lesquelles la *relation* est *transitive*. Par exemple, elle peut représenter la relation existant entre AÉRONEF, AVION et JET. Le second terme hérite des propriétés du premier. Le dernier hérite des propriétés rattachées aux deux premiers.

Il n'existe pas de description terminographique d'envergure qui incorpore ce modèle de manière systématique. Il s'agit là d'un fait paradoxal, puisque les relations hiérarchiques ont toujours occupé une place centrale en terminologie.

Toutefois, un dictionnaire de langue anglaise, appelé *WordNet*, place l'ensemble des noms qu'il décrit dans une taxinomie dans laquelle l'utilisateur peut naviguer. Une partie des hyperonymes de COMPUTER sont reproduits à la figure 8.19. Il est à noter que WordNet décrit d'autres liens sémantiques que l'hyperonymie et que la plupart ne sont pas hiérarchisés.

Qu'il s'agisse d'unités lexicales décrites dans un dictionnaire général ou de termes, il est plutôt exceptionnel de pouvoir les décrire tous au moyen de modèles hiérarchiques simples comme ceux qui ont été illustrés aux figures 8.18 et 8.19. Ces modèles fonctionnent dans la mesure où les critères présidant à l'organisation de la hiérarchie ont fait l'objet de normes assez rigoureuses. Souvent, un terme peut être rattaché à plus d'un générique ou être envisagé selon différents points de vue.

FIGURE 8.18

Héritage de propriétés

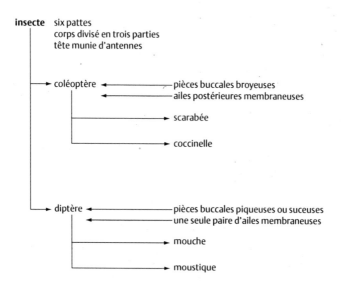

FIGURE 8.19

Hyperonymes de COMPUTER dans WordNet

Results for "Hypernyms (this is a kind of...)" search of noun "computer"

senses of COMPUTER

Sense 1

COMPUTER, COMPUTING MACHINE, COMPUTING DEVICE, DATA PROCESSOR, ELECTRONIC COMPUTER, INFORMATION PROCESSING SYSTEM –(a machine for performing calculations automatically)

=> machine (any mechanical or electrical device that transmits or modifies energy to perform or assist in the performance of human tasks)

   => device – (an instrumentality invented for a particular purpose; "the device is small enough to wear on your wrist";"a device intended to conserve water")

      => instrumentality, instrumentation – (an artifact (or system of artifacts) that is instrumental in accomplishing some end)

         => artifact, artefact – (a man-made object taken as a whole)

            => object, physical object – (a tangible and visible entity; an entity that can cast a shadow;"it was full of rackets, balls and other objects")

               => entity, physical thing – (that which is perceived or known or inferred to have its own physical existence (living or nonliving))

Pour résoudre une partie de ces difficultés, il devient utile de définir une *hiérarchie à héritage multiple* dans laquelle un nœud spécifique se rattache à plusieurs génériques et hérite ainsi des propriétés attribuées à chacun de ces nœuds. Par exemple, pour rendre compte des différentes propriétés de CHAT et de PERROQUET, il faut les rattacher à deux nœuds génériques. Le modèle d'héritage multiple est reproduit à la figure 8.20.

Les hiérarchies simples ou multiples doivent également pouvoir rendre compte de certains cas où un nœud fille n'hérite pas de l'ensemble des propriétés rattachées au nœud mère. Une solution consiste à *bloquer l'héritage* d'une propriété. Par exemple, dans une hiérarchie destinée à rendre compte des oiseaux, on peut empêcher l'émeu d'hériter de la propriété « voler » associée au générique « oiseau » tout en continuant à lui permettre d'hériter des autres propriétés (d'après Otman 1996).

Les modèles hiérarchiques simples ou multiples ou dans lesquels l'héritage est bloqué — même s'ils rendent des services — s'appliquent à un sous-ensemble de relations entre termes. Ils sont utiles pour décrire certaines taxinomies, mais les autres relations lexico-sémantiques entrent souvent dans des structures non hiérarchiques et seront mieux décrites dans un modèle

BIBLIOGRAPHIE

AHMAD, K. et M. ROGERS (2001). «Corpus Linguistics and Terminology Extraction», dans WRIGHT, S.E. et G. BUDIN (dir.), *Handbook of Terminology Management*, vol. 2, Amsterdam/Philadelphie: John Benjamins, p. 725-760.

ATTRAIT. *Atelier de travail informatisé du terminologue* (http://www.rint.org/attrait) (page consultée le 3 mars 2003).

AUGER, P., P. DROUIN et M. C. L'HOMME (1991). «Un projet d'automatisation des procédures en terminographie», *Meta*, 36(1), p. 121-127.

AUGER, P. et L. J. ROUSSEAU (1978). *Méthodologie de la recherche terminologique*, Québec: Gouvernement du Québec.

AUSTERMÜHL, F. (2001). *Electronic Tools for Translators*, Manchester: St. Jerome Publishing.

BARNBROOK, G. (1996). *Language and Computers. A Practical Introduction to the Computer Analysis of Language*, Édimbourg: Edinburgh University Press.

BARRIÈRE, C. (2002). «Hierarchical Refinement and Representation of the Causal Relation», *Terminology*, 8(1), p. 91-111.

BÉJOINT, H. et P. THOIRON (dir.) (2000). *Le sens en terminologie*, Lyon: Presses universitaires de Lyon, «Travaux du CRTT».

BERGENHOLTZ, H. et S. TARP (dir.) (1995). *Manual of Specialized Lexicography*, Amsterdam/Philadelphie: John Benjamins.

BERGERON, M., C. Kempa et Y. PERRON (1997). *Vocabulaire d'Internet, HTML, JAVA, VRML, Cyberculture*, Québec: Gouvernement du Québec.

BINON, J., S. VERLINDE, J. VAN DYCK et A. BERTELS (2000). *Dictionnaire d'apprentissage du français des affaires*, Paris: Didier.

BLANCHON, É. (1991). «Choisir un logiciel de terminologie», *La banque des mots*, 4, p. 5-96.

BOIVIN, G., F. MICHEL et Y. PERRON (1994). *Lexique des outils d'assemblage*, Québec : Gouvernement du Québec.

BOUKHORS, A., A. KASZYCKI, J. LAPLACE, S. MUNEROT et L. POUBLAN (2002). *XML La synthèse. Intégrez XML dans vos architectures*, Paris : Dunod.

BOURIGAULT, D. (1993). « Analyse syntaxique locale pour le repérage de termes complexes dans un texte », *Traitement automatique des langues (TAL)*, 34(2), p. 105-117.

BOURIGAULT, D. (1994). *LEXTER, un logiciel d'EXtraction de TERminologie. Application à l'acquisition des connaissances à partir de textes*, thèse de doctorat, École des hautes études en sciences sociales, Paris.

BOURIGAULT, D., C. JACQUEMIN et M. C. L'HOMME (dir.) (2001). *Recent Advances in Computational Terminology*, Amsterdam/Philadelphie : John Benjamins.

BOURIGAULT, D. et M. SLODZIAN (1999). « Pour une terminologie textuelle », *Terminologies nouvelles*, 19, p. 29-32.

BOUTIN-QUESNEL, R., N. BÉLANGER, N. KERPAN et L. J. ROUSSEAU (1975). *Vocabulaire systématique de la terminologie*, Québec : Gouvernement du Québec, « Cahiers de l'Office de la langue française ».

BOWKER, L. (1997). « You Said Flat-Bed Scanner, I Say Color Flatbed Scanner », *Terminology*, 4(2), p. 275-302.

BOWKER, L. et J. PEARSON (2002). *Working with Specialized Language. A Practical Guide to Using Corpora*, Londres : Routledge.

BRANTS, T. (2000). « TnT — A Statistical Part-of-speech Tagger », dans *Proceedings of the Sixth Conference on Applied Natural Language Processing*, ANLP-2000, Seattle (http://www.coli.uni-sb.de/~thorsten/publications/Brants-ANLP00.pdf).

BRILL, E. (1992). « A Simple Rule-based Part of Speech Tagger », dans *Proceedings of the Third Conference on Applied Natural Language Processing*, Trente, Italie.

BRYAN, M. (1988). *An Author's Guide to the Standard Generalized Markup Language*, Chatam (G.-B.) : Adisson-Wesley.

BUDIN, G. (2001). « A Critical Evaluation of the State-of-the-art of Terminology Theory », *ITTF Journal*, 12(1-2), p. 7-23.

CABRÉ, M. T. (1992). *La terminologia. La teoria, els mètodes, les aplicacions*, Barcelone : Ed. Empúries.

CABRÉ, M. T. (1998/1999). « Do we Need an Autonomous Theory of Terminology ? », *Terminology*, 5(1), p. 5-19.

CABRÉ, M. T. (1999). *Terminology. Theory, Methods and Applications*, Amsterdam/ Philadelphie : John Benjamins.

CABRÉ, M. T. (2003). « Theories of Terminology : Their Description, Prescription and Explanation », *Terminology*, 9(2), p. 163-200.

CABRÉ, M. T. et J. FELIU (dir.) (2001). *La terminología científico-técnica : reconocimiento, análisis y extracción de información formal y semántica*, Barcelone : Institut universitari de linguistíca aplicada (IULA).

CAIGNON, P. (2000). *Essential Lexicon in Accounting*, Saint-Laurent : Fides.

CHUNG, T. M. (2003). « A Corpus Comparison Approach for Terminology Extraction », *Terminology*, 9(2), p. 221-246.

CHURCH, K. W. et P. HANKS (1990). « Word Associations, Norms, Mutual Information, and Lexicography », *Computational Linguistics*, 16(1), p. 22-29.

CIRAD-AMIS. Centre de coopération international en recherche agronomique pour le développement (http://locust.cirad.fr) (page consultée le 3 janvier 2002).

COHEN, B. (1986). *Lexique de cooccurrents. Bourse et conjoncture économique*, Montréal : Linguatech.

COLLET, T. (2003). « A Two-level Grammar of the Reduction of French Complex Terms in Discourse », *Terminology*, 9(1), p. 1-27.

CONCORDE++ (concordancier mis au point par Denis L'Homme) (http://www.ling. umontreal.ca/lhomme/terminotique.htm) (page consultée le 1er décembre 2003).

CONDAMINES, A. (1995). « Terminology. New Needs, New Perspectives », *Terminology*, 2(2), p. 219-238.

CONDAMINES, A. (1998). « Analyse des nominalisations dans un corpus spécialisé : comparaison avec le fonctionnement en corpus général », dans CLAS, A., S. MEJRI et T. BACCOUCHE (dir.), *La mémoire des mots. Actes des V*es *Journées scientifiques du réseau LTT*, Montréal : Aupelf-UREF, p. 351-368.

CRUSE, D. A. (1986). *Lexical Semantics*, Cambridge : Cambridge University Press.

CUTEL. Comité d'uniformisation des termes de l'électronique et des télécommunications (1993). *Vocabulaire de l'électronique et des télécommunications*, Ottawa : Ministère des Approvisionnements et Services Canada.

DAILLE, B. (1994). *Approche mixte pour l'extraction de terminologie : statistiques lexicales et filtres linguistiques*, thèse de doctorat, Université Paris VII, Paris.

DAILLE, B. (1995). « Repérage et extraction de terminologie pour une approche mixte statistique et linguistique », *Traitement automatique des langues (TAL)*, 36(1-2), p. 101-118.

DAILLE, B. (2001). « Qualitative Term Extraction », dans BOURIGAULT, D., C. JACQUEMIN et M. C. L'HOMME (dir.), *Recent Advances in Computational Terminology*, Amsterdam/Philadelphie : John Benjamins, p. 149-166.

DAILLE, B., B. HABERT, C. JACQUEMIN et J. ROYAUTÉ (1996). « Empirical Observation of Term Variation and Principles for their Description », *Terminology*, 3(2), p. 197-257.

DANCETTE, J. et C. RÉTHORÉ (2000). *Dictionnaire bilingue de la distribution*, Montréal : Presses de l'Université de Montréal.

DE LOUPY, C. (1995). « La méthode d'étiquetage d'Eric Brill », *Traitement automatique des langues (TAL)*, 36(1-2), p. 37-46.

Dorland's Illustrated Medical Dictionary (1994). 28e édition, Philadelphie : W. B. Saunders Company.

DROUIN, P. (2002). *Acquisition automatique de termes : l'utilisation des pivots lexicaux*, thèse de doctorat, Université de Montréal, Montréal.

DROUIN, P. (2003). « Term-extraction Using Non-technical Corpora as a Point of Leverage », *Terminology*, 9(1), p. 99-115.

DROUIN, P. et J. LADOUCEUR (1994). « L'identification automatique des descripteurs complexes dans les textes de spécialité », dans BOUILLON, P. et D. ESTIVAL (dir.), *Proceedings of the Workshop on Compound Nouns. Multilingual Aspects of Nominal Composition*, 2-3 décembre, Université de Genève, p. 18-28.

DUBOIS, J., GIACOMO M., L. GUESPIN et al. (1973). *Dictionnaire de linguistique*, Paris : Librairie Larousse.

DUBUC, R. (2002). *Manuel pratique de terminologie*, 4e édition, Montréal : Linguatech.

DUPLAIN, J. (1979). *Guide d'utilisation de la fiche de terminologie*, Québec : Gouvernement du Québec.

ELRA. *European Language Resources Association.* (http://www.elra.info) (page consultée le 7 avril 2004).

ESTOPÀ, R. (2001). « Les unités de signification spécialisées : élargissant l'objet du travail en terminologie », *Terminology*, 7(2), p. 217-237.

EURODICAUTOM (http://enrodic.ip.lu) (Banque de terminologie gérée par la Commission européenne) (page consultée le 10 novembre 2003).

FELBER, H. (1984). *Terminology Manual*, Paris : Unesco et Infoterm.

FELIU, J., J. VIVALDI et T. CABRÉ (2001). *Ontologies : A Review,* Barcelone : Institut universitari de lingüística aplicada (IULA).

FELLBAUM, C. (dir.) (1998). *WordNet : An Electronic Lexical Database*, Cambridge (Mass.) : MIT Press.

FIRTH, J. R. (1957). « A Synopsis of Linguistic Theory 1930-1955 », *Studies in Linguistic Analysis*, Oxford : Philological Review.

GARCIA, D. (1997). « Structuration du lexique de la causalité et réalisation d'un outil d'aide au repérage de l'action dans les textes », dans *Terminologie et intelligence artificielle. TIA '97*, Toulouse, p. 7-26.

GAUDIN, F. (1993). *Pour une socioterminologie. Des problèmes sémantiques aux pratiques institutionnelles,* Rouen : Presses de l'Université de Rouen.

GAUSSIER, É. (2001). « General Considerations on Bilingual Terminology Extraction », dans BOURIGAULT, D., C. JACQUEMIN et M. C. L'HOMME (dir.), *Recent Advances in Computational Terminology*, Amsterdam/Philadelphie : John Benjamins, p. 167-183.

GAUSSIER, E. et J. M. LANGÉ (1995), « Modèles statistiques pour l'extraction de lexiques bilingues », *Traitement automatique des langues (TAL)*, 36(1-2), p. 133-155.

GELUK, P. (1990). *Le chat... et non pas le contraire*, Paris : J'ai lu.

GELUK, P. (1999). *Le chat 1999, 9999*, Bruxelles : Casterman.

GRABAR, N. et P. ZWEIGENBAUM (2004). « Lexically-based Terminology Structuring », *Terminology*, 10(1) p. 23-53.

Le Grand Dictionnaire terminologique (http://www.oqlf.gouv.qc.ca/) (Banque de terminologie gérée par l'Office québécois de la langue française) (page consultée le 1er décembre 2003).

Le Grand Robert de la langue française (2001). 2e édition, Paris : Dictionnaires Le Robert.

GREFENSTETTE, G. (1994). *Explorations in Automatic Thesaurus Discovery,* Boston : Kluwer Academic Press.

GUILBERT, L. (1973). « La spécificité du terme scientifique et technique », *Langue française*, 17, p. 5-17.

HABERT, B., É. NAULLEAU et A. NAZARENKO (1996). « Symbolic Word Clustering for Medium-size Corpora », dans *Proceedings of the 16th International Conference on Computational Linguistics (Coling'96)*, Copenhague, p. 490-495.

HABERT, B., A. NAZARENKO et A. SALEM (1997). *Les linguistiques de corpus*, Paris : A. Colin.

HAMON, T., D. GARCIA et A. NAZARENKO (1999). « Détection de liens de synonymie : complémentarité des ressources générales et spécialisées », *Terminologies nouvelles*, 19, p. 61-69.

HAMON, T. et A. NAZARENKO (2001). « Detection of Synonymy Links Between Terms. Experiments and Results », dans BOURIGAULT, D., C. JACQUEMIN et M. C. L'HOMME (dir.), *Recent Advances in Computational Terminology*, Amsterdam/Philadelphie : John Benjamins, p. 185-208.

HARRIS, Z. (1971). *Structures mathématiques du langage,* Paris : Dunod.

HARRIS, Z. (1991). *A Theory of Language and Information : A Mathematical Approach,* Oxford : Oxford University Press.

HARRIS, Z., M. GOTTFRIED, T. RYCKMAN, P. PATTICK Jr., A. DALADIER, T. N. HARRIS et S. HARRIS (1989). *The Form of Information in Science. Analysis of an Immunology Sublanguage,* Dordrecht : Kluwer Academic Press.

HEARST, M. (1992). « Automatic Acquisition of Hyponyms from Large Text Corpora », dans *Proceedings of the International Conference on Computational Linguistics (Coling '92),* Nantes, p. 539-545.

HEID, U. (1994). « On the Way Words Work Together. Topics in Lexical Combinatorics », dans MARTIN, W. *et al.* (dir.), *Euralex '94 Proceedings,* Amsterdam, p. 226-257.

HEID, U. et G. FREIBOTT (1991). « Collocations dans une base de données terminologique et lexicale », *Meta,* 36(1), p. 77-91.

HÉROUX, M. (1992). *Dictionnaire de la robinetterie et de la tuyauterie industrielles,* Québec : Gouvernement du Québec.

HULL, D. (2001). « Software Tools to Support the Construction of Bilingual Terminology Lexicons », dans BOURIGAULT, D., C. JACQUEMIN et M. C. L'HOMME (dir.), *Recent Advances in Computational Terminology,* Amsterdam/Philadelphie : John Benjamins, p. 225-244.

IRIS, M. A., B. E. LITOWITZ et M. W. EVENS (1988). « Problems of the Part-Whole Relation », dans EVENS, M. W. (dir.), *Relational Models of the Lexicon. Representing Knowledge in Semantic Networks,* Cambridge : Cambridge University Press, p. 261-288.

ISABELLE, P. et S. WARWICK-ARMSTRONG (1993). « Les corpus bilingues : une nouvelle ressource pour la traduction », dans BOUILLON, P. et A. CLAS (dir.) (1993), *La traductique,* Montréal : Presses de l'Université de Montréal, p. 288-306.

ISO/TC 12618 (1994). International Standardization Organization. *Conputational Aids in Terminology — Creation and Use of Terminological Databases and Text Corpora.*

ISO/TC 12620 (1999). International Standardization Organization. *Computer Applications in terminology — Data Categories — Part 1 : Defining Parameters for Specifying Data Categories for Terminology Collections and Other Language Resources.*

ISO/TC 12620 (1999). International Standardization Organization. *Computer Applications in Terminology — Data Categories — Part 2 : Data category registry.*

JACQUEMIN, C. (1999). « Syntagmatic and Paradigmatic Representations of Term Variation », dans *Proceedings of the 37th Meeting of the Association for Computational Linguistics (ACL).*

JACQUEMIN, C. (2001). *Spotting and Discovering Terms through Natural Language Processing Techniques,* Cambridge (Mass.) : MIT Press.

JACQUEMIN, C. et D. BOURIGAULT (2003). « Term extraction and Automatic Indexing », dans MITKOV, R. (dir.), *Handbook of Computational Linguistics,* Oxford : Oxford University Press.

JUSTESON, J. S. et S. M. KATZ (1995). « Technical Terminology : Some Linguistic Properties and an Algorithm for Identification in Text », *Natural Language Engineering,* 1(1), p. 9-27.

KAGEURA, K. (2002). *The Dynamics of Terminology. A Theoretico-descriptive Study of Term Formation and Terminological Concepts,* Amsterdam/Philadelphie : John Benjamins.

KILGARIFF, A. et D. TUGWELL (2001). « WORD SKETCH : Extraction and Display of Significant Collocations for Lexicography », *Association for Computational Linguistics, 39ᵗʰ Annual Meeting. Proceedings of the Workshop on Collocation : Computational Extraction, Analysis and Exploitation*, Nantes, p. 32-38.

KOCOUREK, R. (1991). *La langue française de la technique et de la science. Vers une linguistique de la langue savante*, Wiesbaden : Oscar Brandstetter.

LANGÉ, J. M. et É. GAUSSIER (1995). « Alignement de corpus multilingues au niveau des phrases », *Traitement automatique des langues (TAL)*, 36(1-2), p. 67-80.

LANGÉ, J. M., É. GAUSSIER et B. DAILLE (1997). « Bricks and Skeletons : Some Ideas for the Near Future of MAHT », *Machine Translation*, 12(1-2), p. 39-51.

LAURISTON, A. (1994). « Automatic Recognition of Complex Terms : The TERMINO Solution », *Terminology*, 1(1), p. 147-170.

LEBART, L. et A. SALEM (1998). *Analyse statistique des données textuelles. Questions ouvertes et lexicométrie*, Paris : Dunod.

LECOMTE, J. (1998). Le catégoriseur Brill14-JL5 / WinBrill-0.3, INaLF/CNRS. (http://www.inalf.fr/winbrill/BRILL14-JL5_WinBrill.doc) (page consultée le 15 février 2003).

LEHMANN, A. et F. MARTIN-BERTHET (1998). *Introduction à la lexicologie*, Paris : Dunod.

LEMAY, C., M. C. L'HOMME et P. DROUIN (2004, à paraître). « Two Methods for Extracting » Specific « Single-word Terms from Specialized Corpora : Experimentation and Evaluation ».

L'HOMME, D., M. C. L'HOMME et C. LEMAY (2002). « Benchmarking the Performance of two Part-of-speech (POS) Taggers for Terminological Purposes. A Users' Viewpoint », *Knowledge Organization*, 29(3-4), p. 204-216.

L'HOMME, M. C. (1998). « Le statut du verbe en langue de spécialité et sa description lexicographique », *Cahiers de lexicologie*, 73(2), p. 61-84.

L'HOMME, M. C. (2000). « Understanding Specialized Lexical Combinations », *Terminology*, 6(1), p. 89-110.

L'HOMME, M. C. (2001). « Nouvelles technologies et recherche terminologique. Techniques d'extraction des données terminologiques et leur impact sur le travail du terminologue », dans *L'impact des nouvelles technologies sur la gestion terminologique*, Toronto : Université York.

L'HOMME, M. C. (2002). « Fonctions lexicales pour représenter les relations sémantiques entre termes », *Traitement automatique des langues (TAL)*, 43(1), p. 19-41.

L'HOMME, M. C. (2003). « Capturing the Lexical Structure in Special Subject Fields with Verbs and Verbal Derivatives : A Model for Specialized Lexicography », *International Journal of Lexicography*, 16(4), p. 403-422.

L'HOMME, M. C., L. BENALI, C. BERTRAND et P. Lauduique (1996). « Definition of an Evaluation Grid for Term-extraction Software », *Terminology*, 3(2), p. 291-312.

L'HOMME, M. C. et C. BERTRAND (2000). « Specialized Lexical Combinations : Should they be Described as Collocations or in Terms of Selectional Restrictions », dans *Proceedings. Ninth EURALEX International Congress*, Stuttgart : Université de Stuttgart, p. 497-506.

Logiterm. Terminotix Inc. (http://www.terminotix.com/t_fr) (page consultée le 10 octobre 2003).

LYONS, J. (1990). *Sémantique linguistique*, Paris : Larousse.

LYONS, J. (1995). *Linguistic Semantics. An Introduction*, Cambridge: Cambridge University Press.

MARSHMAN, E. (2002). « The Cause-Effect Relation in a Biopharmaceutical Corpus: Some English Knowledge Patterns », dans *Terminology and Knowledge Engineering. TKE 2002*, Nancy, p. 89-94.

MARSHMAN, E., T. MORGAN et I. MEYER (2002). « French Patterns for Expressing Concept Relations », *Terminology*, 8(1), p. 1-29.

MARTIN, R. (1992). *Pour une logique du sens*, Paris: Presses universitaires de France.

MARTIN, W. et H. VAN DER VLIET (2003). « The Design and Production of Terminological Dictionaries », dans VAN STERKENBURG, P. (dir.), *A Practical Guide to Lexicography*, Amsterdam/Philadelphie: John Benjamins, p. 333-349.

McENERY, T. et A. WILSON (1996). *Corpus Linguistics*, Édimbourg: Edinburgh University Press.

MELˇCUK, I. *et al.* (1984). *Dictionnaire explicatif et combinatoire du français contemporain. Recherches lexico-sémantiques I*, Montréal: Presses de l'Université de Montréal.

MELˇCUK, I. *et al.* (1988). *Dictionnaire explicatif et combinatoire du français contemporain. Recherches lexico-sémantiques II*, Montréal: Presses de l'Université de Montréal.

MELˇCUK, I. *et al.* (1992). *Dictionnaire explicatif et combinatoire du français contemporain. Recherches lexico-sémantiques III*, Montréal: Presses de l'Université de Montréal.

MELˇCUK, I. *et al.* (1999). *Dictionnaire explicatif et combinatoire du français contemporain. Recherches lexico-sémantiques IV*, Montréal: Presses de l'Université de Montréal.

MELˇCUK, I., A. CLAS et A. POLGUÈRE (1995). *Introduction à la lexicologie explicative et combinatoire*, Louvain-la-Neuve (Belgique): Duculot.

MeSH®. Medical Subject Headings. National Library of Medicine. (http://www.nlm.nih.gov/meshhome.html) (page consultée le 23 mai 2003).

MeSH® Browser. National Library of Medicine. (http://www.nlm.nih.gov/MBrowser.html) (page consultée le 23 mai 2003).

MEYER, I. (2001). « Extracting Knowledge-rich Contexts for Terminography », dans BOURIGAULT, D., C. JACQUEMIN et M. C. L'HOMME (dir.), *Recent Advances in Computational Terminology*, Amsterdam/Philadelphie: John Benjamins, p. 279-302.

MEYER, I., D. SKUCE, L. BOWKER et K. ECK (1992). « Towards a New Generation of Terminological Resources: An Experiment in Building a Terminological Knowledge Base », dans *Proceedings of the 16ᵗʰ International Conference on Computational Linguistics*, France, p. 956-957.

MEYER, I., K. ECK et D. SKUCE (1997). « Systematic Concept Analysis within a Knowledge-based Approach to Terminology », dans WRIGHT, S. E. et G. BUDIN (dir.), *Handbook of Terminology Management*, Amsterdam/Philadelphie: John Benjamins, p. 98-118.

MEYER, I. et K. MACKINTOSH (1994). « Phraseme Analysis and Concept Analysis in Exploring a Symbiotic Relationship in the Specialized Lexicon », dans MARTIN, W. *et al.* (dir.), *Euralex '94 Proceedings*, Amsterdam, p. 339-348.

MEYER, I. et K. MACKINTOSH (1996). « The Corpus from a Terminographer's Viewpoint », *International Journal of Corpus Linguistics*, 1(2), p. 257-268.

MEYER, I. et B. McHAFFIE (1994). « De la focalisation à l'amplification: nouvelles perspectives de représentation des données terminologiques », dans BOUILLON, P. et A. CLAS (dir.), *La traductique*, Montréal: Presses de l'Université de Montréal, p. 425-440.

MEYNARD, I. (2000). *Internet. Répertoire bilingue de combinaisons lexicales spécialisées français-anglais*, Montréal : Linguatech.

MILLER, G. A. (1990). « Nouns in WordNet : A Lexical Inheritance System », *International Journal of Lexicography*, 3(1), p. 1-26.

MORIN, É. (1999). *Extraction de liens sémantiques entre termes à partir de corpus de textes techniques*, thèse de doctorat en informatique présentée à l'Institut universitaire de Nantes, Nantes.

MULLER, C. (1977). *Principes et méthodes de statistique lexicale*, Paris : Honoré Champion.

MULLER, C. (1992). *Initiation aux méthodes de statistique linguistique*, Paris : Honoré Champion.

NAZARENKO, A., P. ZWEIGENBAUM, B. HABERT et J. BOUAUD (2001). « Corpus-based Extension of a Terminological Semantic Lexicon », dans BOURIGAULT, D., C. JACQUEMIN et M. C. L'HOMME (dir.), *Recent Advances in Computational Terminology*, Amsterdam/Philadelphie : John Benjamins, p. 327-351.

Nomino. Nomino-Synopsis (http://www.ling.uqam.ca/nomino/synopsis.htm) (page consultée le 16 mars 2003).

NUOPPONEN, A. (1994). « Causal Relations in Terminological Knowledge Representations », *Terminology Science and Research*, 5(1), p. 36-44.

ORWELL, G. (1987). *Nineteen Eighty-Four*, Londres : Penguin.

OTMAN, G. (1991). « Des ambitions et des performances d'un système de dépouillement terminologique assisté par ordinateur », *La banque des mots*, 4, p. 59-96.

OTMAN, G. (1996). *Les représentations sémantiques en terminologie*, Paris : Masson.

PALMER, F. R. (1976). *Semantics. A New Outline*, Cambridge : Cambridge University Press.

PARKER, S. P. (dir.) (1994). *McGraw-Hill Dictionary of Scientific and Technical Terms*, 5ᵉ édition, É.-U. : McGraw-Hill.

PAVEL, S. et D. NOLET (2001). *Précis de terminologie*, Ottawa : Travaux publics et services gouvernementaux Canada.

PEARSON, J. (1998). *Terms in Context*, Amsterdam/Philadelphie : John Benjamins.

PERRON, J. (1996). « Adepte-Nomino : un outil de veille terminologique », *Terminologies nouvelles*, 15, p. 32-47.

Le Petit Larousse Illustré (2001). Paris : Larousse.

PICHT, H. et J. DRASKAU (1985). *Terminology. An Introduction*, Guilford : University of Surrey.

POLGUÈRE, A. (2003). *Lexicologie et sémantique lexicale. Notions fondamentales*, Montréal : Presses de l'Université de Montréal.

REY, A. (1995). *Essays in Terminology*, Amsterdam/Philadelphie : John Benjamins.

RONDEAU, G. (1984). *Introduction à la terminologie*, Chicoutimi : Gaëtan Morin éditeur.

SAGER, J. C. (1990). *A Practical Course in Terminology Processing*, Amsterdam/ Philadelphie : John Benjamins.

SAGER, J. C., D. DUNGWORTH et P. McDONALD (1980). *English Special Languages. Principles and Practice in Science and Technology*, Wiesbaden : Oscar Brandstetter.

SCHMITZ, K. D. (2001). « Criteria for Evaluating Terminology Database Management Programs », dans WRIGHT, S. E. et G. BUDIN (dir.), *Handbook of Terminology Management*, vol. 2, Amsterdam/Philadelphie : John Benjamins, p. 539-551.

SÉGUÉLA, P. (1999). « Adaptation semi-automatique d'une base de marqueurs de relations sémantiques sur des corpus spécialisés », *Terminologies nouvelles*, 19, p. 52-60.

SINCLAIR, J. (1991). *Corpus, Condordance, Collocation*, Oxford : Oxford University Press.

SMADJA, F. (1993). « Retrieving Collocations from Text : Xtract », *Computational Linguistics*, 19(1), p. 143-177.

SYLVAIN, F. (1982). *Dictionnaire de la comptabilité et des disciplines connexes*, Toronto : Institut canadien des comptables agréés.

TEMMERMAN, R. (2000). *Towards New Ways of Terminological Description. The Sociocognitive Approach*, Amsterdam/Philadelphie : John Benjamins.

Terminology (2004). « Special issue on Recent Trends in Computational Terminology », 10(1).

Termium Plus (http://www.termiumplus.translationbureau.gc.ca/) (Banque de terminologie du Gouvernement Canadien) (page consultée le 30 novembre 2003).

Unified Language Resources System (UMLS) (http://www.nlm.nih.gov/research/umls/) (page consultée le 10 mai 2003).

VAN CAMPENHOUDT, M. (2001). « Pour une approche sémantique du terme et de ses équivalents », *International Journal of Lexicography*, 14(3), p. 181-209.

WINSTON, M. E., R. CHAFFIN et D. HERRMANN (1987). « A Taxonomy of Part-whole Relations », *Cognitive Science*, 11(4), p. 417-444.

WordNet. A Lexical Database for English (http://www.cogsci.princeton.edu/~wn) (page consultée le 3 septembre 2003).

WordSmith Tools. Mike Scott's Web (http://www.lexically.net/wordsmith/) (page consultée le 18 novembre 2003).

WRIGHT, S. E. (2001a). « Data Categories for Terminology Management », dans WRIGHT, S. E. et G. BUDIN (dir.), *Handbook of Terminology Management*, vol. 2, Amsterdam/Philadelphie : John Benjamins, p. 554-571.

WRIGHT, S. E. (2001b). « Terminology Management Entry Structures », dans WRIGHT, S. E. et G. BUDIN (dir.), *Handbook of Terminology Management*, vol. 2, Amsterdam/Philadelphie : John Benjamins, p. 572-599.

WRIGHT, S. E. et G. BUDIN (dir.) (1994). *Handbook of Terminology Management*, vol. 1, Amsterdam/Philadelphie : John Benjamins.

WRIGHT, S. E. et G. BUDIN (dir.) (2001). *Handbook of Terminology Management*, vol. 2, Amsterdam/Philadelphie : John Benjamins.

WÜSTER, E. (1959-1960) [2003] « The Wording of the World Presented Graphically and Terminologically » (trad. Juan C. Sager), *Terminology*, 9(2), p. 271-299.

WÜSTER, E. (1968). *The Machine Tool. An Interlingual Dictionary of Basic Concepts*, Londres : Technical Press.

YVANHOÉ (2003). Environnement de terminologie créé au Bureau de la traduction par Yvan Cloutier (http://www3.sympatico.ca/marilynverge/yvan/yvanhoe.htm) (page consultée le 30 avril 2003).

ZWEIGENBAUM, P. (1999). « Encoder l'information médicale : des terminologies aux systèmes de représentation des connaissances », *Innovation stratégique en information de santé*, 2-3, p. 27-47.

ZWEIGENBAUM, P. et N. GRABAR (2000). « Liens morphologiques et structuration de terminologie », dans *IC 2000. Ingénierie des connaissances*, p. 325-334.

ANNEXE A

Liste des dictionnaires et banques de terminologie cités

ACCOUNTING	Caignon, P. (2000). *Essential Lexicon in Accounting*, Saint-Laurent : Fides.
BOURSE	Cohen, B. (1986). *Lexique de cooccurrents. Bourse et conjoncture économique*, Montréal : Linguatech.
COMPTABLE	Sylvain, F. (1982). *Dictionnaire de la comptabilité et des disciplines connexes*, Toronto : Institut canadien des comptables agréés.
COOC INTERNET	Meynard, I. (2000). *Internet. Répertoire bilingue de combinaisons lexicales spécialisées français-anglais*, Montréal : Linguatech.
CUTEL	CUTEL — Comité d'uniformisation des termes de l'électronique et des télécommunications (1993). *Vocabulaire de l'électronique et des télécommunications*, Ottawa : Ministère des Approvisionnements et Services Canada.
DAFA	Binon, J., S. Verlinde, J. Van Dyck et A. Bertels (2000). *Dictionnaire d'apprentissage du français des affaires*, Paris : Didier.
DISTRIBUTION	Dancette, J. et C. Réthoré (2000). *Dictionnaire bilingue de la distribution*, Montréal : Presses de l'Université de Montréal.
EURODICAUTOM	EURODICAUTOM (http://enrodic.ip.lu) (banque de terminologie gérée par la Commission européenne).
GDT	*Le Grand Dictionnaire terminologique* (http://www.oqlf.gouv.qc.ca/) (Banque de terminologie gérée par l'Office québécois de la langue française).
GRAND ROBERT	*Le Grand Robert de la langue française* (2001). 2e édition, Paris : Dictionnaires Le Robert.
INTERNET	Bergeron, M., C. Kempa et Y. Perron (1997). *Vocabulaire d'Internet, HTML, JAVA, VRML, Cyberculture*, Québec : Gouvernement du Québec.
MACHINE-OUTIL	Wüster, E. (1968). *The Machine Tool. An Interlingual Dictionary of Basic Concepts*, Londres : Technical Press.
MCGRAW-HILL	Parker, S. P. (dir.). (1994). *McGraw-Hill Dictionary of Scientific and Technical Terms*, 5e édition, É.-U. : McGraw-Hill.

MEDICAL	*Dorland's Illustrated Medical Dictionary* (1994). 28ᵉ édition, Philadelphie : W.B. Saunders Company.
OUTILS	Boivin, G., F. Michel et Y. Perron (1994). *Lexique des outils d'assemblage*, Québec : Gouvernement du Québec.
PETIT LAROUSSE	*Le Petit Larousse Illustré* (2001). Paris : Larousse.
ROBINET	Héroux, M. (1992). *Dictionnaire de la robinetterie et de la tuyauterie industrielles*, Québec : Gouvernement du Québec.
TERMIUM	Termium Plus (http://www.termiumplus. translationbureau.gc.ca/tpv2Show/ termiumplus.html?lang=f2).
WORDNET	*WordNet. A Lexical Database for English* (2003) (http://www.cogsci.princeton.edu/~wn).

ANNEXE B

Liste des logiciels et programmes cités

Acabit	Daille, B. (1994). *Approche mixte pour l'extraction de terminologie : statistiques lexicales et filtres linguistiques*, thèse de doctorat : Université Paris VII, Paris.
ADEPTE-NOMINO	Perron, J. (1996). « Adepte-Nomino : un outil de veille terminologique », *Terminologies nouvelles*, 15, p. 32-47.
Brill	Brill, E. (1992). « A Simple Rule-based Part of Speech Tagger » , dans *Proceedings of the Third Conference on Applied Natural Language Processing*, Trente, Italie.
Caméléon	Séguéla, P. (1999). « Adaptation semi-automatique d'une base de marqueurs de relations sémantiques sur des corpus spécialisés », *Terminologies nouvelles*, 19, p. 52-60.
Concorde++	Concorde++ (http://www.fas.umontreal.ca/ling/lhomme/ terminotique.htm).
Lexter	Bourigault, D. (1994). *LEXTER, un logiciel d'EXtraction de TERminologie. Application à l'acquisition des connaissances à partir de textes*, thèse de doctorat, École des hautes études en sciences sociales, Paris.
Logiterm	Terminotix Inc. (http://www.terminotix.com/t_fr).
Nomino	Nomino-Synopsis (http://www.ling.uqam.ca/nomino/synopsis.htm).
Nomino technologies	(http://www.ling.uqam.ca/nomino/synopsis.htm).
Prométhée	Morin, É. (1999). *Extraction de liens sémantiques entre termes à partir de corpus de textes techniques*, thèse de doctorat en informatique présentée à l'Institut universitaire de Nantes, Nantes.
Sextant	Grefenstette, G. (1994). *Explorations in Automatic Thesaurus Discovery*, Boston : Kluwer Academic Press.
TermoStat	Drouin, P. (2002). *Acquisition automatique de termes : l'utilisation des pivots lexicaux*, thèse de doctorat : Université de Montréal, Montréal.

TnT	Brants, T. (2000). « TnT — A Statistical Part-of-speech Tagger », dans *Proceedings of the Sixth Conference on Applied Natural Language Processing,* ANLP-2000, Seattle. (http://www.coli.uni-sb.de/~thorsten/publications/ Brants-ANLP00.pdf).
WinBrill	Lecomte, J. (1998). Le catégoriseur Brill14-JL5 / WinBrill-0.3, INaLF/CNRS (http://www.inalf.fr/winbrill/ BRILL14-JL5_WinBrill.doc).
WordSmith Tools	Mike Scott's Web (http://www.lexically.net/wordsmith/).
Xtract	Smadja, F. (1993). « Retrieving Collocations from Text : Xtract », *Computational Linguistics,* 19(1), p. 143-177.
YVANHOÉ	Environnement de terminologie créé au Bureau de la traduction par Yvan Cloutier (http://www3.sympatico.ca/marilynverge/ yvan/yvanhoe.htm).
Zellig	Habert. B., É. Naulleau et A. Nazarenko (1996). « Symbolic word clustering for medium-size corpora », dans *Proceedings of the 16th International Conference on Computational Linguistics (Coling'96),* Copenhague, p. 490-495.

INDEX DES AUTEURS

INDEX DES NOTIONS